Thomas Jeier

Reisehandbuch USA

Urlaubsland Amerika von A–Z

Originalausgabe

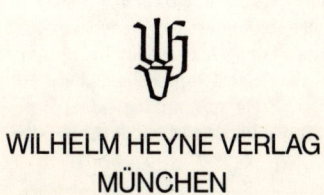

WILHELM HEYNE VERLAG
MÜNCHEN

HEYNE SACHBUCH
Nr. 19/29

Für Cisco

Copyright © 1989 by Wilhelm Heyne Verlag GmbH & Co. KG, München
Printed in Germany 1989
Innenkarten: Design-Studio Hannes Fleischer, München
Umschlagfoto: Silvestris Fotoservice, Kastl/Obb.
Umschlaggestaltung: Atelier Adolf Bachmann, Reischach
Satz: Satz&Repro Grieb, München
Herstellung: Dieter Lidl
Druck und Verarbeitung: Ebner Ulm

ISBN 3-453-03383-3

Vorwort

Die USA sind das Traumziel aller europäischen Urlauber, und das nicht erst seit dem Verfall des Dollar. Im Jahre 1988 haben allein 1,24 Millionen Bundesbürger die USA besucht. Vor allem New York, Florida und Kalifornien, aber auch der amerikanische Südwesten mit den Bundesstaaten Arizona und New Mexico sowie Teilen von Nevada, Utah und Colorado üben eine magische Anziehungskraft auf die Besucher aus. Deshalb habe ich besonders diese Gebiete in dem vorliegenden Reisehandbuch sehr ausführlich behandelt. Aber auch die wichtigsten Sehenswürdigkeiten in den übrigen USA (außer Alaska und Hawaii) sind aufgelistet und beschrieben.

Besonderen Wert habe ich auf die praktischen Tips gelegt – von A bis Z findet der interessierte Leser neben Sehenswürdigkeiten und Orten ausführliche Angaben und Facts zu Themen wie Autofahren, Fliegen, Fernsehen, Einkaufen, Geld, Post, usw. Alle Angaben sind alphabetisch geordnet, Querverweise erleichtern das Auffinden von verwandten Stichwörtern. Individualreisende, Pauschalreisende, aber auch Geschäftsreisende brauchen nur unter dem betreffenden Stichwort nachzuschlagen, um sich über eine bestimmte Sehenswürdigkeit oder einen Sachverhalt zu informieren.

Alle Informationen stammen aus erster Hand, wurden von mir während meiner zahlreichen Reisen in die USA vor Ort recherchiert, deshalb habe ich auch nur Hotels und Restaurants angeführt, die ich selber getestet habe. Auf Preisangaben habe ich größtenteils verzichtet, da sich diese ständig verändern. Die meisten Fotos wurden von mir exklusiv für dieses Buch aufgenommen.

Thomas Jeier

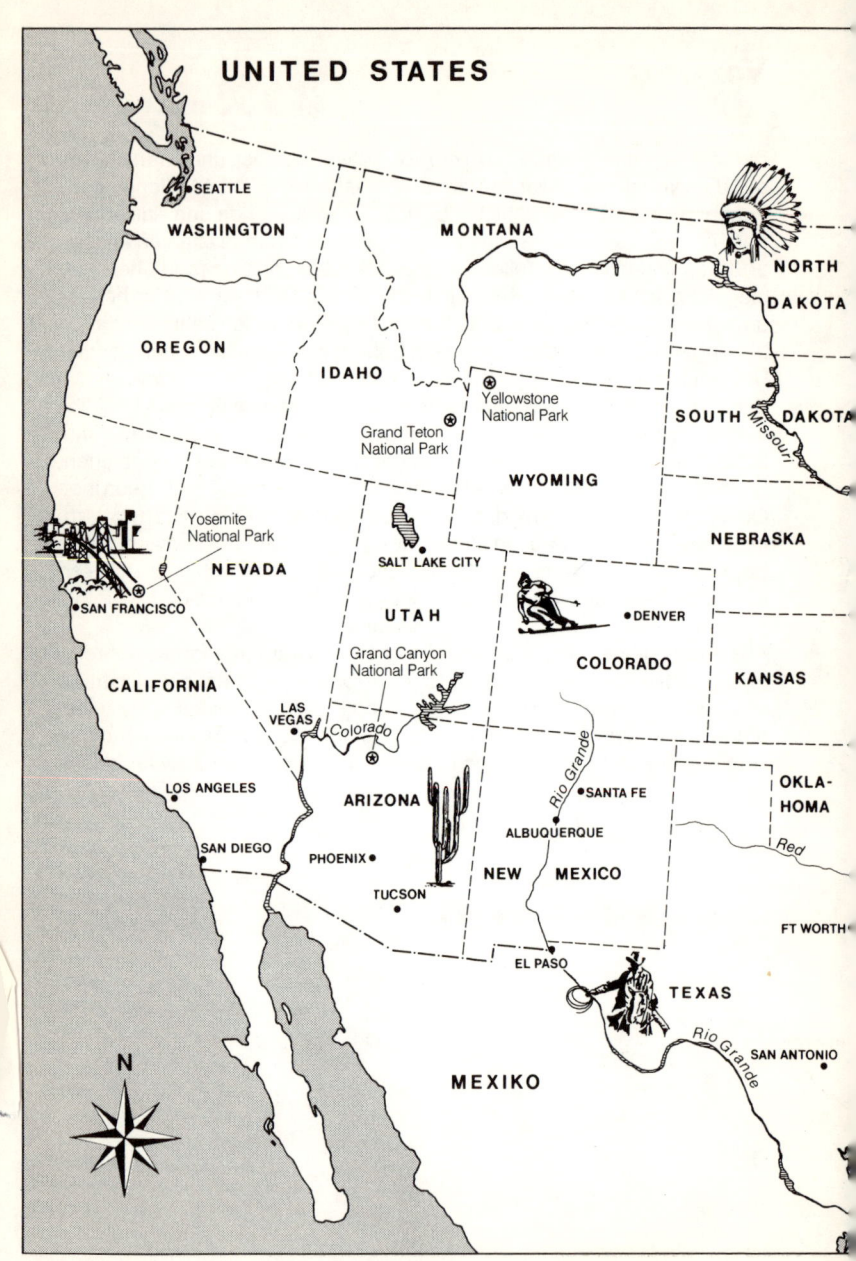

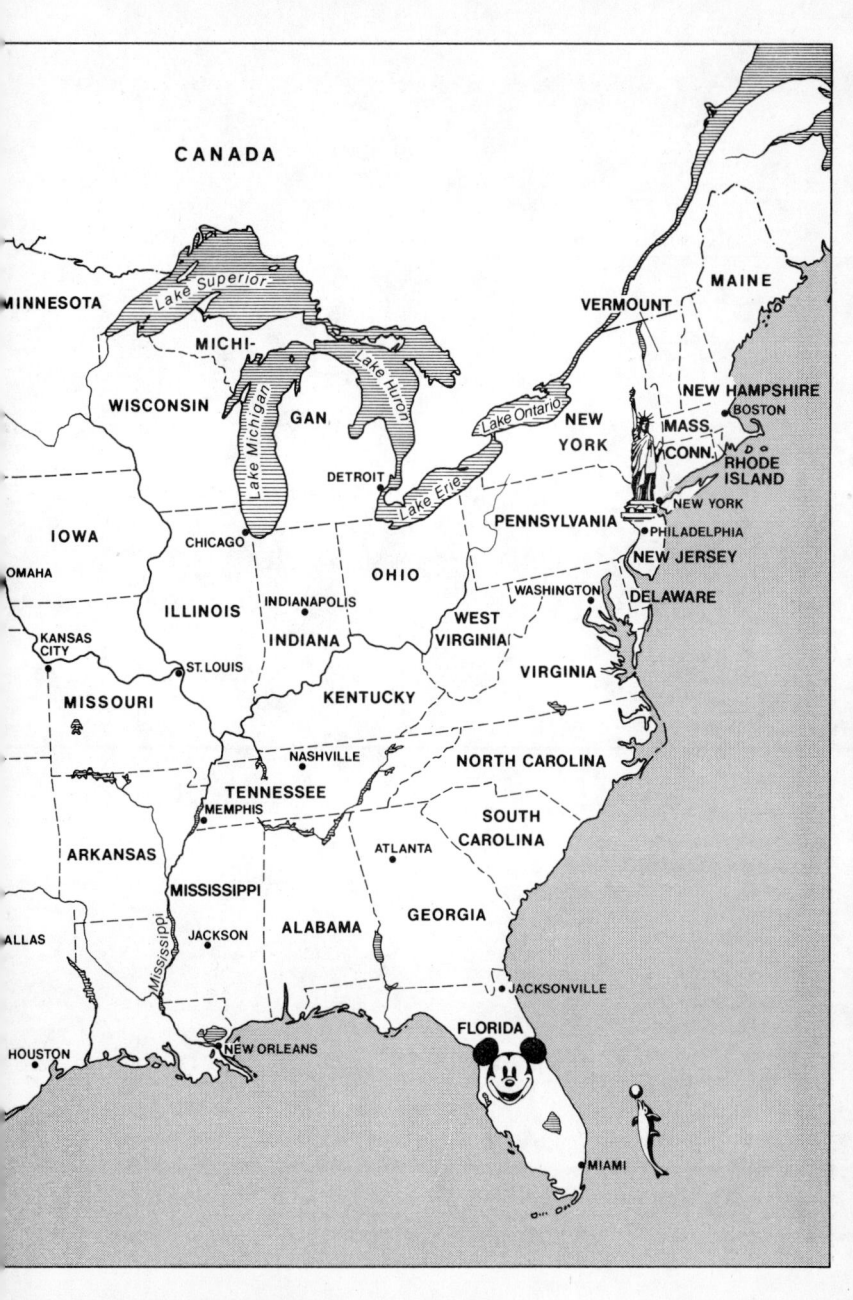

A

Acoma → Pueblos

Airboat Rides
Die aufregenden Fahrten mit den lauten Propellerbooten werden nur außerhalb des → Everglades Nationalparks in den Sumpfgebieten von Florida unternommen, zum Beispiel in dem Indianerdorf (Nepp!) Miccosukee Indian Village, P.O. Box 440021, Miami, FL 33144.
Tel. (3 05) 2 23-83 88.

Albuquerque
Albuquerque ist die größte Stadt von New Mexico und liegt auf einem Hochplateau zu beiden Seiten des Rio Grande. Über dreihunderttausend Menschen leben in der Metropole und arbeiten vornehmlich in den neuen High-Tech-Zentren, für den Besucher aber ist die Stadt vor allem wegen ihrer spanischen und indianischen Vergangenheit interessant, die bis ins Jahr 1706 zurückverfolgt werden kann. Damals gründete Gouverneur Francisco Cuervo Valdas eine Siedlung für zwölf spanische Familien und benannte sie nach dem Herzog von Albuquerque.

Etwas von dem Flair dieser Zeit ist noch in Old Town, der Altstadt, zu spüren, wo zahlreiche Restaurants (gute Mexikaner!) und Andenkenläden in alten spanischen Adobehäusern aus Lehmziegeln untergebracht sind. Die Plaza wird von der Kirche San Felipe Neri überragt, die im 18. Jahrhundert auch als

Laut und abenteuerlich: Airboat Rides

Festung diente. Wer mehr über die Besiedlungsgeschichte des Rio Grande Valleys und die Kulturgeschichte der Pueblo-Indianer erfahren will, informiert sich im Indian Pueblo Cultural Center (2401 12th Street NW) und im Albuquerque Museum (2000 Mountain Road NW). Einen Ausflug wert ist die längste → Seilbahn der USA am Sandia Peak. Im Herbst findet ein riesiges Heißluftballon-Festival mit Teilnehmern aus aller Welt statt.
(Albuquerque International Balloon Fiesta, 3300 Princeton NE, Albuquerque, NM 87107.
Tel. (5 05) 8 83-09 32).

Weitere Informationen: Albuquerque Chamber of Commerce, Convention Center, 401 2nd Street NW, Albuquerque, NM 87102.
Tel. (5 05) 8 42-02 20.
Hotels: Sheraton Old Town Inn, 800 Rio Grande NW, Albuquerque, NM 87102. Tel. (5 05) 8 43-63 00. Modernes Hotel, direkt in der Altstadt gelegen.
Restaurants: La Plazita, direkt an der Old Town Plaza in einem alten Adobehaus untergebracht. Gute mexikanische Küche. Tel. (5 05) 2 47-22 04.

Alcatraz

Das legendäre Gefängnis liegt zweieinhalb Kilometer von → San Francisco entfernt auf einer Insel. Alcatraz wurde von den Spaniern entdeckt und nach den Pelikanen benannt, die damals die Insel bevölkerten. Die amerikanische Armee baute im 19. Jahrhundert ein Fort, das 1909 in ein Militärgefängnis umgewandelt wurde. 1934 trafen die ersten Zivilgefangenen auf Alcatraz ein. »The Rock« galt damals als sicherstes Gefängnis der Welt. Die Zellen waren vier Quadratmeter groß und lediglich mit einer Pritsche, einer Toilette und einem kleinen Regal möbliert. Im Jahre 1963 wurde das Gefängnis wegen zu hoher Renovierungskosten geschlossen. Es steht heute nur noch für Touristen offen. Kleine Ausflugsdampfer der »Red & White Fleet« fahren täglich vom Pier 41 nach Alcatraz und zurück.
Reservierungen:
Tel. (4 15) 5 46-28 05.

Alkohol

Die Alkoholgesetze in den USA sind puritanischen Ursprungs und deshalb sehr streng. Es gibt immer noch »trockene Bezirke«, sogenannte »dry counties«, in denen Alkohol ganz verboten ist, und in vielen Staaten ist es untersagt, Alkohol öffentlich zu trinken. Man sollte auf keinen Fall eine offene Bierdose oder eine angebrochene Schnapsflasche im Auto liegen lassen, dafür kann man in manchen Staaten eingesperrt werden. In zahlreichen Restaurants, vor allem bei McDonald's und anderen Hamburger-Restaurants, wird kein Alkohol, auch kein Bier, ausgeschenkt. Alkohol wird in sogenannten »liquor stores« verkauft und nur an Erwachsene ab 21 Jahren abgegeben.
Umdenken müssen europäische Biertrinker. Amerikanisches Bier wird mit Reis gebraut und Chemikalien angereichert und schmeckt meist zu dünn und zu wäßrig. Das amerikanische Löwenbräu hat mit

Bequemes Reisen mit der Eisenbahn

dem deutschen Löwenbräu nur den Namen gemein. Mir schmecken Heineken und Becks (etwas teurer), die japanischen (Kirin) und mexikanischen (Dos Eques, Corona) Biere und zur Not auch Budweiser, Michelob und Miller. »Light«-Biere sind noch dünner als das reguläre Bier und schmecken nach Wasser.

Amerikanische Weine haben in den letzten Jahren sehr aufgeholt und in Wettbewerben sogar französische geschlagen. Die besten US-Weine kommen aus Kalifornien und Oregon, dem europäischen Geschmack am nächsten kommt der Chardonnay. Preiswerte Weine wie Paul Gallo sind viel zu süß. Das gilt auch für amerikanischen Sekt. An Silvester bleibt einem nichts anderes übrig, als französischen Champagner zu kaufen, wenn man am nächsten Morgen nicht mit Kopfschmerzen aufwachen will.

Unter der Bezeichnung »Schnaps« läuft in den USA ein süßlicher Pfefferminzlikör, richtiger Schnaps wie »Doornkaat« ist unbekannt.

Amtrak

Die Eisenbahn fristet in Amerika ein Stiefmütterchendasein, auch nach 1970, als sich mehrere Linien zur Amtrak zusammenschlossen. Dabei kann sie sich durchaus sehen lassen. Der Komfort reicht zwar nicht an unsere Intercity-Züge heran, aber alle Wagen sind klimatisiert, die Sitze einzeln verstellbar, und es gibt einen Speisewagen, einen Barwagen und bei besonderen Zügen, die durch ein landschaftlich attraktives Gebiet fahren, auch einen Aussichtswagen.

Die nordamerikanische Eisenbahn

verbindet rund fünfhundert Städte. Berühmte Züge tragen in Amerika Namen, genauso wie bei uns in Europa – es gibt den »Colonial« zwischen Washington D.C. und Williamsburg, den »Coast Starlight« zwischen Seattle und Los Angeles, den »San Francisco Zephyr« zwischen San Francisco und Chicago, den »Desert Wind« zwischen Las Vegas und Los Angeles und viele andere Züge, für die Amtrak attraktive Sonderangebote bereithält.

Die Preise halten sich durchaus im Rahmen, besonders die angesprochenen Sonderangebote. Für Familien und Senioren gibt es Preisermäßigungen, und Rückfahrkarten sind erheblich billiger als Einfachtickets. Ein preiswerter »Amtrak USA-Rail-Pass« muß in Europa erworben werden – für rund 300 Dollar kann man 45 Tage lang mit Amtrak fahren. Sehr viel preiswerter sind »Regional Passes« für die Zonen Eastern Regional (160 Dollar), Western Regional (240 Dollar), Far Western Regional (160 Dollar) und Florida (45 Dollar). Zwischen 60 und 200 Dollar muß man für ein Schlafabteil ausgeben, es werden »Roomettes«, »Economy«, »Special Bedrooms«, »Family Bedrooms« und »Deluxe Bedrooms« (eigene Dusche) angeboten.

Weitere Informationen: National Railroad Passenger Corporation, 400 North Capitol Street NW, Washington D.C. 20001 und in Los Angeles über die Telefonnummer: (213) 6 24-01 71.
Deutschland-Vertretung von Amtrak: Deutsches Reisebüro, Eschersheimer Landstraße 25–27, 6000 Frankfurt 1.

Angel's Camp

Das aus der Mark-Twain-Geschichte vom hüpfenden Frosch bekannte Städtchen ist auch heute noch Schauplatz spannender Wettkämpfe im Froschhüpfen. Jeder kann einen Frosch anmelden und an den Wettbewerben teilnehmen. Angel's Camp liegt im → El Dorado Country von Nordkalifornien.

Angeln

Alle Personen über 12 Jahre benötigen in den USA einen Angelschein, wenn sie fischen wollen. Man bekommt ihn in Sportgeschäften und bei Outfittern oder auch beim Game & Fish Department. Am besten angelt man natürlich in Florida, aber auch in den Flüssen und Stauseen des amerikanischen Südwestens.

Ano Nuevo State Reserve

In diesem Gebiet an der kalifornischen Küste kann man die seltenen See-Elefanten beobachten. Für Führungen, und die sind bei den leicht reizbaren Tieren ratsam, empfiehlt sich eine Reservierung: Tel. (415) 8 79-02 27.

Anza-Borrego Desert

Die trostlose Wüste im südlichen Kalifornien beeindruckt mit karger Schönheit. Im Anza-Borrego State Park trifft man auf besonders schöne und zerklüftete Canyons und auf den lustigen »Roadrunner«, den aus vielen Trickfilmen bekannten Rennkuckuck.

Die Park Headquarters liegen im Borrego Palm Canyon. Dort erhält man genaue Karten für interessante Wanderungen.

Apache Trail
Die nur zum Teil asphaltierte Straße führt durch die → Superstition Mountains, vorbei an dem romantischen Westernstädtchen Tortilla Flat und zahlreichen Stauseen wie dem Roosevelt Lake.

Arbeiten
Inhaber eines Touristenvisums (B-2) dürfen nicht in den USA arbeiten und werden bei einer Zuwiderhandlung ausgewiesen. Arbeitsvisums werden nur sehr selten ausgestellt. Man benötigt dazu ein Empfehlungsschreiben des zukünftigen Arbeitgebers, aus dem Art und Dauer der Tätigkeit hervorgehen. Studentenjobs vermitteln die bekannten Studentendienste. Genauere Angaben zu diesem komplexen Thema in dem Buch »Lernen, Studieren, Arbeiten in den USA und Kanada« von Matthias Ohm, erschienen bei Athenäum (1988).

Arches National Park
Über zweihundert Gesteinsbögen, von Wind und Wetter in vielen Millionen Jahren geschaffen, wurden im südlichen Utah entdeckt und schon 1929 unter den Schutz der Regierung gestellt. Seit 1971 ist dieses Zauberland aus rotem Stein ein Nationalpark. Der Parkeingang und das Besucherzentrum liegen nur fünf Meilen von Moab entfernt, das sich auch als Basis für Exkursionen in die Canyonlands empfiehlt. Einige der steinernen Bögen im Arches National Park können vom Auto aus bewundert werden, den wahren Genuß erfährt man allerdings nur auf einer ausgedehnten Wanderung in das Felsenreich oder zumindest auf einem ausgedehnten Spaziergang über die Park Avenue, die von bis zu hundert Meter hohen Felswänden gesäumt wird.

Zu den steinernen Attraktionen des Nationalparks zählen neben der Park Avenue auch Devil's Garden mit über sechzig der schönsten Gesteinsbögen, der Landscape Arch, als längster steinerner Bogen ins Buch der Rekorde eingegangen, von der Natur geschaffene »Fenster« wie das North Window und das South Window und der wohl eindrucksvollste Bogen des Parks, der Delicate Arch, der über einen drei Kilometer langen Wanderweg zu erreichen ist.

Weitere Informationen: Arches National Park, 125 W. 200 South, Moab, UT 84532.

Arizona-Sonora Desert Museum
Dieses in einer wundervollen Wüstenlandschaft außerhalb von → Tucson gelegene Museum hat täglich von 8 Uhr 30 bis Sonnenuntergang geöffnet und informiert auf eindrucksvolle Weise über Flora und Fauna der Sonora Desert. Besonders interessant sind das Schlangenhaus und die Käfige mit den Kleintieren. Das Museum gehört zu den interessantesten Ausflugszielen des amerikanischen Südwestens, und man sollte sich

Arizona-Sonora Desert Museum

Saguaro-Kakteen in der Sonora Desert

Prickley-Pear-Kakteen in der Sonora-Wüste

mindestens einen halben Tag für die Besichtigung der Pflanzen und Tiere freihalten. Die meisten Gehege liegen im Freien.

Weitere Informationen: Arizona-Sonora Desert Museum, Route 9, Box 900, Tucson, AZ 85704.
Tel. (6 02) 8 83-13 80.

Ärztliche Versorgung

In einem Notfall empfiehlt es sich, den »operator« anzurufen (die Null wählen), der sie mit dem Notarzt oder dem nächsten Krankenhaus verbindet. Über die Nummer 911 erreicht man die Polizei, die ebenfalls in Erster Hilfe ausgebildet ist. Fast alle Krankenhäuser halten rund um die Uhr einen Notdienst bereit.

Da es kein Versicherungsabkommen zwischen der Bundesrepublik Deutschland, Österreich, Schweiz und den USA gibt, sollte man unbedingt eine Reisekrankenversicherung abschließen. Die Reisebüros halten entsprechende Formulare bereit. Die Versicherungspolice kann man jedoch getrost zu Hause lassen, da man die Kosten auf jeden Fall vorschießen muß. Wie überall in den USA hilft auch hier eine → Kreditkarte weiter, da die Kosten sehr hoch sind. Ein Beispiel: ein am Auge (Kratzer auf der Netzhaut) verletzter Tourist zahlte bei einer Hauptuntersuchung und bei einer Nachuntersuchung jeweils hundert Dollar. Ein vereiterter Zahn kann ebenfalls hundert Dollar kosten.

Medikamente bekommt man in »pharmacies«, also in Apotheken, die vielerorten in »drug stores« untergebracht sind. Für »prescriptions« braucht man ein Rezept, die meisten Medikamente sind jedoch rezeptfrei. Es empfiehlt sich, die eigenen Tabletten mitzunehmen, da viele Fabrikate in den USA nicht erhältlich sind. Vorsicht bei Schmerztabletten: Medikamente wie Excedrin und Bufferin sind sehr stark, besonders wenn sie mit der Aufschrift »Extra Strength« versehen sind – meist reicht die Einnahme einer halben Tablette.

Notdienste, Ärzte und Apotheken sind in den → Yellow Pages gelistet.

Autofahren

Die Amerikaner, seit der Pionierzeit ein sehr mobiles Volk, betrachten das Auto als reines Fortbewegungsmittel. Sie fahren sehr defensiv und warten geduldig, bis man sich eingereiht oder die Kreuzung verlassen hat. Hupkonzerte wie in europäischen Städten gibt es nicht. Hinzu kommen Geschwindigkeitsbegrenzungen, die bei uns erst diskutiert werden: auf Fernstraßen dürfen maximal 65 Meilen pro Stunde (105 km/h), in geschlossenen Ortschaften meist 35 oder gar 25 Meilen (60 bzw. 40 km/h) pro Stunde gefahren werden. Man tut gut daran, diese Begrenzungen genau einzuhalten. Die amerikanische Polizei ist sehr streng, und die Strafen sind höher als in Europa.

Die amerikanischen Verkehrsregeln unterscheiden sich nur geringfügig von den europäischen, auch die Verkehrszeichen sind bis auf ein paar Ausnahmen identisch. Das Anlegen der Sicherheitsgurte ist in den meisten Bundesstaaten gesetzlich vorgeschrieben. Ampeln hängen meist über der Kreuzung und nicht wie bei uns davor. An einer Kreuzung mit vier Stopschildern und dem Zusatz »Four-Way« müssen alle Fahrzeuge halten – derjenige, der zuerst gehalten hat, darf auch zuerst fahren. In vielen

Autofahren

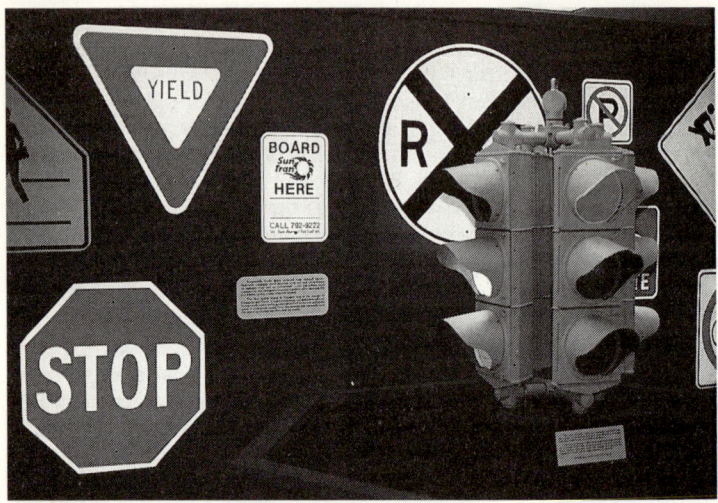
Amerikanische Verkehrszeichen

Die gelben Schulbusse haben immer Vorfahrt

Staaten darf auch bei Rot nach kurzem Halt rechts abgebogen und rechts überholt werden. Unbedingt halten muß man hinter einem blinkenden gelben Schulbus. Ein Polizeiwagen, der ein Fahrzeug stoppen will, überholt nicht, sondern fährt mit blinkendem Rot-Blau-

Licht hinterher, bis der Fahrer hält. Es empfiehlt sich, in einem solchen Fall ruhig sitzenzubleiben und die Hände auf das Lenkrad zu legen. Jede hastige Bewegung könnte mißverstanden werden. Den Bitten des Polizisten ist unbedingt Folge zu leisten. Bei einer Panne rechts halten und die Kühlerhaube aufklappen – das Zeichen für jeden anderen Verkehrsteilnehmer und die Polizei, daß Sie Hilfe brauchen. Parkplätze gibt es in den USA genug, von den Innenstädten einmal abgesehen, aber vor jedem Supermarkt, Kino, Restaurant und vor jedem noch so kleinen Laden sind ausreichende Parkmöglichkeiten vorhanden. Viele Banken, Läden und Hamburger-Restaurants haben Drive-In-, also Autoschalter, und sogar telefonieren oder die Post einwerfen kann man vielerorts vom Auto aus.

Wer bei einem europäischen Automobilclub als Mitglied geführt wird, kann in Amerika die Hilfe und Unterstützung der amerikanischen American Automobile Association (AAA = »Triple A«) in Anspruch nehmen. Entsprechende Unterlagen erhält man von den europäischen Clubs. Die Notrufnummer der AAA ist gebührenfrei und lautet: 1-800-336.

Autokauf
Überall in den USA bekommt man preiswerte Gebrauchtwagen, allerdings sollte man etwas von Autos verstehen oder einen Experten dabeihaben, da den blumenreich formulierenden und wild gestikulierenden Autohändlern und vor allem ihren Sonderangeboten kaum zu glauben ist. Manche Händler lassen sich auf einen Rückkaufvertrag ein.

Automobilclubs
Der bekannteste und größte Automobilclub, vergleichbar mit dem deutschen ADAC, ist die American Automobil Association (AAA – gesprochen: »Triple A«). ADAC-Mitglieder sind automatisch auch bei AAA Mitglied und kommen in den Genuß des ausgezeichneten Kartenmaterials und der Routenbeschreibungen, die dieser Club zur Verfügung stellt. Weitere Vorteile von AAA: Abschleppdienste, Pannenservice und preiswerte Reparaturen.

Weitere Informationen: American Automobile Association, 8111 Gate House Rd., Falls Church, VA 22047.

Autoüberführungen
Die preiswerteste Art, besonders für lange Strecken ein Auto zu bekommen, bieten sogenannte »Drive-Away-Companies« wie AAA-CON, American Auto Shippers und Trans Auto, deren Adressen man im Telefonbuch findet. Sie lassen Privatwagen für Amerikaner überführen, die umziehen, nicht selber fahren und teure Frachtkosten sparen wollen. Vom Überführer wird eine Kaution und vielerorts auch eine Referenz verlangt. Die Autoüberführung gehört zu den preiswertesten Methoden von A nach B zu kommen – man überführt einen Wagen z. B. von New York nach San Francisco, hat dafür eine

Woche Zeit und muß nur das Benzin bezahlen.

Avenue of the Giants

Die höchsten Bäume der Welt wachsen an der »Straße der Riesen«, die im nördlichen Kalifornien in Garberville beginnt. In Leggett führt der Highway 19 zum »Drive-Thru-Tree«, einen Baumriesen, durch den man mit dem Auto hindurchfahren kann.

Aztec Ruins National Monument

Nicht die Azteken, sondern die Anasazi haben diese Pueblos im heutigen New Mexico erbaut. Die Ruinen gehören zu den besterhaltenen und größten Bauwerken der Indianer, eines der Bauwerke hatte fünfhundert Zimmer.

Einmalig: die wiederaufgebaute »kiva«, ein runder Zeremonienraum der Anasazi, die vor tausend Jahren im amerikanischen Südwesten lebten.

Drive-Thru-Tree

B

Backpacking

Erfahrene Wanderer ziehen allein los und erkunden die Wildnis der Gebirge, Canyons und Wälder und das Hinterland der Nationalparks. Sie orientieren sich anhand genauer Karten, die es bei Outfittern und in Sportgeschäften gibt. Besonders gut findet man sich in den Nationalparks zurecht, allerdings ist es unerläßlich, sich bei Wanderungen ins Hinterland bei den Park Rangers abzumelden. Zu den bekannten und von den Rangers empfohlenen Wanderwegen gehören der Four Mile Trail im Yosemite Valley, der Natural Bridge Trail, der vom Capitol Reef Park zur Natural Bridge führt, und der Emerald Pools Trail im Zion National Park in Utah.

Für geübte Wanderer, die auch in Amerika das Gruppenerlebnis nicht missen wollen, werden in den Nationalparks geführte Touren veranstaltet. Diese Wanderungen lohnen sich vor allem im weiten Tal des Yosemite National Parks. Die Rangers im »Visitor Center« halten genaue Informationen bereit.

Vor allem für Profis interessant, die ausgedehnte Touren unternehmen wollen, sind der Sierra Club und die Wilderness Society, die auch ausländische Mitglieder aufnehmen und interessante Programme anbieten. In den Outfitter-Läden gibt es außerdem zahlreiche Bücher mit detaillierten Vorschlägen.

Weitere Informationen: Sierra-Club, 530 Bush Street, San Francisco, CA 94108. Tel. (415) 981-8634. The Wilderness Society, 1901 Pennsylvania Avenue, NW, Washington, D.C. 20036. Tel. (202) 467-5810.

Bahamas

Das Traumziel aller Wassersportler und Sonnenanbeter gehört nicht zu den USA, liegt aber vor allem für Florida-Urlauber in greifbarer Nähe. Es kann in einer knappen Stunde und zu besonders günstigen Preisen mit dem Flugzeug, innerhalb eines Tagesausflugs auch mit dem Traumschiff erreicht werden. Zumindest ein Wochenende auf den Sonneninseln sollten durch Florida reisende Touristen einplanen.

Die Bahamas bestehen aus siebenhundert Inseln und sind seit dem 10. Juni 1973 unabhängig. Der britische Einfluß (die Bahamas gehören zum Commonwealth) ist aber noch überall zu spüren und macht zusammen mit mondänem Jet-Set-Feeling in Freeport auf Grand Bahama und dem karibischen Charme der Family Islands den eigentlichen Reiz dieser Inseln aus. Das Wasser ist warm und klar, und die Riffs gehören zu den schönsten der Welt. Ein wahres Paradies für Schnorchler und Taucher, die in dem warmen Wasser des Golfstroms besonders viele Fischarten bestaunen können. Die Strände sind so traumhaft schön, wie man sie von Ansichtskarten kennt.

Die Bahamas wurden im Jahre 1492 von Christoph Kolumbus entdeckt. Er begegnete damals den Arawak-

Mit dem Traumschiff auf die Bahamas

Indianern, die von den Spaniern fast bis auf den letzten Mann ausgerottet wurden. Dann kamen Piraten, und manch eine Galeone wurde von ihnen auf den Meeresboden geschickt. Die Wracks kann man heute noch besichtigen. Die englischen Kolonisten holten sich Schwarze als Sklaven, und erst vor knapp zwanzig Jahren gingen die Bahamas innerhalb des britischen Commonwealth ihren eigenen Weg. Am bekanntesten sind die Inseln Grand Bahama und New Providence. Die Hauptstadt von Grand Bahama heißt Freeport und ist wie alle Orte auf den Bahamas für ihre Strände und ihren Sonnenschein, aber auch für ihre Spielcasinos bekannt, das exotische El Casino oder das mondäne Monte Carlo Casino. Mit dem Traumschiff kann man von Miami aus nach Freeport fahren, dort einen angenehmen Tag verbringen und abends wieder zurückkehren, und das zum Sonderpreis von 99 Dollar (Stand: 1989). Etwas weiter ist es nach Nassau, der bekanntesten Stadt der Bahamas auf New Providence. Die Innenstadt fasziniert durch ihren karibischen Charme, und die meisten Häuser, vor allem der Gouverneurspalast, erinnern an die Kolonialzeit. Der Cable Beach und der weiße Sandstrand auf Paradise Island sind das Mekka sonnenhungriger Urlauber, die in modernen Hotels oder gemütlichen Appartements absteigen und zahlreiche Möglichkeiten finden, sich zu amüsieren und sportlich zu betätigen. Es wird so ziemlich alles geboten, was man sich vorstellen kann, von Parasailing bis zum Tauchausflug zu Wracks und Riffs. Abseits

Bahamas

Souvenirs auf dem Strohmarkt in Nassau

Divi-Hotel auf der Insel New Providence

dieser Trubels liegt das Divi Bahamas Beach Resort, ein exquisites Hotel, das sich besonders für Golfer und Wassersportler eignet. Pendelbusse verbinden das Hotel mit der Innenstadt.

Unter dem Sammelbegriff Family Islands faßt man die über sechshundert kleinen Inseln der Bahamas zusammen, die man mit Bahamasair oder kleinen Privatfliegern erreicht. Am bekanntesten sind Eleuthera, Harbour Island und Cat Island. Besonders Eleuthera und Harbour Island bezaubern mit rosafarbenen Stränden und stillen Buchten, und es gibt auf diesen Inseln immer noch traumhafte Strände, an denen man ganz allein sein kann. Das gilt auch für kleinere Inseln wie Chub Cay, auf denen man sich noch wie Robinson fühlt. Es lohnt sich, nicht nur ein Wochenende, sondern einen ganzen Urlaub dort zu verbingen. Besucher aus Deutschland, Österreich und der Schweiz benötigen lediglich einen gültigen Reisepaß. Der Bahama-Dollar entspricht dem US-Dollar. Es kann auch mit US-Währung bezahlt werden. Auf den großen Inseln können Autos, offene Jeeps und Motorroller gemietet werden.

Hotels: Divi Bahamas Beach Resort & Country Club, South Ocean, New Providence Island. Tel. 3 26-43 91. Reservierungen über jedes Reisebüro oder: Divi Hotels Marketing, 54 Gunderman Road, Ithaca, NY 14850. Tel. (6 07) 2 77-34 84.

Weitere Hotels, vor allem aber preisgünstige Pauschalangebote findet man in den Katalogen deutscher Reiseveranstalter oder in jedem Reisebüro in Deutschland, Österreich, der Schweiz und USA.

Bakersfield

Bakersfield, im San Joaquin Valley von Kalifornien gelegen, profitierte vom großen Goldrausch im letzten Jahrhundert und den Ölfunden zu Beginn dieses Jahrhunderts. Heute wird die Stadt vor allem von den Farmern der umliegenden Anbaugebiete für Obst und Gemüse besucht. Die Stadt wurde auch durch den »Bakersfield Sound« berühmt, den Buck Owens und Merle Haggard in den sechziger Jahren in die Country Music einbrachten, und der heute wieder in Dwight Yoakam in die Hitparaden gebracht wird.

Bal Harbor

Im mondänen Einkaufszentrum dieses nördlich von Miami Beach gelegenen Nobelortes soll Don Johnson seine »Miami Vice«-Garderobe gekauft haben. Die Boutiquen und Shops sind nicht gerade billig, aber allemal einen Besuch wert.

Bandelier National Monument

Im zehnten Jahrhundert siedelten die Anasazi-Indianer in den Schluchten des Pajarito-Plateaus. Im Frijoles Canyon, dem Zentrum des heutigen Bandelier National Monument, fanden sie ideale Bedingungen für eine dauerhafte Siedlung vor. Die natürlichen Höhlen in den Wänden aus Vulkanasche und Basaltlava boten Schutz vor wilden Tieren und Feinden, ein kleiner Fluß versorgte die Bewohner mit Wasser. Die Handelsstraßen nach Mexiko zu ihren Verbündeten führten durch die nahen Schluchten. Im 13. Jahrhundert verließen sie aus bisher ungeklärten Gründen ihre »cliff dwellings«. Zahlreiche

Bandelier National Monument

Indianische Felswohnungen in Bandelier

Indianischer Zeremonienraum in Bandelier

Ruinen kann man heute im Bandelier National Monument bestaunen. Es wurde nach Adolph F. Bandelier benannt, der das Leben der ersten Bewohner erforschte. Alle Ruinen sind über bequeme Fußwege zu erreichen, und nur der große Zeremonienraum in der Ceremonial Cave läßt sich lediglich über steile Leitern erreichen. Im Hinterland des Parks läßt es sich herrlich wandern und zelten.

Weitere Informationen: Bandelier National Monument, Los Alamos, NM 87544.

Banken → Geld

Bed & Breakfast
Sammelbegriff für Privatunterkünfte, die einen engeren Kontakt mit Amerikanern ermöglichen. Eine attraktive Alternative zum unpersönlichen Hotel mit kleinen Extras wie Obst auf dem Zimmer, einem gelegentlichen Snack und einem Cocktail mit den Gastgebern. Im Prinzip mit unseren Pensionen vergleichbar, aber teurer. Die Atmosphäre ist wesentlich herzlicher. Im Vermietungspreis (zwischen 30 und 80 Dollar) ist auch das Frühstück enthalten. Bed & Breakfast erhält man oft in sehr schönen Häusern, zum Beispiel in viktorianischen Häusern in San Francisco.
Bed & Breakfast kann bei mehreren deutschen Reiseveranstaltern oder direkt in den USA gebucht werden.

Weitere Informationen: Bed & Breakfast International, 151 Ardmore Road, Kensington, CA 94707 oder bei Bed & Breakfast League, 855 29th Street NW, Washington, DC 20008.

Benzinverbrauch
In Europa wird der Benzinverbrauch üblicherweise in Litern je hundert Kilometer angegeben, ein Auto verbraucht beispielsweise acht Liter auf hundert Kilometer. In den USA gibt man an, wie viele Meilen man mit einer Gallone (3,7845 l) fahren kann, an Gebrauchtwagen klebt also beispielsweise ein Schild mit der Aufschrift 30 mpg, das bedeutet, daß der Wagen mit einer Gallone Benzin dreißig Meilen weit kommt.

Berkeley
Die Universitätsstadt wurde vor allem in den späten sechziger Jahren berühmt, als die Studenten der University of California den Aufstand probten und lautstark gegen den Vietnamkrieg protestierten. Berkeley wurde zum Synonym für

Bed & Breakfast in Kalifornien

die Zeit der Studentenunruhen und zum Symbol für eine Jugend, die sich von der Regierung nicht länger vorschreiben lassen wollte, was sie zu tun hatte. Ein bißchen von dieser Atmosphäre ist nur noch auf der Telegraph Avenue lebendig. Der Campus der Universität wirkt heute eher ruhig und beeindruckt nur noch durch seine schönen und gepflegten Grünanlagen. Auf dem Campus liegen auch ein Kunstmuseum und der schöne Botanische Garten.

Beverly Hills
Der noble Vorort um Santa Monica und Sunset Boulevard und das benachbarte Bel Air gelten als Heimat von Stars, Produzenten und Superreichen, allerdings bekommt man selbst auf einer »Homes of the Stars«-Tour selten einen dieser VIPs zu Gesicht. Alle Traumvillen sind durch hohe Mauern und Videokameras geschützt. Alles andere als versteckt ist der Reichtum in den noblen Discos und Clubs am Sunset-Boulevard und auf dem Rodeo Drive, der Einkaufsstraße der Superreichen. Dies ist ein geschäftiger Boulevard, auf dem europäische Namen wie Saint-Laurent, Cartier und Gucci dominieren und neunzig Prozent aller Waren aus England, Frankreich und Italien kommen. Sein Geld kann man aber auch im Beverly Hilton oder im 1912 erbauten Beverly Hills Hotel loswerden, in dem schon Marylin Monroe und Clark Gable abstiegen. Eine Fahrt durch Beverly Hills und Bel Air wird aber auch ohne Geld zum Er-

»California Dreamin'«

lebnis, wenn man über den Sunset Boulevard in Richtung Meer fährt und zum Beispiel in den landschaftlich sehr reizvollen Laurel Canyon abbiegt.

Big Bend National Park
Einer der entlegensten, aber auch schönsten Nationalparks der USA erstreckt sich an der großen Biegung des Rio Grande im äußersten Süden von Texas. Der ehemalige Unterschlupf von Indianern und Banditen bietet vor allem unverfälschte Natur, in der es sich herrlich reiten und wandern läßt. Im Hinterland der Chisos Mountains warten kaum sichtbare Trails auf mutige Besucher, die versteckte Canyons und Siedlungen erkunden wollen. Der Santa Elena Drive

führt an den schroffen Hängen der Burro Mesa vorbei und gibt den Blick zum »Window« frei, einer natürlichen Öffnung im Felsgestein der Chisos Mountains. Auf dem Gebiet der ehemaligen Nail Ranch kann man seltene Tiere beobachten. Im Blue Creek Canyon stehen die Ruinen der Homer Wilson Ranch. Dorthin verirrt sich nur selten ein Tourist.

Sotol Vista heißt der nach einer Wüstenpflanze benannte Aussichtsplatz, von dem aus man den schönsten Blick auf die Berge und den Santa Elena Canyon hat. Ein schmaler Pfad führt durch die grandiose Schlucht, die von steilen Felswänden begrenzt wird.

Weitere Informationen:
Big Bend National Park, TX 79834.
Tel. (9 15) 4 77-22 91.

Big Sur
Vierzig Kilometer südlich von →Carmel gelegener Künstlerort am Pacific Coast Highway mit der schönsten Küste des amerikanischen Westens.
Ein idealer Ausgangspunkt für Küstenwanderungen.

Billigflüge
Zahlreiche Agenturen bieten Billigflüge an, zum Beispiel ein Ticket von Pakistan International Airlines von Frankfurt nach New York und zurück für 950 Mark. Die Tickets werden unterschiedlich kalkuliert, und von den Passagieren wird viel Toleranz und Flexibilität verlangt, da oft die meiste Zeit auf Flughäfen zugebracht werden muß.

Nationalpark unter Wasser

Biscayne National Park
Der größtenteils unter Wasser liegende Nationalpark erstreckt sich fünfzehn Kilometer östlich von → Homestead und bietet exzellente Möglichkeiten zum Tauchen und Schnorcheln.
»Glass Bottom Boats«, also Ausflugsboote mit durchsichtigem Rumpf, bieten auch Nichtsportlern die Möglichkeit, auf den Meeresboden zu blicken.

Weitere Informationen: Biscayne National Park, P.O.Box 1369, Homestead, FL 3 30 90-13 69.

Black Hills
Die heiligen Berge der Sioux-Indianer liegen im westlichen South Dakota. Südwestlich von Rapid City

locken die Tropfsteinhöhlen der Black Hills Caverns. In Deadwood stößt man auf die Spuren der Goldsucher, die im letzten Jahrhundert das heilige Gesetz der Sioux verletzten und dadurch einen langen Krieg heraufbeschworen.

Boca Raton
Der bekannte Architekt Addison Mizner baute das Cloister und spätere Boca Raton Hotel, das noch heute zu den Wahrzeichen der Stadt nördlich von Palm Beach in Florida gehört. Ihr Name bedeutet »Rattenmaul« und geht auf das 17. Jahrhundert zurück, als Piraten die Felsen in der Bucht mit Rattenzähnnen verglichen. Der Golfstrom fließt direkt an der Küste vorbei und schafft ideale Bedingungen für Wassersportler.

Bodega Bay
Das kleine Fischerdorf liegt an der kalifornischen Küste nördlich von San Francisco an einer geschützten Lagune. Charakteristisch für den Ort sind die weißen Holzhäuser und das Schulhaus, das eine Hauptrolle in dem Hitchcock-Film »Die Vögel« spielte. Die St. Teresa Church wurde bereits 1862 erbaut.

Boonville
Der kleine Ort im nördlichen Kalifornien wurde wegen seiner Schafschurwettbewerbe, vor allem aber wegen einer eigenen Sprache bekannt, die seit hundert Jahren mündlich überliefert ist und als Jux verstanden wird. »Boontling« kann man verhältnismäßig schnell erlernen, es gibt lediglich tausend Wörter. Täglich kommen jedoch neue

Das Schulhaus aus »Die Vögel«

Kirche in Nordkalifornien

hinzu. In den Andenkenläden werden kleine Wörterbücher verkauft.

Boston

Die Stadt wurde bereits 1622 gegründet, als sich der Reverend William Blackstone auf dem Beacon Hill niederließ. Ihm folgten mehrere englische Familien. Boston wuchs zu einer bedeutenden Hafenstadt heran und spielte eine wichtige Rolle während des amerikanischen Unabhängigkeitskrieges. Die englischen Auswanderer, die nichts mehr mit ihrer Heimat zu tun haben wollten, wandten sich bereits 1770 offen gegen die Rotröcke, stürmten drei Jahre später die »Beaver« und warfen die aus Teekisten bestehende Ladung des englischen Schiffes ins Meer. Sie wollten keine Steuer mehr an den König zahlen und unabhängig sein.

An dieser »Boston Tea Party« nahm auch Paul Revere teil, ein unerschrockener Patriot, der sich am 18. April 1775 nach Lexington und Concord begab, um die Bürger vor den anrückenden Briten zu warnen. Paul Revere wohnte zwischen 1770 und 1780 in Boston. Sein Haus ist heute ein Museum und beherbergt viele Originalmöbel und Schmuckstücke aus der Werkstatt des Silberschmieds Revere. Es ist wie alle historischen Gebäude der Stadt leicht zu finden. Ein mit Schildern markierter »Freedom Trail« führt mitten durch die Stadt und leitet die Besucher zur Old North Church, einer berühmten Kirche mit einem 1723 erbauten Altar; zum State House, in dem man wichtige Dokumente aus der Geschichte Massachusetts bestaunen kann; zur ersten öffentlichen Schule der USA und zur Benjamin-Franklin-Statue; zum Old Corner Book Store, dem einstigen literarischen Zentrum der Stadt; zur Park Street Church, in der während des Krieges von 1812 Schießpulver gelagert wurde und zu zahlreichen anderen historischen Bauten. Der Freedom Trail beginnt an der Boston Common Visitor Information, ganz in der Nähe der U-Bahn-Station Park Street. In vier, fünf Stunden kann man sich zumindest einen flüchtigen Überblick über Bostons Geschichte verschaffen.

Boston ist eine historisch interessante Stadt, aber kein Museum wie → Williamsburg. Die historischen Bauten existieren gleichberechtigt neben den modernen Wolkenkratzern, und man schreckte nicht davor zurück, ein modernes Einkaufszentrum mitten in den historischen Distrikt zu setzen und unter einem der ältesten Häuser der USA, dem Old State House, einen U-Bahnhof zu bauen. Das Ergebnis kann sich sehen lassen und sorgt für eine Spannung, die den eigenartigen Reiz dieser Stadt ausmacht.

Gegenüber von der Faneuil Hall, die 1742 erbaut wurde und ein bliebter Treffpunkt der Revolutionsführer war, liegen die drei Markthallen, in denen heute Restaurants, Boutiquen, Souvenirläden und Feinkostgeschäfte untergebracht sind. Eine sehr kommerzielle und auf den Tourismus abgestimmte Gegend, genauso wie die Waterfront, wo alte Lagerhallen zu romantischen Fischrestaurants umgebaut wurden. Historisch am interessantesten ist das North End, wo man jeden Augenblick erwartet, Paul Revere oder Benjamin Franklin zu treffen. Beide haben hier gewohnt. Das North End sieht noch genauso aus wie vor zweihundert Jahren und lockt mit verwinkelten Gassen und Kopfsteinplaster. In den alten Häusern wohnen viele Italiener, die den Schwarzen und den Juden und Iren in diesen Stadtteil folgten. In den Restaurants werden vor allem Pizza, Spaghetti und Tortellini angeboten.

Das romantische Viertel von Boston ist der Beacon Hill mit seinen schmalen und vor allem steilen Gassen. In den romantischen Backsteinhäusern mit ihren Treppenaufgängen und den kunstvoll verzierten Holztüren wohnen auch heute noch die wohlhabenden Leute. Die flackernden Gaslaternen und das Kopfsteinpflaster erinnern an das London des 19. Jahrunderts und versetzen den Besucher in die Vergangenheit.

Die Gegenwart erwartet einen an der Charles Street mit ihren romantischen Restaurants und Straßencafes oder im Boston Common, einer grünen Oase inmitten der Großstadt und dem ersten Park der Vereinigten Staaten. Oder im Copley Place, einem überdachten Einkaufszentrum, oder bei den Boston Red Socks, einem der besten Baseball-Teams der USA, oder bei der Boston Symphony in der Symphony Hall. Boston gibt sich europäisch, und die Leute mögen Kultur, gehen ins Theater und zum Konzert.

Europäisch wirkt auch das öffentliche Verkehrssystem mit vier U-Bahn-Linien (»T«), aber Boston ist verhältnismäßig klein, so daß man auch zu Fuß gut vorankommt.

Hotels: The Colonnade, 120 Huntington Avenue, Boston, MA 02116. Tel. (617) 4 24-70 00. Sehr modernes und dabei gemütliches Luxushotel, in unmittelbarer Nähe zweier Einkaufszentren, vieler guter Restaurants und einer U-Bahn-Station gelegen.
The Lenox Hotel, 710 Boylston Street, Boston, MA 02116. Tel. (617) 5 36-53 00. Charmantes Hotel in der Innenstadt.
Restaurants: Legal Sea Foods, Boston Park Plaza Hotel, Boston, MA 02117. Tel. (617) 4 26-44 44. Eines der besten Fischrestaurants von Boston, es wird nur frischer Fisch serviert.
Locke-Ober, 3 & 4 Winter Place, Boston, MA 02108. Tel. (617) 5 42-13 40. Seit 1875 eines der bekanntesten und von den Bürgern am meisten geschätzten Restaurants.
Union Oyster House, 41 Union Street, Boston, MA 02108. Tel. (617) 2 27-27 50. Ältestes Restaurant der Stadt, im Jahre 1826 gegründet. Tolle Fischspeisen.

Bryce Canyon National Park

Wie Orgelpfeifen erheben sich die roten Felstürme in Bryce Canyon National Park aus dem Tal. Der Wind hat über Jahrtausende hinweg an ihnen genagt, er hat sie verformt und zu kunstvollen Schachfiguren eines Riesen gemacht. In allen Farben leuchten die Kalksteinformationen, denen man fantasievolle Namen wie Thor's Hammer, Queen's Castle, Gulliver's Castle, Hindu Temples und Wall Street gegeben hat. Nirgendwo sonst, nicht einmal im riesigen Grand Canyon, waren Wind und Wetter so launisch wie hier.

Bryce Canyon National Park gibt es seit 1924. Allerdings hatten sich schon die Indianer vor der Schönheit des Canyons verbeugt und ihn »Rote Felsen, die wie Männer in einer schüsselförmigen Schlucht stehen« getauft. Bereits in den zwanziger und dreißiger Jahren galt er als begehrtes Ausflugsziel.

Heute führt eine asphaltierte Straße zu Aussichtspunkten wie Sunset Point und Rainbow Point, noch lohnenswerter aber ist es, zu Fuß über einen der schmalen Pfade in die Schlucht hinabzusteigen und dort das Spiel der Farben auf den Felsen zu beobachten, besonders während des Sonnenaufgangs.

Weitere Informationen: Bryce Canyon National Park, Bryce Canyon, UT 84717.

Bundesstaaten

Die USA bestehen aus fünfzig Bundesstaaten, die in Adressen folgendermaßen abgekürzt werden:
Alaska: AK
Alabama: AL
Arizona: AZ
Arkansas: AR
California: CA
Colorado: CO
Connecticut: CT
Delaware: DE
Florida: FL
Georgia: GA
Hawaii: HI
Idaho: ID
Illinois: IL
Indiana: IN

Bryce Canyon: für viele der schönste Nationalpark

»God Bless the U.S.A.«

Iowa: IA
Kansas: KS
Kentucky: KY
Louisiana: LA
Massachusetts: MA
Maine: ME
Maryland: MD
Michigan: MI
Minnisota: MN
Missouri: MO
Mississippi: MS
Montana: MT
North Carolina: NC
North Dakota: ND
Nebraska: NE
Nevada: NV
New Hampshire: NH
New Jersey: NJ
New Mexico: NM
New York: NY
Ohio: OH
Oklahoma: OK
Oregon: OR
Pennsylvania: PA
Rhode Island: RI
South Carolina: SC
South Dakota: SD
Tennessee: TN
Texas: TX
Utah: UT
Virginia: VA
Vermont: VT
Washington: WA
Wisconsin: WI
West Virginia: WV
Wyoming: WY
District of Columbia: DC

Busch Gardens → Vergnügungsparks

Busreisen
Am billigsten reist man in den vollklimatisierten Überlandbussen von Greyhound und Continental. Die Busse verkehren zwischen allen

Busreisen

Im Bus durch die USA

großen Städten und halten auch in vielen kleinen Orten. Sie sind mit Klimaanlage, Liegesitzen und einer Toilette ausgestattet und halten alle paar Stunden an einem Imbißstand. Es empfiehlt sich jedoch, eigene Verpflegung und vielleicht auch ein Reisekissen mitzuführen. Das Gepäck ist genau zu beschriften. Die preiswerten Netzkarten muß man in Europa erwerben, den »Ameripass« (15 Tage für rund 200 Dollar) gibt es bei Greyhound World Travel GmbH, Kaiserstraße 15, 6000 Frankfurt/Main oder über jedes größere Reisebüro. Continental bietet den ebenfalls sehr preiswerten »Eagle Pass« an.

Besonders für junge und unternehmungslustige Leute empfiehlt sich das alternative Busunternehmen »Green Tortoise«, das von Küste zu Küste, aber auch innerhalb Kaliforniens, nach Mexiko, Alaska und zu großen Nationalparks fährt. Die Fahrgäste können im Bus auf Matratzen schlafen und unternehmen gemeinsame Ausflüge, verstehen sich also als lockere Reisegruppe. Buchungen bei: Green Tortoise Alternative Travel, P.O. Box 24459, San Francisco, CA 94124.

C

Cable Cars

Die berühmte Drahtseilbahn von → San Francisco steht seit 1964 unter Denkmalschutz. Sie wurde im Jahre 1869 von dem englischen Ingenieur Andrew S. Hallidie entwickelt, nachdem er beobachtet hatte, wie ein Kutscher auf der California Street vergeblich auf seine Pferde einschlug. Vier Jahre später, am 1. August 1873, rollte der erste Cable Car durch die Straßen von San Francisco. 1880 waren schon acht Linien in Betrieb. Heute fahren noch drei Linien, und die mächtigen Räder im Kontrollzentrum an der Ecke Washington und Mason Street bewegen elf Meilen Kabel, jedes über drei Zentimeter stark. Im Sommer hängen bis zu 26 Wagen an den Kabeln. Im Kontrollzentrum, auch »The Cable Car Museum, Powerhouse and Car Barn« genannt, erfahren interessierte Besucher mehr über die Geschichte der Cable Cars. Dort sind die drei ältesten Wagen und Modelle von 57 weiteren Typen ausgestellt. Von einer Empore aus kann man die riesigen Antriebsräder und durch ein Fenster die unterirdisch verlegten Kabel beobachten.

Die Cable Cars fahren täglich von sechs Uhr morgens bis ein Uhr nachts. Folgende Linien sind in Betrieb: die Powell-Mason-Linie beginnt an der Kreuzung Market und Powell Street und fährt über den Nob Hill nach Fisherman's Wharf, die Powell-Hyde-Linie beginnt ebenfalls an der Kreuzung Market und Powell Street und fährt über den Russian Hill zum Victorian Park, die California Linie fährt durch Chinatown zum Nob Hill.

Camper → Wohnmobil

Campingplätze

Fast alle amerikanischen Campgrounds bieten einen Komfort, der auf den europäischen Campingplätzen unbekannt ist. Von einem durchschnittlichen Platz in den USA kann man erwarten: saubere Anlage mit viel Platz zum Wenden und Rangieren, saubere sanitäre Anlagen (Duschen, WC), Waschmaschinen und Trockner (Münzbetrieb – eine Waschladung kostet ungefähr einen Dollar, das Trocknen ungefähr fünfzig Cents), einen sauberen und täglich gepflegten Swimmingpool, Kinderspielplatz, einen kleinen Laden mit den notwendigsten Hilfsmitteln, Campingzubehör und Souvenirs, und natürlich geräumige Stellplätze mit allen Anschlüssen für Wasser, Strom und Abwässer (»full hook-up«). Für Wohnwagengespanne stehen sogenannte »pull-through-sites« zur Verfügung, in die man auf der einen Seite hinein- und auf der anderen hinausfährt, also nicht wenden muß. Außerdem gibt es Grillstellen, Picknicktische und an Seen und Flüssen auch einen Bootsverleih.

Weniger komfortabel sind die staatlichen Campgrounds in den Natio-

KOA Campgrounds bieten alles, was das Camper-Herz begehrt

nal- und State Parks eingerichtet, dafür sind sie billiger und liegen oft landschaftlich sehr schön. Der Andrang, besonders in den großen Nationalparks, ist natürlich sehr groß, und man muß in Yellowstone, Yosemite und am Grand Canyon unbedingt vorbestellen (→ Nationalparks). Die Campgrounds von → KOA sind im »KOA Camground Guide« aufgeführt, der bei KOA kostenlos erhältlich ist, andere Führer liegen in Buchhandlungen aus und kosten um die 15 Dollar. Die bekanntesten Guides sind das »RV Campground & Services Directory«, herausgegeben von der Zeitschrift Trailer Life und »Campgrounds and Trailer Parks von Rand McNally.

Canyon de Chelly

Der Canyon de Chelly liegt im Nordosten von Arizona und ist über den Highway 8 zu erreichen. Canyon de Chelly, was auf indianisch lediglich »Felsenschlucht« bedeutet, ist eine langgestreckte Schlucht mit zahlreichen Büschen und Bäumen, deren Seitenwände bis zu dreihundert Meter in den Himmel ragen. Wind und Wetter haben den Fels geglättet und diesem Canyon ein sehr charakteristisches Aussehen gegeben, das sich deutlich von Bryce Canyon und anderen Naturwundern des Südwestens unterscheidet. Im Canyon de Chelly sind die Felsflächen hell und glatt, und tief unten in der Schlucht befinden sich grüne Oasen, die vor vielen tausend Jahren schon die Vorfahren der Navaho-Indianer angelockt haben. Beredtes Zeugnis ihrer einstigen Anwesenheit sind die White House Ruins, indianische Felswohnungen hoch oben in der Felswand.

Canyon de Chelly, die Heimat der Navahos

Vor dreihundert Jahren kamen die Navahos in den Canyon. Sie wurden erst von den Spaniern und dann von Kit Carson und seinen Soldaten gejagt und in die Gefangenschaft geführt. Inzwischen leben die Navahos aber wieder im Canyon. Von ihnen kann man auch die Pferde für einen Ritt in die Schlucht leihen.

Weitere Informationen: Canyon de Chelly National Monument, P.O. Box 588, Chinle, AZ 86503.

Canyonlands National Park

Die Canyonlands im südlichen Utah gehören zu den landschaftlich schönsten und geologisch interessantesten Gebieten der Erde. Das Gebiet, das in der ersten Hälfte des Jahrhunderts nur Indianern und geübten Reitern zugänglich war, wurde 1964 zum Nationalpark erklärt und gilt seitdem als Paradies für Wanderer und Geländewagenfahrer. Zahlreiche Schotterstraßen und Pfade führen in die tiefen Schluchten und Täler und erschließen eine märchenhafte Welt aus Stein und Fels. Wie ein grünes Band ziehen sich der Colorado River und der Green River durch die Canyonlands, für deren Erkundung man einige Tage reservieren sollte. Nur auf einer Jeeptour oder einer ausgedehnten Wanderung erkennt man die volle Schönheit dieses Parks. Einen grandiosen Überblick hat man vom Grandview Point aus. Die eindrucksvollste Gegend des Parks ist Neddles. Am Outpost werden auch Jeeps und Motorräder vermietet.

Weitere Informationen: Canyonlands National Park, 446 South Main Street, Moab, UT 84532.

Laune der Natur in den Canyonlands

Utah, das Land der Canyons

Cape Canaveral
Die Geschichte des Raketenabschußgeländes im nördlichen Florida beginnt am 8. Juli 1947, als das Kriegsministerium sein Raketentestgelände an die Ostküste verleg-

Cape Canaveral

Shuttle-Start in Cape Canaveral

te. Im Oktober 1958 wurde die NASA gegründet, und die friedliche Erforschung des Weltraums begann. Apollo 11, die erste Mondexpedition, wurde vom heutigen Complex 39 gestartet. Auch die Space Shuttles heben von Cape Canaveral ab.
Besichtigungstouren starten im → Kennedy Space Center.

Cape Cod

Die wildromantische Halbinsel lockt besonders im Sommer viele Touristen an. Ein Teil des Küstengebiets, vor allem die weiten Sandstrände und die Dünen, stehen unter Naturschutz. Zwischen Bourne und Woodshole erstreckt sich ein 100 Kilometer langer Fahrradweg, der Claire Saltonstall Memorial Bikeway.

Capitol Reef National Park

Das Capitol Reef, ein Segment der über hundert Meilen langen Waterpocket Fold, wurde 1971 zum Nationalpark erklärt. Die eindrucksvolle Bergkette diente einst dem Banditen Butch Cassidy als Versteck und stellt heute eine Herausforderung an alle Geländewagenfahrer dar. Da das Gebiet nach Gewittern oft überschwemmt und daher sehr gefährlich ist, sollte man vor einer solchen Tour unbedingt den Ranger konsultieren.

Man erreicht den Park im südlichen Utah über den Highway 24. Von einigen Aussichtspunkten wie Panorama Point und vor allem Goosenecks hat man einen herrlichen Ausblick auf das Gebiet. Ein »Scenic Drive« führt zum Capitol Dome und zur Capitol Gorge, die man auf

Teuer und schön: Captiva Island

keinen Fall versäumen sollte. Einen noch besseren Einblick in die Geheimnisse der Felswelt bieten allerdings die zahlreichen Wanderwege und Trails.

Weitere Informationen: Capitol Reef National Park, Torrey, UT 84775.

Captiva Island

Zusammen mit → Sanibel Island bildet diese tropische Ferieninsel ein Traumziel für alle Urlauber an der → Lee Island Coast im südwestlichen Florida. Die üppige Vegetation erinnert an Hawaii und die Südsee. Zahlreiche Luxushotels und erstklassige Restaurants säumen die Inselstraße, verlangen aber auch gesalzene Preise.

Capulin Mountain National Monument

Der Krater eines vor siebentausend Jahren erloschenen Vulkans liegt in der Nähe von Raton, New Mexico.

Weitere Informationen: Capulin Mountain National Monument, Capulin, NM 88414.

Carlsbad Caverns

Am schönsten ist New Mexico unter der Erde – zumindest in den Ausläufern der Guadalupe Mountains im südlichen Teil des Staates. Dort liegen die über siebzig Höhlen der Carlsbad Caverns, die 1923 zum National Monument und sieben Jahre später zum Nationalpark erklärt wurden.

Die fantastische Welt der Höhlen offenbart sich während einer dreistündigen Wanderung über den Cave Walk, der am Natural Entrance, einem dreizehn Meter hohen und dreißig Meter breiten Bogen, beginnt. Er führt durch den Green Lake Room mit einem kleinen grünen See, den King's Palace und die Queen's Chamber. Die Wände strahlen in den verschiedensten Farben, indirektes Licht beleuchtet den schmalen Pfad, und grenzenlose Einsamkeit und Stille umgeben den faszinierten Besucher.

Im Big Room beeindrucken groteske Formen und Gebilde, der Crystal Spring Dome, der Rock of Ages, der Giant Dome, der in seinem Aussehen an den schiefen Turm von Pisa erinnert, die Twin Domes, der Temple of the Sun, der Totem Pole und der Miror Lake. Hinter jedem dieser Namen verbirgt sich ein eigenes Wunder inmitten dieser unterirdischen Zauberlandschaft. Die Wände schimmern in braunen, gelben und roten Farbtönen, die Stimmen der Besucher klingen dumpf und fremd und werden als Echo von den Wänden zurückgeworfen. An vielen Stellen tropft Wasser von der zerklüfteten Decke, anderswo scheint ein Wasserfall zu Stein erstarrt.

Zu den größten Attraktionen von Carlsbad Caverns gehört der abendliche Flug der Fledermäuse, der allerdings nur zwischen Mai und Oktober stattfindet. Eine halbe Million Tiere schläft tief unten in den Höhlen und erhebt sich mit einem Rauschen in die Luft. Park Rangers erklären das einzigartige Schauspiel.

Weitere Informationen: Carlsbad Caverns National Park, 3225 National Parks Highway, Carlsbad, NM 88220.

Die Mission der Künstlergemeinde Carmel

Carmel

Auf der Halbinsel Monterey gelegene Künstlerkolonie mit einem wundervollen Sandstrand und einer Vielzahl von Kunstgalerien, Boutiquen und Shops. Die Mission Basilica San Carlos Borromeo del Rio Carmelo (3080 Rio Road) gehört zu

Malerische Bucht auf Catalina Island

den schönsten des Landes. Bis vor ein paar Jahren war Clint Eastwood der Bürgermeister des Ortes, dessen Bewohner peinlich darauf achten, daß ihr Dorf nicht zur ausgewachsenen Stadt wird.

Casa Grande National Monument

Ruinen der Hohokam-Indianer aus dem 13. Jahrhundert, die man über eine Nebenstraße des Highway 87 nördlich von Phoenix erreicht. Das vierstöckige Bauwerk wurde 1694 von dem Jesuitenpater Kino entdeckt.

Weitere Informationen: Casa Grande National Monument, P.O. Box 518, Coolidge, AZ 85228.

Catalina Island

Der portugiesische Seefahrer Juan Rodriguez Cabrillo entdeckte die vierzig Kilometer vor Los Angeles gelegene Insel am 7. Oktober 1542 und nannte sie San Salvador. Sechzig Jahre später landete Sebastian Vizcaini auf der Insel und taufte sie Santa Catalina. Die Spanier wußten allerdings wenig mit dem Eiland anzufangen, und die nachkommenden Padres mußten flüchten, weil sie den Eingeborenen die Pocken gebracht hatten. Mehr Glück hatten die Siedler, die im 19. Jahrhundert kamen und Ranches und Farmen errichteten. 1919 kaufte der Kaugummi-König William Wrigley die Insel und ließ die zum Teil einmalige Flora und Fauna unter Naturschutz stellen. Sogar Büffel gibt es auf der Insel, sie waren Statisten in einem Indianerfilm, der hier gedreht wurde.

Heute ist Catalina Island vor allem eine Touristeninsel, auf der Autos verboten sind, und wo man sich deshalb herrlich erholen kann. Die Hauptstadt mit ihren blumengeschmückten Häusern, dem Casino und der malerischen Bucht erinnert an die schönsten Flecken in Südfrankreich, und die Luft ist seidig und nirgendwo in Kalifornien so rein wie hier.

Catalina Express unterhält einen regelmäßigen Fährenservice zwischen San Pedro und Avalon. Die Ausflugsboote fahren ungefähr alle anderthalb Stunden. Die Fahrt dauert eine Stunde und zwanzig Minuten.

Weitere Informationen: Catalina Express, P.O. Box 1391, San Pedro, CA 90733. Tel. (213) 519-1212.

Chaco Canyon

Der Chaco Canyon liegt im Nordwesten von New Mexico und ist über den Highway 57 zu erreichen. Zum Besucherzentrum, in dem man Interessantes über die Geschichte des Gebiets erfährt, muß man durch den gesamten Canyon fahren. Die Chaco-Kultur der dort lebenden Anasazi-Indianer war sehr hochstehend, und es ist inzwischen sogar erwiesen, daß die Eingeborenen eine Zeitrechnung kannten. In dem Film »The Sun Dagger«, den man auch im Visitor Center ansehen kann, wird dies auf eindrucksvolle Weise bewiesen. Wegen Absturzgefahr ist es niemandem gestattet, zur Sonnenuhr der Anasazi emporzuklettern.

Für den archäologisch interessierten Besucher ist Chaco Canyon ein Paradies. Zwölf große Pueblos und über vierhundert kleine Ruinen warten darauf, erkundet und erforscht zu werden. Am berühmtesten ist Pueblo Bonito, die halbmondförmige Siedlung im Zentrum des Tales. Vor achthundert Jahren wohnten in diesem Dorf über tausend Menschen. Den besten Blick auf die Ruine hat man von einer Felsenklippe aus, die dreihundert Meter hinter dem ehemaligen Dorf emporragt.

Weitere Informationen: Chaco Culture National History Park, Star Route 4, P.O. Box 6500, Bloomfield, NM 87413.

Channel Islands National Park

Die Inseln Anacapa, Santa Barbara, San Miguel, Santa Rosa und Santa Cruz wurden erst 1980 zum Nationalpark erklärt. Die paradiesisch gelegenen Eilande im Santa Barbara Channel locken vor allem Wanderer und Vogelbeobachter an, die hier die seltenen Kormorane und den braunen Pelikan beobachten können. Auch Seelöwen und Wale kann man von den Inseln aus bewundern. Das Besucherzentrum liegt in Ventura Harbor, wo auch die Fahrten zu den zehn Meilen entfernten Inseln gebucht werden können.

Weitere Informationen: Channel Islands National Park, 1901 Spinnaker Drive, Ventura, CA 93001.

Charterflüge

Charterflüge sind sehr preiswert und werden von zahlreichen Reiseveranstaltern angeboten. Der Preis für einen Charterflug von Frankfurt nach Los Angeles und zurück betrug 1989 während der Hochsaison ca. 1900 Mark. Die großen Nachteile: mangelnder Komfort, feste Ab- und Rückflugdaten, bei Stornierungen geht das Geld für das Ticket verloren. Im Charterverkehr gelten Gewichtsbegrenzungen für das Gepäck, die von Linie zu Linie unterschiedlich sind. Es kommt häufig zu Verspätungen, und der Service entspricht dem niedrigen Preis. Genauere Angaben findet man in den Katalogen der Reiseveranstalter und im Reisbüro. (→ Fliegen)

Cheyenne

Die Hauptstadt des US-Staates Wyoming verdankt ihre Existenz der Union Pacific Railroad, deren Schienen den Ort im Jahre 1868 erreichten. Auch heute noch ist der Pioniergeist in dieser Cowboy-Metropole lebendig, besonders während der letzten Juli-Woche, wenn neun Tage lang die Frontier Days das Interesse auf sich ziehen. Das abschließende Rodeo gehört zu den spektakulärsten des amerikanischen Westens.

Chicago

Die ehemalige Heimat von John Dillinger und Al Capone hat ihren Ruf als Hauptstadt des Verbrechens längst abgelegt. Heute ist die Stadt am Lake Michigan vor allem wegen ihrer eindrucksvollen Skyline und Architektur und wegen ihres kulturellen Angebots interessant. Innerhalb des Loop liegen einige der architektonisch interessantesten Gebäude der Welt, und nirgendwo sonst in den USA gibt es eine solche Vielfalt bedeutender Museen und Kunstgalerien.

Das Zentrum der »Windy City« ist der Loop, ein durch die Schienen der Hochbahn gebildeter Ring, der sich über fünfunddreißig Blocks erstreckt. Eine geschäftige Insel inmitten einer turbulenten Metropole, die während des Berufsverkehrs zum Tollhaus wird, wenn sich die Menschen auf der State Street gegenseitig auf die Füße treten und die Busse und Bahnen überfüllt sind, wenn die Hochbahn rattert und die Preßlufthämmer der Bauarbeiter mit den Sirenen der Polizei wetteifern.

Im Loop erhebt sich der Sears Tower in den meist nebelhaften Dunst, das höchste Gebäude der Welt. Sehenswert sind aber auch viele andere Gebäude wie das Board of Trade (West Jackson Boulevard) mit der Eingangshalle im Jugendstil und das Continental Illinois Bank Building, ein riesiger Marmortempel mit griechischen Säulen und riesigen Kronleuchtern. Futuristisch dagegen das State of Illinois Building, ein in zahlreichen Blau- und Rosatönen schimmerndes Gebilde aus Glas und Stahl.

Ein Experimentierfeld für avantgardistische Architekten und Künstler war Chicago bereits 1871, nachdem eine verheerende Brandkatastrophe fast die ganze Stadt in Schutt und Asche gelegt hatte. Von den alten Gebäuden steht nur noch der Wasserturm. Er erinnert an das Chicago vor hundert Jahren. Das neue

Chicago wurde zu einer zukunftsweisenden Metropole, und nicht nur Architekten sollten eine der interessanten Touren der Chicago Architecture Foundation, Tel. (312) 3 26-13 93, mitmachen.

Kunstliebhaber kommen in Chicago schon beim Spaziergang im Loop auf ihre Kosten. Da stehen 32 Kunstwerke anerkannter Bildhauer einfach so auf den Bürgersteigen herum, unter anderem eine sechzehn Meter hohe Plastik von Pablo Picasso, der von Alexander Calder geschaffene rote »Flamingo« vor dem Chicago Federal Center, ein gigantisches Mobile desselben Künstlers in der Eingangshalle des Sears Tower und »The Four Seasons«, ein über zwanzig Meter langes Mosaik von Marc Chagall an der First National Bank.

Innerhalb des Loop ist Chicago hektisch und gedrängt, außerhalb des Loop großzügig angelegt, besonders auf der Michigan Avenue, der breiten Prachtstraße am Lake Michigan. Hier macht die »Windy City« ihrem Namen alle Ehre, hier pfeift ständig der Wind vom Lake Michigan herüber. Jenseits des Flusses, im nördlichen Teil der Stadt, liegen vornehme Restaurants und interessante Boutiquen. Chicago ist auch eine Stadt für Feinschmecker und modisch interessierte Besucher, vor allem aber die Stadt der Museen und Kunstgalerien. Sehenswert vor allem das Museum of Science and Industry, ein riesiges Gebäude, in dem man die Wunder von Wissenschaft und Technik bestaunen und erleben kann. Oder das Art Institute of Chicago mit Gemälden und Skulpturen moderner Künstler.

Chicago – ein Mekka für kulturell interessierte Besucher und schon lange keine Gangsterstadt mehr. Aber auch keine typisch amerikanische Stadt, in der Einkaufszentren und Vergnügungsparks die größten Attraktionen darstellen. Die meisten Besucher kommen wegen der Museen und Kunstgalerien, wegen der architektonisch interessanten Gebäude, der Musik- und der Theaterszene. Chicago – eine Stadt der Kultur.

Weitere Informationen: Chicago Convention and Tourism Bureau, Inc., McCormick Place-on-the-Lake, Chicago, IL 60616 Tel. (312) 2 25-50 00
Hotels: Ed Debevic's, 640 North Wells, Chicago, IL. Tel. (312) 6 64-17 07. Im Stil der 50er Jahre erbauter Hamburger-Schuppen mit erstklassigem Fast Food. Tolle Einrichtung, fetzige Musik – und lange Warteschlangen
Randall's, 41 East Superior, Chicago, IL 60611. Tel. (312) 2 80-27 90. Eines der besten Resturants für Prime Rib und Steaks.
Richmont Hotel, 162 East Ontario Street, Chicago, IL 60611. Tel. (312) 7 87-35 80. Gutes Mittelklassehotel. Freies Frühstück.
The Midland Hotel, 172 West Adams, Chicago, IL 60603. Tel. (312) 3 32-12 00. Renoviertes Art-Deco-Hotel im Loop, individuell eingerichtete Zimmer, erstklassiges Restaurant.

Chimayo

Der 1598 von den Spaniern gegründete Ort im nördlichen New Mexico gilt als Zentrum der Wegkunst und ist durch den Santuario de Chimayo

Viel Action am Strand von Clearwater

bekannt, einen Schrein, der wunderbare Heilung verspricht und zum Wallfahrtsziel wurde. In einer alten Hacienda ist der Rancho de Chimayo untergebracht, eines der besten mexikanischen Restaurants in New Mexico.

Chiricahua National Monument

Im äußersten Südosten von Arizona, in der einstigen Heimat der Chiricahua-Apachen, lockt das Chiricahua National Monument mit einem eindrucksvollen Paradies aus grauem Fels. Klobige Klötze erheben sich aus den Schluchten, balancieren auf dünnen Felsnadeln und liegen wie das Spielzeug eines Riesen herum. Zu den am wundersamsten anmutenden Gesteinsformationen gehören der Big Balanced Rock, der aussieht wie eine gigantische Eieruhr, und der Totem Pole. Das Gebiet lockt vor allem Wanderer an, die in der bizarren Felswelt eine Herausforderung sehen.

Clearwater Beach

Die vor allem wegen ihres kilometerlangen Strandes bekannte Küstenstadt an der → Pinellas Suncoast in Florida ist das beliebteste Ausflugsziel in diesem Teil des Landes.

Die Amerikaner haben es am Strand gern laut, und besonders Jugendliche lassen hier die sprichwörtliche Post abgehen. Man tanzt zu karibischer Musik und Rock'n' Roll, sitzt in Cliquen beisammen oder spielt Volleyball.

Am Meer werden Parasailing, Wasserski und alle anderen Wassersportarten geboten.

Cochise Stronghold

Das ehemalige Versteck des Apachenhäuptlings Cochise liegt im südöstlichen Arizona in den unzugänglichen Dragoon Mountains. Es kann mit einem geländegängigen Wagen über den Highway 666 in südlicher Richtung und eine ausgeschilderte Sandstraße erreicht werden. Zu Fuß klettert man in die Canyons, in denen sich Cochise und seine Krieger vor der US-Armee verbargen.

Cody

Das im Jahre 1898 von Buffalo Bill Cody gegründete Städtchen liegt unweit vom → Yellowstone National Park in Wyoming. Zahlreiche restaurierte Häuser aus dem Wilden Westen, besonders aber das Buffalo Bill Historical Center (720 Sheridan Avenue) erzählen viel über die Pionierzeit und den legendären Buffalo Bill, dem auch eine große Statue gewidmet ist.

Coloma → El Dorado Country

Columbia

Ehemals war Columbia die größte Siedlung im Gebiet der südlichen Minen in Kalifornien, heute ist es eine verschlafene Kleinstadt, deren Museen und historische Gebäude viel über die wilde Zeit des kalifornischen Goldrausches erzählen. Die historische Main Street wird von interessanten Läden flankiert. Im City Hotel spürt man die Atmosphäre des Gründerjahres 1857, und im St. Charles Saloon kann man wie weiland die Goldgräber seinen Whisky trinken.

Buffalo-Bill-Denkmal in Cody

Coronado State Monument

Indianische Ruinen aus dem 13. Jahrhundert mit fünf sehr gut erhaltenen Zeremonienräumen (»kivas«). Der spanische Eroberer Coronado soll hier überwintert haben.

Crook Trail

Der von General Crook im Jahre 1871 erkundete Trail verband das Fort Apache mit Fort Whipple in der Nähe von Prescott und führt über das landschaftlich einmalige Mogollon Rim, ein mit Kiefern bewachsenes Hochplateau im nördlichen Arizona. 1872 rollten die ersten Versorgungswagen über den befestigten Trail. Heute folgt der Highway 260 dem einstigen Trail und gibt den Blick frei auf das gigantische Tonto Basin. An zahlreichen, malerisch gelegenen Seen wie dem Woods Canyon Lake warten Picknicktische und Campingplätze. Die zahlreichen schmalen Trails sollten nur von geübten Wanderern benutzt werden.

Weitere Informationen: Beaver Creek Ranger District, Coconimo National Forest, Rimrock, AZ 86335. Tel. (6 02) 5 67-45 01.

Cumbres & Toltex Scenic Railroad → Dampfzüge

Cypress Gardens

Der Blumenpark liegt an der State Road 540, wenige Meilen vom Highway 27 und der Ortschaft Winter Haven in Florida entfernt. Cypress Gardens ist nach den moosbehangenen Zypressen benannt, die überall im Park wachsen und neben den farbenprächtigen Blumen (Bougainvillea, Hibiskus, Azaleen) zu den Attraktionen des Parks gehören. Angelegt wurde diese Traumlandschaft von Dick Pope und seiner Frau, die das einstige Sumpfland zu Beginn der dreißiger Jahre trockenlegen ließen. Inzwischen sind noch andere Attraktionen dazugekommen, vor allem Wasserskiakrobatik mit den berühmten Menschen-Pyramiden, die man auf jedem zweiten Florida-Prospekt sieht.

Weitere Informationen: Cypress Gardens, P.O. Box 1, Cypress Gardens, FL 33880. Tel. (8 13) 3 24-21 11.

Cable Car in San Francisco

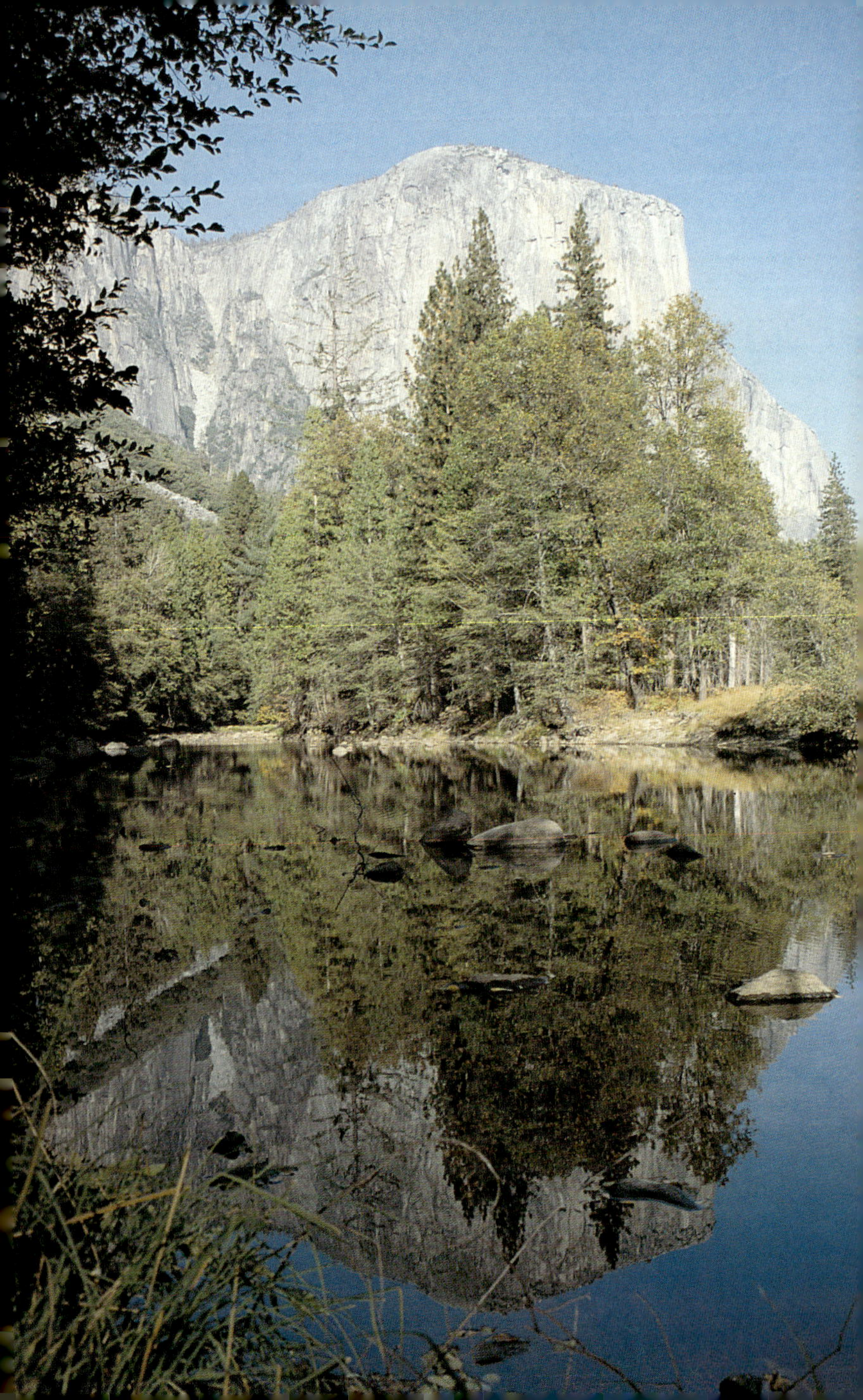

Sequoia-Bäume im Sequoia National Park
Links: Meilenweit unberührte Natur im Yosemite National Park
Viktorianisches »Zuckerbäckerhaus« in Nordkalifornien

Grand Canyon, das Traumziel vieler Urlauber

Sonnenuntergang in der Sonora-Wüste

D

Dallas

Die texanische Metropole wurde vor allem für Geschäftsleute gebaut und überzeugt mit einer eindrucksvollen Skyline, aus der besonders das gläserne Hyatt Hotel und der Reunion Tower mit seiner lichtergeschmückten Kuppel herausragen. Innerhalb der Wolkenkratzerschluchten regiert das Big Business, und für den Touristen bleiben nur wenige Anlaufpunkte: die Union Station, ein Bahnhof aus dem letzten Jahrhundert; die John Neely Cabin, das 1841 erbaute Blockhaus des Stadtgründers; die John F. Kennedy Plaza mit dem riesigen Mahnmal, das an die Ermordung des 35. Präsidenten der USA erinnert; und das neue Dallas Museum of Art, ein hypermodernes Kunstmuseum im neuen Art District. Verzichten kann man auf die außerhalb der Stadt gelegene und durch die Fernsehserie »Dallas« bekannt gewordene Southfork Ranch, dort wird viel kassiert und wenig geboten.

Weitere Informationen: Dallas Convention & Visitors Bureau, 1507 Pacific Avenue, Dallas, TX 75201, Tel. (214) 9 54-14 54.

Hotels: La Quinta Motor Inn, 4440 North Central Expressway, Dallas, TX 75206. Tel. (214) 8 21-42 20. Gemütliches Motel.:

Restaurants: Antares Restaurant, Reunion Tower, 300 Reunion Blvd., Dallas, TX 75207. Tel. (214) 6 51-12 34, App. 7171. In der Aussichtskugel des Reunion Tower untergebrachtes First-Class-Restaurant.

Texas Tubleweed, 9100 North Central, Dallas TX 75231. Tel. (214) 3 61-44 35. Erstklassiges Steak-Restaurant.

Trail Dust Steak House, 10841 Composite Drive, TX 75220. Tel. (214) 3 57-38 62. Gutes Steakhouse mit Country and Western Music.

Dampfzüge

Auch in den USA erfreuen sich Dampfzugfahrten wachsender Beliebtheit. Nachstehend die wichtigsten und attraktivsten Linien. Es empfiehlt sich allerdings, vorher anzurufen, um genauere Informationen zu bekommen und Plätze zu reservieren.

Hyatt Hotel und Reunion Tower in Dallas

Dampfzüge

Durango – Silverton: immer noch ein Abenteuer

Cripple Creek & Victor Narrow Gauge Railroad Cripple Creek, Colorado. Die dreiviertelstündige Reise führt durch eine wilde Berglandschaft und an verlassenen Goldminen vorbei. Im Sommer täglich von 10 bis 17 Uhr. Fahrpreise: $ 3,75 (Erwachsene), $ 2,00 (Kinder von 3 bis 12).
Reservierungen: Cripple Creek & Victor Narrow Gauge Railroad, Box 459, Cripple Creek, CO 800813. Tel. (3 03) 6 89-26 40.
Durango & Silverton Narrow Gauge Railroad Durango, Colorado. Die 90-Meilen-Reise führt durch die spektakuläre Animas River George nach Silverton. Nach einem zweistündigen Aufenthalt in der hochgelegenen Mining Town geht es zurück nach Durango. Dauer des Trips: 8$^{1}/_{2}$ Stunden. Im Sommer täglich um 7, 8.30 und 9.30 Uhr ab Durango. Fahrpreise: $ 21,25 (Erwachsene), $ 10,65 (Kinder von 5 bis 11).
Reservierungen: (unbedingt notwendig): Durango & Silverton Narrow Gauge Railroad, 479 Main Avenue, Durango, CO 81301. Tel.: (3 03) 2 47-27 33.
Georgetown Loop Railroad Georgetown, Colorado. Der 5-Meilen-Trip führt eine Stunde lang durch eine alte Minengegend. Im Sommer täglich von 11 bis 16 Uhr. Fahrpreise: $ 5,00 (Erwachsene), $ 2,50 (Kinder von 5 bis 15).
Reservierungen: Georgetown Loop Railroad, Box 311, Golden, CO 80401. Tel. (3 03) 2 79-96 70.
Roaring Camp & Big Trees Narrow Gauge Railroad Felton, California. Sechs Meilen und eine Stunde lang geht es durch die Santa Cruz Mountains mit ihren riesigen Redwood-Bäumen. Im Sommer täglich von 11 bis 16 Uhr. Fahrpreise: $ 7,50

(Erwachsene), $ 5,00 (Kinder von 3 bis 15).
Reservierungen: Roaring Camp & Big Trees Narrow Gauge Railroad, Felton, CA 95018. Tel. (4 08) 3 35-44 84.

Yosemite Mountain – Sugar Pine Railroad Fish Camp, California. In ausgehöhlten Baumstämmen geht es vier Meilen weit über den ehemaligen Transportweg eines Holzfällercamps. Im Sommer täglich von 10.30 bis 15.30 Uhr. Fahrpreis: $ 5,00 (Erwachsene), $ 3,25 (Kinder von 3 bis 12).
Reservierungen: Yosemite Mountain – Sugar Pine Railroad, Yosemite Mountain, CA 93623. Tel. (2 09) 6 83-72 73.

Cumbres & Toltec Scenic Railroad Chama, New Mexico. Der Zug folgt 64 Meilen und $6^1/_2$ Stunden lang der ansonsten stillgelegten Strecke der historischen Denver & Rio Grande Railroad. Die Fahrt geht durch die zerklüftete Toltec Gorge, durch Tunnels und über Brücken. Im Sommer täglich um 10 Uhr ab Chama. Fahrpreise: $ 24,00 (Erwachsene), $ 9,00 (Kinder bis 11).
Reservierungen: Cumbres & Toltec Scenic Railroad, Box 789, Chama, NM 87520. Tel. (5 05) 7 56-21 51.

Cumbres & Toltec Railroad: für Dampfeisenbahn-Fans

Dampfzüge 52

»Bitte einsteigen und die Türen schließen!«

Sumpter Valley Railroad Baker, Oregon. Die Schienen dieser Linie führen acht Meilen weit durch ein altes Goldgebiet. Im Sommer an Wochenenden von 11 bis 17 Uhr. Fahrpreise: $ 3,00 (Erwachsene), $ 2,00 (Kinder bis 12).
Reservierungen: Sumpter Valley Railroad, Box 654, Baker, OR 97814. Tel. (5 03) 8 94-22 68.

Oregon Pacific and Eastern Railway Company Cottage Grove, Oregon. Die Schienen folgen dem Row River und führen am Dorena Lake und an ehemaligen Holzfällercamps vorbei. Im Sommer an Werktagen um 14 Uhr, an Wochenenden um 10 und 14 Uhr. Fahrpreise: $ 6,90 (Erwachsene), $ 3,45 (Kinder von 2 bis 11).
Reservierungen: Oregon Pacific and Eastern Railway Company, Box 565, Cottage Grove, OR 97424. Tel. (5 03) 9 42-33 68.

Timpanogos Scenic Railway Heber City, Utah. Die 3-Stunden-Fahrt führt durch die Wasatch Mountains und am Provo River entlang. End-

station: die malerischen Bridal-Veil-Wasserfälle. Im Sommer täglich um 11 und 15 Uhr. Fahrpreise: $ 7,00 (Erwachsene), $ 3,50 (Kinder von 3 bis 12).
Reservierungen: Timpanogos Scenic Railway, 600 W. 100 South, Heber City, UT 84032, Tel.: (8 01) 654-26 22.

Tenas Creek and Eastern Railroad
Ashford, Washington. Nur eine halbe Stunde lang und eine halbe Meile weit, dafür ist eine Führung durch ein Holzfällermuseum im Preis inbegriffen. Im Sommer an Wochenenden um 12 und 15.30 Uhr. Fahrpreise: $ 3,00 (Erwachsene), $ 2,00 (Kinder von 6 bis 17).
Reservierungen: Tenas Creek and Eastern Railroad, Box 113, Ashford, WA 98304.

Mount Rainier Scenic Railroad
Elbe, Washington. Die zwei Stunden lange Fahrt führt am Südhang des malerischen Mount Rainier entlang. Im Sommer von Mittwoch bis Freitag von 10.30 bis 13.45 Uhr und an Wochenenden von 9.30 bis 15 Uhr. Fahrpreise: $ 5,00 (Erwachsene), $ 3,00 (Kinder von 2 bis 12).
Reservierungen: Elbe Station, Box 921, Elbe, WA 98330. Tel. (2 06) 5 69-26 69.

Puget Sound & Snoqualmie Valley Railroad Snoqualmie, Washington. Ein Dreiviertelstunden-Trip mit guter Aussicht auf die Snoqualmie Falls und das Snoqualmie Valley. Im Sommer an Wochenenden und an Feiertagen von 13 bis 17 Uhr. Fahrpreise: $ 4,00 (Erwachsene), $ 2,00 (Senioren und Kinder von 5 bis 15).
Reservierungen: Puget Sound & Snoqualmie Valley Railroad, Box 459, Snoqualmie, WA 98065. Tel. (2 06) 8 88-30 30.

Lake Whatcom Railway Company
Wickersham, Washington. Die Fahrt geht anderthalb Stunden durch die Ausläufer der Cascade Mountains. Fahrpreise: $ 6,00 (Erwachsene), $ 3,00 (Kinder bis 18).
Reservierungen: Lake Whatcom Railway Company, Box 91, Acme, WA 98220. Tel. (206) 5 95-22 18.

Daytona Beach
Der einzige Strand in Florida, den man mit dem Auto befahren darf – mit dem Ergebnis, daß man vor lauter Rennern und Wohnmobilen kaum noch das Wasser sieht. Weil vor allem die harten Jungs vom Lande in ihren Jeeps oder auf ihren Harleys kommen, hat der Strand den Beinamen »Redneck Riviera«. Nichts für Familien und Urlauber, die am Strand vor allem die abgeschiedene Ruhe suchen – in Daytona Beach ist Action angesagt, und das Lärmen der Kofferradios übertönt sogar das Möwengeschrei. Daytona Beach liegt eine Autostunde von Orlando entfernt an der Ostküste Floridas, im Auto darf der Strand zwischen dem Ormond Beach Exit und dem Ponce de Leon Inlet befahren werden. Der Strand ist auch im heißen Sommer überlaufen.

Death Valley
In dem östlich der Sierra Nevada gelegenen Wüstengebiet, an der Grenze zwischen Kalifornien und Nevada, erstreckt sich Death Valley,

Death Valley

das Tal des Todes. Seine verborgene Schönheit, die in allen Farben leuchtenden Felsen und die von der Natur in vielen tausend Jahren geschaffenen Wunder locken unzählige Menschen in dieses Wüstental. Und wer vom Tal des Todes nur sengende Hitze und Sand und Steine erwartet, sieht sich bald von einer auf seltsame Weise schönen Natur überwältigt.

Seinen Namen erhielt das Death Valley von einer Gruppe Siedler, die zu den Goldfeldern in Kalifornien unterwegs waren. Sie kamen vom Trail ab und strandeten in dem glühendheißen Wüstental. Sie hatten es nur der Zähigkeit zweier Männer zu verdanken, daß sie am Leben blieben. Diese beiden holten Hilfe und führten die Siedler aus dem Tal hinaus. »Goodbye, Death Valley!« sollen sie erleichtert gerufen haben, als das Tal des Todes endlich hinter ihnen lag.

Das Tal blieb gefährlich und wurde auch in den folgenden Jahren für unzählige Goldsucher und Abenteurer zum Verhängnis. Erst als Borax im Death Valley gefunden wurde, erschloß man das Tal, und schwerbeladene Wagen wurden von zwanzigköpfigen Maultiergespannen zum Rand der Wüste gezogen, wo die Güterzüge auf das Erz warteten. Heute gehört das 1933 zum National Monument erklärte Tal zu den Touristenattraktionen des amerikanischen Westens, und die vielen Besucher bestaunen die Sehenswürdigkeiten dieser abgelegenen Gegend: den »Golfplatz des Teufels« (Devil's Golf Course) mit seinen bizarren Salzkristallen, den Ubehebe Crater, eine zweihundertvierzig Meter tiefe Grube vulka-

»Golfplatz des Teufels«

Zabriskie Point in Death Valley

nischen Ursprungs, die vor mehr als tausend Jahren entstand, den in allen Farben schillernden Golden Canyon, die Sanddünen, die Natural Bridge und die »Werkstatt der Zwerge« (Gnomes' Workshop). Die größte Anziehungskraft besitzt Dante's View, von dort aus hat man einen Ausblick auf die tiefstgelegene Stelle der westlichen Hemisphäre, das 282 Meter unter dem Meeresspiegel liegende Badwater. Zabriskie Point, in einem Film gleichen Titels zu Ehren gekommen, überrascht mit buckligen Felsen in allen Farben. Alle Sehenswürdigkeiten sind bequem vom Besucherzentrum aus zu erreichen.

Death Valley ist ganzjährig geöffnet, die Saison dauert allerdings nur von Oktober bis Mai. Im Sommer wird es dort bis zu fünfzig Grad heiß. Zu keiner Jahreszeit sollte man ohne ausreichende Wasservorräte losfahren, und Four-Wheel-Pfade sollte man nur nach Rücksprache mit einem Ranger benutzen. An der Hauptstraße sichern Rastplätze mit Wasservorräten das sichere Weiterkommen. Bei ausgedehnten Touren öfter das Kühlwasser chekken.

Weitere Informationen: Death Valley National Monument, Death Valley, CA 92328. Tel. (619) 786-2331.

Denver

Die Stadt in den Bergen liegt genau eine Meile hoch. Auf der dreizehnten Stufe des Kapitols steht man eine Meile, also 1600 Meter, über dem Meeresspiegel. Von dort aus kann man bei klarem Wetter die keine zwanzig Meilen entfernten Berge und den 4666 Meter hohen Pikes Peak bestaunen. Die schönsten Skigebiete (→ Skifahren) der USA liegen nur ein paar Autostunden

Denver

entfernt. Aber auch Denver selbst hat viel zu bieten. Eine vorbildliche Innenstadt mit viel Grün und der 16th Street, einer nach europäischem Vorbild gestalteten Fußgängerzone. Umweltfreundliche Elektrobusse bringen den Besucher zu den Läden und Restaurants und zum Tabor Center, einem farbenfrohen Einkaufszentrum, das in einem riesigen Gewächshaus untergebracht ist. Das Tivoli, ein anderes Einkaufszentrum, befindet sich in einer ehemaligen Brauerei und präsentiert sich ähnlich fantasievoll.

Denver hat seine Existenz dem Goldrausch von 1858 zu verdanken, als 150 000 Goldsucher »Pikes Peak or Bust« auf ihre Planwagen pinselten und in den Ausläufern der Rockies Denver City gründeten. Nach dem Goldrausch wuchs Denver zu einer wilden Handelsstadt heran, in der sich Abenteurer und Revolverhelden ein Stelldichein gaben. Auch zwei Überschwemmungen und zahlreiche Indianerüberfälle konnten die Stadt nicht erschüttern, und als die Schienen der Eisenbahn die Berge erreich-

Denver, Colorado: imposante Skyline

Tabor Center, eine der schönsten Malls der USA

Vorbildlich: die Fußgängerzone in Denver

ten, sorgten ein Silberrausch und ein weiterer Goldrausch am Cripple Creek dafür, daß Denver zu einem bedeutenden Handelszentrum wurde, das es bis heute geblieben ist.

Die Vergangenheit ist heute noch am Larimer Square lebendig, einem historischen Block mit achtzehn viktorianischen Häusern, die seit 1973 unter Denkmalschutz stehen und Andenkenläden und Restaurants beherbergen. Oder in der Buckhorn Exchange, einem 1893 gegründeten Saloon, in dem man heute noch Büffelfleisch essen kann. Lebendige Vergangenheit findet man auch im Museum of Western Art, das in einem ehemaligen Bordell untergebracht ist. Gemälde und Plastiken berühmter Westernmaler wie Charles M. Russel und Frederic Remington erinnern an die Zeit des Wilden Westens. Im American Cowboy Museum darf man Ausstellungsstücke wie einen hundert Jahre alten Sattel sogar berühren. Indianische Kunstgegenstände, aber auch historische Stücke aus Europa und Asien findet man im Denver Art Museum, einem häßlichen Gebäude, das einem mittelalterlichen Schloß nachempfunden wurde. Ebenso häßlich, aber mit der besten Akustik des amerikanischen Westens ausgestattet: das Denver Center for Performing Arts, die erste runde Konzerthalle der Welt.

Denver – eine moderne und aufstrebende Stadt, die in den Traditionen der Pionierzeit verwurzelt ist und sich als idealer Ausgangspunkt für Amerika-Rundreisen und Ausflüge in die Rocky Mountains, nach Colorado Springs, Aspen oder in den → Rocky Mountain National Park anbietet.

Weitere Informationen: Denver Metro Convention & Visitors Bureau, 225 West Colfax Avenue, Denver, CO 80202, Tel. 8 92-11 12
Hotels: Radisson Hotel, 1550 Court Place, Denver, CO 80202. Tel. (3 03) 8 93-33 33. Sehr gutes Luxushotel, direkt an der Fußgängerzone.
Denver Inn, 401 17th Street, Denver, CO 80202. Tel. (3 03) 2 96-04 00. Preiswertes Hotel in der Innenstadt, im Preis ist ein europäisches Frühstück enthalten.
Restaurants: Marlow's, 511 16th Street, Denver, CO 80202. Tel. (3 03) 5 95-37 00. Stimmungsvolle Bar mit Restaurant.
Buckhorn Exchange, 1000 Osage Street, Denver, CO 80204. Tel. (3 03) 5 34-95 05. Historischer Saloon, in dem man riesige Steaks und Büffelfleisch bestellen kann.
Cafe Promenade, 1430 Larimer Street, Denver, CO 80202. Tel. (3 03) 8 93-26 92. Europäische Küche, frische Backwaren.

Devils Tower National Monument

Der massive Monolith spielte eine Hauptrolle in Steven Spielbergs »Unheimliche Begegnung der dritten Art« und war ein markanter Wegweiser für die Siedler im letzten Jahrhundert. Der 270 Meter hohe Basaltfelsen ist das erste National Monument der USA (seit 1906). Kletterer müssen sich bei den Rangers im Visitor Center abmelden, bequemer ist eine Wanderung über den Tower Trail, an dem Tafeln über die geologische Geschichte des Basaltklotzes berichten.

Weitere Informationen: Devils Tower National Monument, Devils Tower, WY 82714.

Disneyland

Das weltberühmte Reich der Fantasie liegt in Anaheim vor den Toren von Los Angeles. Mit dem Vergnügungspark, der am 17. Juli 1955 feierlich eingeweiht wurde, erfüllte Walt Disney sich einen lebenslangen Traum. Fast 300 Millionen Menschen haben Disneyland bisher besucht und sich an den familiengerechten Vergnügungen mit Mickey Mouse, Donald Duck & Co. erfreut. Die weltberühmten Trickfiguren tauchen überall im Park auf und lassen sich mit Kindern und Erwachsenen fotografieren. Ihren großen Auftritt haben sie während der großen Parade, die mehrmals am Tag stattfindet.

Disneyland ist in mehrere Gebiete eingeteilt. Auf dem Weg zum Dornröschen-Schloß geht man über die

Winnie-Puh in Disneyland

Disneyland

»Main Street U.S.A.«, die Nachbildung einer amerikanischen Kleinstadt um die Jahrhundertwende. In den Shops werden Souvenirs und Süßigkeiten verkauft, über das Kopfsteinpflaster rattern Oldtimer, Pferdebahnen und alte Omnibusse. Im »Fantasyland« kommen besonders Kinder auf ihre Kosten, man fliegt mit Peter Pan um die Welt, vergnügt sich auf einem Oldtimer-Karussell oder saust im Bobschlitten das Matterhorn hinunter. Im »Adventureland« lockt eine abenteuerliche »Jungle Cruise«, eine der ältesten und besten Attraktionen des Parks. Im »Frontierland« schießt man mit den Cowboys um die Wette, feiert mit ihnen im Saloon oder geht mit der Big Thunder Mountain Rail-

Die Stars von Disneyland in Anaheim, California

Abenteuerlich: im Dampfzug durch die USA

road auf abenteuerliche Fahrt. Im benachbarten »Bear Country« singen ausgestopfte Teddybären. Am »New Orleans Square« reist man in flachen Booten in die Karibik und erlebt hautnah, wie Piraten eine Insel angreifen und einnehmen. Die »Pirates of the Caribbean« und das gespenstische »Haunted House« gehören zu den beliebtesten Attraktionen von Disneyland, und man sollte sie immer zuerst aufsuchen – vorausgesetzt, daß man oft stundenlanges Warten in der allerdings sehr disziplinierten Schlange in Kauf nehmen will. Im »Tomorrowland« warten die Unterseeboote von Jules Verne und die außergewöhnlichste Achterbahn der Welt: die pfeilschnellen Wagen von »Space Mountain« rasen durch das dunkle Weltall unterhalb einer gigantischen Betonkuppel.

Disneyland hat im Sommer täglich von 9 Uhr bis Mitternacht und im Winter täglich außer montags und dienstags von 9 bis 18 Uhr, am Wochenende bis 19 Uhr geöffnet. Der Eintrittspreis (Erwachsene: ca. 20 Dollar, Kinder: ca. 15 Dollar) schließt alle Attraktionen ein, die man so oft besuchen kann wie man will. Es werden auch preiswerte 3-, 4-und 5-Tage-Pässe angeboten. Man sollte sich mindestens einen, besser noch zwei oder drei Tage Zeit für Disneyland nehmen und möglichst Feiertage und die amerikanischen Schulferien (Juli bis September) meiden. Ansonsten empfiehlt es sich, sehr früh zu kommen und die beliebtesten Attraktionen (Pirates of the Caribbean, Haunted House, Country Bear Jamboree) zuerst aufzusuchen. Kinderwagen und Fotoapparate können

Durango

am Eingang gemietet werden. In den Souvenirshops möglichst mittags einkaufen, am Abend sind sie genauso überfüllt wie die meisten Restaurants zur Essenszeit.

Weitere Informationen: Disneyland, 1313 South Harbor Boulevard, P.O. Box 3232, Anaheim, CA 92803.
Tel. (714) 999-4000.

Disneyworld → Walt Disney World

Dude Ranches → Ranchurlaub

Durango
Die alte Bergwerksstadt in den San Juan Mountains zieht vor allem im Sommer unzählige Touristen ins südliche Colorado – schon wegen des → Dampfzuges, der jeden Morgen dreimal in Richtung Silverton startet. Die achteinhalbstündige Fahrt mit der »Durango & Silverton Narrow Gauge Railroad« gehört zu den schönsten Ausflügen im amerikanischen Westen, aber auch das Städtchen selbst hat einiges zu bieten: bunte und liebevoll renovierte Häuser, stimmungsvolle Kneipen und Restaurants und das historische General Palmer Hotel.

Die Zimmer dieses alten Hotels gehören nicht gerade zum Komfortabelsten, was der Westen bieten kann, aber dafür hat man in einem waschechten Western-Hotel geschlafen, das noch im letzten Jahrhundert erbaut wurde.

Durango & Silverton Narrow Gauge Railroad → Dampfzüge

Einkaufen

Die amerikanischen Supermärkte, meist in ausgedehnten »shopping centers« mit »drug store« und »liquor store« und ein paar kleineren Läden untergebracht, beeindrucken den europäischen Besucher vor allem durch ihre Größe. Dabei ist das Angebot nicht reichhaltiger als bei uns, nur die Packungen entsprechen dem großen Hunger und dem Einkaufsverhalten der Amerikaner, die in der Regel nur einmal pro Woche, meist samstags, in den Supermarkt gehen.

Über den Regalreihen in jedem Supermarkt hängen Schilder, die anzeigen, welche Waren dort angeboten werden. Obst wiegt man selbst aus. In jedem Supermarkt gibt es eine Expreß-Kasse, an der man schneller abgefertigt wird, aber nur maximal zehn Artikel abrechnen lassen darf. In Supermärkten werden keine Kreditkarten angenommen. Die meisten Supermärkte haben täglich von 9 bis 21 Uhr geöffnet. In den »Seven-to-Eleven«- und »Circle-K«-Läden kann man die ganze Nacht hindurch einkaufen. Auch viele Tankstellen führen ein kleines Lebensmittelangebot, allerdings ist es dort etwas teurer. Ansonsten sind die Preise etwa so hoch wie bei uns, nur das Fleisch ist meist billiger.

Überall eine Katastrophe, zumindest für den europäischen Geschmack, sind der Kaffee und das Brot. Das Brot, man ißt fast nur

Supermarkt in Florida

Einkaufen

Die Mall: auch ein gesellschaftlicher Treffpunkt

Toastbrot, ist weich und labbrig, der Kaffee bedarf einer längeren Gewöhnung und wird von Kaffeekennern als reines »Spülwasser« bezeichnet. Als Kaffeefreak sollte man seinen eigenen Kaffee mitbringen, allerdings ist das amerikanische Wasser chlorhaltiger und beeinträchtigt den Geschmack. Unserem Brot am ähnlichsten schmecken die sogenannten »Kaiser Rolls«, »bagles« und »Jewish Rye«. Ungewohnt im Geschmack sind auch der viel zu süße Kuchen und der Kakao. Viele Waren, die auch in Europa bekannt sind, schmecken in den USA anders, z.B. Marlboro (stärker), Mon Chéri (kein Alkohol), Nesquik (süßer).

Alkohol wird in sogenannten »liquor stores« verkauft, in Supermärkten gibt es meist nur Wein und Bier.

Kleidung, Spielwaren, Bücher usw. kauft der Amerikaner in den »malls«. Das sind riesige überdachte Einkaufszentren, in denen man vom Kino bis zum Restaurant, vom Plattengeschäft bis zur Buchhandlung, vom Kaufhaus bis zur Boutique alles findet. Eine »mall« ist auch ein gesellschaftlicher Treffpunkt, es finden kleine Konzerte und Ausstellungen statt, und in »Straßencafes« ruht man sich nach dem anstrengenden Einkauf aus. »Malls« gibt es in jeder größeren Stadt, sie sind in den → Yellow Pages unter »shopping malls« aufgelistet.

Billiger als in Deutschland ist kaum noch was in den USA, nicht mal Kosmetika. Lediglich Jeans kosten rund die Hälfte. Es lohnt sich, auf Sonderangebote (»sales«) zu achten.

Vor jeder »mall« und vor jedem Supermarkt gibt es riesige Parkplätze, die auch für Wohnmobile groß genug sind.

Einladungen

»Kommen Sie uns doch mal besuchen!« Solche Einladungen werden in den USA sehr leichtfertig ausgesprochen, und man sollte sie nicht besonders ernstnehmen. Wird man jedoch für einen bestimmten Abend eingeladen, sollte man daran denken, daß es in Amerika nicht unbedingt notwendig ist, Blumen mitzubringen.

Angebrachter ist da schon eine Flasche Wein. Europäische Besucher mit Freunden in den USA decken sich mit Süßigkeiten oder Bildbänden ihrer Heimat ein.

Eisenbahn → Amtrak

El Dorado Country

Die ungefähr vierzig Kilometer nördlich von Sacramento gelegenen El Dorado Hills waren das Zentrum des kalifornischen Goldrausches. Zehntausende fielen in das Land ein und suchten in den Bergen nach Gold. Das Recht des Stärkeren regierte, und es kam nicht von ungefähr, daß eine Siedlung wie Placerville in Hangtown umbenannt wurde. Heute sind Hangtown, aber auch ehemalige Goldgräberstädte wie Coloma ruhige Städtchen, die nur noch von ihrer wilden und bewegten Vergangenheit zehren.

El Morro National Monument

Die prähistorischen Ruinen der Zuni-Indianer liegen am Highway 53 in New Mexico und tragen die Inschriften spanischer Eroberer.

Weitere Informationen: El Morro National Monument, Ramah, NM 87321.

El P...

El P...
sun...
der...
du...
Ju...
L...
U...
Damals ...
von der Grenze zw...
und den USA, die heute durch d... Rio Grande gebildet wird und die mexikanische Stadt Juarez von El Paso trennt. Ohne diese Grenze wäre El Paso/Juarez eine riesige Doppelmetropole, ein Schmelztiegel aus Mexikanern und Amerikanern. Damit brüstet sich die Stadt auch heute noch, obwohl die Grenze, von den Einheimischen »Tortilla Fence« genannt, auch unmenschliche Auswirkungen haben kann. Sie hält arbeitswillige Mexikaner davon ab, in die USA einzuwandern.

Im vergangenen Jahrhundert war El Paso ein ungesundes Pflaster für Banditen und mexikanische Revolutionäre. Auf mexikanischer Seite sorgten die Federales für Ordnung. Auf amerikanischer Seite fingen die Texas Rangers flüchtende Banditen ab. Heute berichten zahlreiche Tafeln in der Innenstadt von Revolverkämpfen zwischen Schurken und Gesetzesbeamten. Die Indianer wurden von der US-Armee in Schach gehalten, die 1848 in El Paso ihr Fort Bliss errichtete, das man noch heute als Nachbildung bestaunen kann. Das neue Fort Bliss, das El Paso zu einer der größten Garnisonssstädte der USA macht, wurde auch deutschen Sol-

n Heimat, sie werden an modernen Mittel... eten ausgebildet.
...ieht man sich am besten ...tiger Höhe an. Von den ...lin Mountains hat man einen ...mberaubenden Ausblick, sogar die Einheimischen schwärmen von den rotgoldenen Sonnenuntergängen, die hier in der Wüste besonders schön sind. Auf die Berge kommt man mit einer Kabinenbahn oder im Auto über eine steile, aber landschaftlich sehr attraktive Straße.

Die spanische Vergangenheit der Stadt ist in den zahlreichen Missionen lebendig, die einen Einblick in das Leben des 16. und 17. Jahrhunderts geben. Die Ysleta Mission wurde 1681 von Franziskanermönchen und Tigua-Indianern gebaut und gilt heute als älteste Kirchengemeinde in den USA. In der Socorro Mission, ebenfalls 1681 erbaut, kann man noch die ursprünglichen Deckenbalken bestaunen, die von den inzwischen ausgestorbenen Piro-Indianern geschnitzt wurden. Die Guadalupe Mission wurde bereits 1658 erbaut und bildete den Ursprung der Besiedlung der Stadt.

Epcot Center

Die Welt von morgen, zumindest wie Disney sie sich vorstellt, liegt zehn Autominuten vom →Magic Kingdom entfernt und kann von dort aus auch mit der Monorail angefahren werden. »Epcot wird eine experimentelle und vorbildliche Stadt der Zukunft sein«, plante Walt Disney schon 1966, »die ihre Anregungen aus den neuen Ideen und neuen Technologien beziehen wird, die jetzt in den kreativen Zentren der amerikanischen Industrie entstehen.« Sechzehn Jahre später wurde Disneys Plan verwirklicht. EPCOT (Experimental Prototype Community of Tomorrow) wurde am 1. Oktober 1981 feierlich eröffnet. Eine Milliarde Dollar wurde in das Unternehmen investiert.

Zum weithin sichtbaren Wahrzeichen wurde »Spaceship Earth« (»Raumschiff Erde«), eine sechzig Meter hohe Silberkugel, in der sich eine ständige Ausstellung über die Entwicklung und die Möglichkeiten der Kommunikation befindet. Die Besucher reisen in automatisch bewegten Sesseln durch die Zeit und bestaunen Ägypter vor den Pyramiden und Gutenberg, der gerade die Buchdruckkunst erfindet. Sie erleben, wie Rom brennt, und Telefon, Radio und Fernseher entwickelt werden. Eine interessante Fahrt durch eine Disney-gerecht und mit vielen Tricks aufbereitete historische Landschaft.

»The Land« gehört zu den von Industrieunternehmen wie Kodak und Kraft gesponserten Pavillons, in denen man sich über die Möglichkeiten von Technik und Wissenschaft informieren kann. Im Land-Pavillon erfährt man während einer Bootsfahrt durch Regenwald, Wüste und Prärie, wie die Menschheit im nächsten Jahrhundert mit Nahrung versorgt werden soll. In einer Aquazelle werden Fische und Shrimps gezüchtet, in einer rotierenden Raumstation werden Salat

»Raumschiff Erde«

und Gemüse gezogen. Im »Kitchen Kabaret« sorgen Mr. Broccoli und seine lustigen Gesellen für allerlei Kurzweil, eine sehr amerikanische Show, die höchstens Kindern zugemutet werden kann.

Mr. Dreamfinder und sein kleiner violetter Drache laden zu einer Reise in die Fantasie ein, zu einer »Journey Into Imagination«. Ein dreidimensionaler Film und viele künstliche Gebilde machen deutlich, was Fantasie und Erfindungsgeist alles bewirken können. Am Ende dieser Reise werden die Besucher aufgefordert, selbst kreativ zu werden: als Schöpfer eines Computergemäldes, im Rainbow Corridor, auf den farbigen »Stepping Tones«, bunten Lichtflecken auf dem Boden, die bei Berührung einen bestimmten Ton oder Klang erzeugen. Ein technischer Kindergarten, an dem auch Erwachsene ihren Spaß haben.

Die Entwicklung der Transportmittel demonstriert General Motors in der »World of Motion«, nicht ohne in einem gesonderten Pavillon seine neuesten Automodelle vorzuführen. Eine Show, auf die man wohl am ehesten verzichten kann.

»Horizons« heißt der Pavillon, in dem der staunende Besucher erfährt, wie das tägliche Leben in der Zukunft aussehen könnte. In einer ständig ablaufenden dreidimensionalen Show beobachtet man das Innere einer Raumstation und sieht Papa im Weltraum mit der Tochter auf der Erde telefonieren. Die Mutter müht sich in der computergesteuerten Küche ab, und ein Roboter sorgt für die heitere Note.

Am eindrucksvollsten gestaltet sich die Show im »Universe of Energy«, wo man in einer gigantischen Dia-Show über die Nutzung der Energie informiert wird. Dann verschwindet die Leinwand, und die Sitzreihen verwandeln sich in rollende Vehikel. Die Reise geht zu den Urquellen der Energie zurück, in einen nächtlichen Sumpf, eine lebendige Urwelt mit wabernden Nebeln, ausbrechenden Vulkanen und kämpfenden Riesenechsen. Alles lebensecht dargestellt und sehr eindrucksvoll, wenn man mal darüber hinwegsieht, daß zu keinem Zeitpunkt auf die Gefahren der Energienutzung hingewiesen wird, aber bei Disney ist nun mal die heile Welt angesagt, und der Besucher soll unterhalten und niemals verschreckt werden.

Im neuesten Pavillon, der den Geheimnissen des Meeres gewidmet ist, reist man im Fahrstuhl in die

Unterwasserwelt, wo man Haie in ihrer natürlichen Umgebung beobachten kann. Ein gewaltiges Riff mit exotischen Fischen wartet hinter dicken Glaswänden auf die staunenden Besucher.

Der zweite und weitaus größere Teil des Epcot Centers ist einer ständigen Weltausstellung, dem World Showcase, vorbehalten. Um einen künstlichen See gruppieren sich Dörfer und Pavillons, in denen Waren des jeweiligen Landes verkauft und Filme gezeigt werden. Leider beschränkt man sich dabei auf gängige Klischees. Im deutschen Pavillon sind natürlich Fachwerkhäuser aus Rothenburg zu sehen, im Andenkenladen werden Hummel-Figuren und Bahlsen-Kekse verkauft, und im Bierhaus schunkelt man zu »Warum ist es am Rhein so schön«.

Die Eintrittspreise für das Epcot-Center entsprechen denen des → Magic Kingdom. Für die Restaurants im World Showcase sind Reservierungen notwendig.

Erdbeben

Am 18. April 1906 um 5 Uhr 13 bebte in → San Francisco die Erde. Ein gewaltiges Erdbeben erschütterte die Stadt und ein Gebiet von 340 Kilometern Länge und 50 Kilometern Breite. Vier Fünftel von San Francisco sanken in Schutt und Asche. Verantwortlich für das Beben war der Sankt-Andreas-Graben, der auch heute noch ständig in Bewegung ist und viele Wissenschaftler von einem bevorstehenden großen Erdbeben sprechen läßt, das diesmal Los Angeles heimsuchen soll. Mehrere Erdbeben wurden bereits während der letzten Jahre in der Millionenstadt registriert.

Mehr über das Erdbeben von 1906 und die geheimnisvollen Kräfte des Sankt-Andreas-Grabens erfährt man auf der nördlich von San Francisco gelegenen Halbinsel → Point Reys, die sich jedes Jahr um zehn Zentimeter weiter nach Norden schiebt. Beim großen Beben im Jahre 1906 waren es sogar fünf Meter. Unweit eines Besucherzentrums, in dem man weitere Informationen erhält, kann man den Sprung in der Erde noch heute bestaunen. Ein Bretterzaun wurde durch das Beben auseinandergerissen und blieb – durch eben diese fünf Meter getrennt, neben einem Farmhaus stehen.

Eureka

Auch diese Stadt in Nordkalifornien verdankt ihre Entstehung der Holzindustrie. Heute verdunkeln die Rauchwolken der riesigen Holz- und Papiermühlen die Stadt. In Old Town findet man sehr schöne viktorianische Häuser mit verspielten Fassaden. Zu den schönsten Häusern gehört das Carson Mansion (Ecke Second & M Street).

Everglades National Park

Das riesige Sumpfgebiet im südlichen Florida gehört zu den letzten Paradiesen der Welt und ist Amerikas drittgrößter Nationalpark. Es umfaßt ein Gebiet von 2100 Quadratmeilen zwischen dem Tamiami

Everglades National Park

Seminolen-Show in den Everglades

Mit dem Kanu durch die Everglades

Trail im Norden bis zur Florida Bay, und von den Keys genannten Inseln im Osten bis zum Golf von Mexiko. Die subtropische Wildnis mit Marschlandschaften und sumpfigen Mangrovenwäldern, kilometerweiten Grasflächen und Zypressen zieht vor allem Naturfreunde und

Everglades National Park

Alligator im Everglades Park

Wasservogel in den Everglades

Ornithologen an, die Reiher, Pelikane, Adler, Kormorane und über dreihundert andere Vogelarten im Park bestaunen können.

Das Visitor Center liegt am Highway 27 am Eingang des Parks westlich von Homestead. Dort erhält man alle Broschüren und Informationen, die man für eine Fahrt bis nach Flamingo benötigt. Mehrere Trails und ausgebaute Plankenwege führen zu den verschiedenen landschaftlichen Schönheiten, zu Pflanzen und Tieren. Man sieht Alligatoren und Wasserschlangen, bunte Orchideen, Anhingas und Reiher. Die offenen Everglades, die von den Indianern Pa-hay-okee (»Meer aus Gras«) genannt wurden, erstrecken sich mit ihrem wogenden Gras und den verfilzten Bauminseln, »hammocks« genannt, bis zum Horizont. Allerdings sollte man sich nicht darauf verlassen, während einer Fahrt über den Highway 27 sehr viel zu sehen. Die wahren Everglades lernt man erst auf einer Bootsfahrt oder einem längeren Kanutrip in die Sümpfe kennen, die man in Flamingo buchen kann.

Meiden sollte man die Sümpfe im Sommer, denn dann sind kaum Tiere zu sehen, und die Moskitos werden zur Landplage.

Weitere Informationen: Everglades National Park, P.O. Box 279, Homestead, FL 33030. Tel. (3 05) 2 47-62 11.

F

Familienaufenthalte

Für einen Beitrag von 50 Mark kann man sich bei der weltweiten Organisation SERVAS einschreiben lassen, die Kontakte zu Familien und Einzelpersonen in vielen Ländern unterhält und Schlafplätze für maximal vier bis fünf Tage vermittelt. Im Austausch für einen Schlafplatz in den USA muß man sich bereiterklären, auch Besuchern im Heimatland eine Unterkunft zu gewähren. Kontaktadressen erhält man bei U.S. SERVAS Committee, 11 John Street, Room 406, New York, NY 10038. Tel. (212) 2 67-02 52. Für längere Aufenthalte empfiehlt sich die Organisation Experiment in International Living, Osterstraße 15, 4990 Lübbecke, Tel. (0 57 41) 52 80 oder in den USA: Brattleboro, VT 05301. Tel. (8 02) 2 57-77 51.

Fast Food

Die Neonschilder der Fast-Food-Ketten, die inzwischen auch Europa überschwemmen, bestimmen in den USA das Straßenbild, vor allem in den Kleinstädten und an den Ausfallstraßen der großen Städte. McDonald's, Burger King & Co. sind überall. Auf Hamburger spezialisiert sind McDonald's (okay), Burger King (gegrillt) und Wendy's (frisch und saftig), auf Hühnchen Kentucky Fried Chicken (nun ja), auf Pizza die Restaurants von Pizza Hut (zu matschig), auf mexikanisches Essen Taco Bell (indiskutabel), auf Roastbeef-Sandwiches

Appetitanregend: Burger-Billboard

Arby's (nun ja). Es gibt zahlreiche andere Fast-Food-Restaurants, aber wer eine Magenverstimmung vermeiden will, sollte sich an die großen Ketten halten. Die meisten Hamburger-Restaurants servieren auch Frühstück (die »Croissan'wiches« von Burger King sind preiswert und sehr zu empfehlen), sowie »Chicken Sandwiches« und Fisch, wie das »Fish Filet« bei McDonald's. In der Fast-Food-Industrie tobt ein erbitterter Konkurrenzkampf, der zu zahlreichen Sonderangeboten führt, die man natürlich ausnützen sollte. Es gibt spezielle Kindermenüs mit kleinen Geschenken, aber auch Gutscheine und Preisausschreiben, bei denen man wertvolle Preise gewinnen kann.

Feiertage

An Feiertagen haben alle Banken und Behörden geschlossen, die großen Supermärkte und viele andere Läden aber bleiben geöffnet. Fällt ein Feiertag auf einen Sonntag, wird er am Montag nachgeholt, es kommt also zu zahlreichen langen Wochenenden, die Amerikaner gern für einen Kurzurlaub ausnützen, da sie ansonsten nur wenig Urlaub haben. Ostern wird nur am Ostersonntag, Weihnachten nur am ersten Feiertag gefeiert. Hier die wichtigsten Feiertage:
Neujahr: 1. Januar
Washington's Birthday: 3. Montag im Februar
Karfreitag
Ostersonntag
Memorial Day: 30. Mai oder letzter Montag im Mai
Independence Day: 4. Juli
Labor Day: 1. Montag im September
Columbus Day: 2. Montag im Oktober
Veteran's Day: 4. Montag im Oktober
Thanksgiving: 4. Donnerstag im November
Weihnachten: 25. Dezember

Fernsehen

Das amerikanische Fernsehen ist im privaten Besitz und vor allem auf die Einkünfte aus der Werbung angewiesen. Deshalb werden alle Programme regelmäßig durch »commercials« (Werbung) unterbrochen. Ein Ärgernis für alle Europäer, die noch nicht kabelgeschädigt sind, aber unbedingt notwendig, um die aufwendigen Programme zu finanzieren.
Drei große Fernsehstationen (»networks«) buhlen um die Gunst der Zuschauer: ABC, CBS und NBC. Sie betreiben sogenannte »affilliates« in den Städten, die auch eigenes Programm wie etwa die lokalen Nachrichten beisteuern. Dann gibt es kleine Stationen von begrenzter Stärke (»local stations«), also lokale Sender mit einem oft sehr attraktiven Programm. Kulturfilme oder Theateraufführungen werden von PBS gesendet, dem vielgelobten, aber immer am Existenzminimum zehrenden öffentlichen Fernsehsender (Public Television). »Pay-TV« und Kabelfernsehen stehen bei vielen Zuschauern höher im Kurs als das reguläre Programm und werden auch von vielen Hotels angeboten. Die populärsten Stationen

sind HBO (Home Box Office), TMC (The Movie Channel) und Showtime, die einen Film nach dem anderen zeigen, der Sportkanal ESPN, der auch europäische Sportwettkämpfe überträgt, (z. B. die letzte Fußballweltmeiterschaft), der Nachrichtenkanal CNN und natürlich MTV (Music Television), das rund um die Uhr Musikvideos zeigt und großen Einfluß auf die Musikszene hat.

Der Schwerpunkt, vor allem bei den »networks«, liegt natürlich auf vordergründiger Show und Unterhaltung. Das geht schon am Morgen mit einer »soap opera« (Seifenoper) nach der anderen los. Man nennt sie so, weil die Hausfrauen zur Sendezeit meistens beim Waschen sind, und weil die Folgen vor allem durch »commercials« für Hausfrauen unterbrochen werden (vor allem Waschmittelwerbung). »Soap Operas« sind Fortsetzungsromane in bewegten Bildern, zumeist auf dem Niveau unserer Romanhefte, und die »Schwarzwaldklinik« ist gegen amerikanische Serien wie »General Hospital« und »The Young and the Restless« hehre Kunst. Seit geraumer Zeit gibt es aufwendig produzierte »soap operas«, sogenannte »prime time soaps«, weil sie zur »prime time«, zur besten Sendezeit, zwischen zwanzig und zweiundzwanzig Uhr laufen. Beste Beispiele dafür sind »Dallas« und »Dynasty« (»Der Denver-Clan«), die auch bei uns zu großen Erfolgen wurden. Ein anderes Phänomen sind die »game shows«, also Gewinnspiele wie »Jeopardy« und »The Price Is Right«, bei denen die meisten deutschen Quizmaster ihre Ideen klauen.

Als Unterhaltung werden auch die Nachrichten dargeboten. Die schillernde Figur jeder Nachrichtenshow ist der Wettermann, der seinen Ausblick in ein mehr oder weniger unterhaltsames »Kasperletheater« verpackt. Bestes Beispiel dafür: der korpulente Willard Scott in der »Today Show«. »Today« (NBC) mit Bryant Gumbel und Jane Pauley ist die populärste der drei Morgenshows und bietet Frühstücksfernsehen in Perfektion, verknüpft Information und Unterhaltung.

Abends zur Hauptsendezeit (»prime time«) kommen vornehmlich Serien zum Einsatz, die man auch bei uns kennt, die populärsten sind zur Zeit »L. A. Law«, »Tour of Duty« und sogenannte »miniseries« (Mini-Serien, also Mehrteiler) wie »The Winds of War« (»Der Feuersturm«) und »The Thornbirds« (»Die Dornenvögel«). Nachts laufen alte Serien und Spielfilme, und der Bildschirm wird oft erst gegen drei Uhr dunkel.

Flagstaff

Im waldreichen Nordarizona liegt die Kleinstadt Flagstaff, für viele Touristen das Basiscamp für eine Reise zum Grand Canyon.

Auch für eine Reise in die nahen Skigebiete der San Francisco Peaks und in den Oak Creek Canyon empfiehlt sich die zweitausend Meter hoch gelegene und daher meist sehr kühle Stadt als Ausgangspunkt.

Fliegen

Keine Angst vorm Fliegen! Nirgendwo sonst gibt es so viele Sicherheitsbestimmungen wie im Flugverkehr, und Unfälle oder gar Katastrophen sind ausgesprochen selten. Auch die Angst der Erstflieger vor der Prozedur am Flughafen ist unbegründet. Haben Sie Ihr Ticket im Reisebüro oder am Flughafen abgeholt, kann gar nichts mehr passieren, besonders bei Linienflügen, die in Deutschland selten (außer von München-Riem aus), in den USA häufiger verspätet sind.

Gehen Sie eine oder zwei Stunden (Charter: drei) vor Abflug zum Flughafen, geben Sie Ihr Gepäck am Schalter Ihrer Fluglinie auf und verstauen Sie das Restticket in Ihrer Tasche. Für die weitere Prozedur benötigen Sie nur den sogenannten »boarding pass«, eine Bordkarte, auf der deutlich die Flugnummer, der Flugsteig und die Sitznummer vermerkt sind. Denken Sie daran, bei der Platzwahl »Raucher« oder »Nichtraucher« anzugeben. In den USA gibt es auf Flügen unter zwei Stunden (von Gate zu Gate gerechnet) nur Nichtraucher-Plätze.

Sie gehen durch die Paßkontrolle, lassen sich mit einem Metalldecoder abtasten und Ihr Gepäck durchleuchten. Ihren Filmen geschieht nichts, lediglich bei hochempfindlichem Material (1000 ASA und höher) und auf kleinen Flughäfen sollten Sie vorsichtig sein und die Filme per Handcheck prüfen lassen. Im Warteraum warten Sie, bis Ihr Flug aufgerufen wird. Zeigen Sie der Stewardeß am Eingang Ihre Bordkarte und nehmen Sie Platz. Alles Handgepäck sollte unter den Vordersitz passen. Vor dem Abflug informiert man Sie über die Sicherheitsvorkehrungen, während des Fluges werden Sie mit Mahlzeiten und Getränken versorgt. Für Kinder gibt es Bilderhefte und Spielzeug. Auf manchen amerikanischen Fluglinien kann man auch Videospiele ausleihen und vom Flugzeug aus telefonieren (per Kreditkarte).

Nach der Ankunft holen Sie Ihr Gepäck am »Baggage Claim« ab. Die Paß- und Zollkontrolle gestaltet sich in der Regel problemlos, lediglich in New York kommt es zu langen Wartezeiten.

Keine Angst auch vor dem Umsteigen auf amerikanischen Flughäfen. Alle Läden, Flugsteige, usw. sind mit leicht lesbaren Symbolen ausgeschildert, und die Informationen über Flugsteige und Abflugzeit können Sie auf den überall hängenden Bildschirmen ablesen. An den Lufthansa-Zielflughäfen hilft Ihnen auch das Personal der Lufthansa weiter. (→ Billigflüge, → Charterflüge, → Holidaytarif, → Jugendtarif, → Visit USA, → Lufthansa)

Flirten

Die Amerikaner sind sehr prüde und immer noch im Puritanismus verwurzelt, daran sollten Singles besonders auf dem Lande denken. Noch immer ist es üblich, ein »date« mit einem Mädchen zu verabreden, und es gilt als selbstverständlich, daß man die junge Dame zu Hause abholt. Emanzipiert sind nur die Girls und Ladies in den Großstädten, mit anderen Worten, der Mann bezahlt und darf an der Haustür höchstens mit einem flüchtigen Kuß rechnen. Ausnahmen bestätigen nur die Regel. Europäer, egal ob weiblich oder männlich, kommen bei Amerikanern besonders gut an, da der Durchschnitt der US-Girls weder ausgesuchte Höflichkeit noch geistreiche Unterhaltungen gewohnt ist. An den europäischen Mädchen wird besonders ihr Selbstbewußtsein geschätzt.

Florida Keys

Wie an einer Perlenschnur aufgereiht erstrecken sich die Inseln der Florida Keys ins Meer. Das Gebiet ist wegen seines subtropischen Klimas und seiner karibischen Atmosphäre, besonders in → Key West, zu einem beliebten, aber auch teuren Ferienziel geworden.

Seven-Mile-Bridge

Die große Zeit der Keys begann bereits 1912, als sich der Millionär Henry Flagler entschloß, eine Eisenbahn von Miami nach Key West

Über vierzig Brücken nach Key West

Florida Keys

Raw Bars – ein Muß für Austern-Fans

zu bauen. Der Plan wurde Wirklichkeit, aber bereits 1935 fegte ein gewaltiger Hurricane die Dampfeisenbahn von den Schienen. An ihrer Stelle trat der Highway One, der heute noch 113 Meilen weit und über 43 Brücken nach Key West führt. Die Fahrt über diese Straße gehört zu den einmaligen Erlebnissen in Florida, und es geht nichts über das Gefühl, über die sieben Meilen (!) lange Seven Mile Bridge zu fahren und rechts den Golf von Mexiko und links den Atlantik zu sehen. Vorbei geht die Fahrt an türkisfarbenen Lagunen, an Palmen, Pinien und Mangroven, vorbei am offenen Meer. An den Brückengeländern lehnen Angler, neugierig beobachtet von Möwen und Pelikanen. Auf den Wellen des Meeres schaukeln Jachten und Fischerboote. Am Straßenrand locken Hotels, Restaurants und Attraktionen wie das Theater of The Sea in Islamorado, wo man mit Delphinen schwimmen kann. In Key Largo wartet der John Pennekamp Coral Reef State Park auf Schnorchler

Tauchen in Florida

Am Strand von Key West läßt es sich leben

und Taucher. In Marathon gibt es zahlreiche Bootsverleihe und Anglershops. Big Pine Key bringt Abwechslung, sie führt den Besucher in lichte Wälder, wo er Waschbären und Big Pine Deer, nur in diesem Teil der Keys heimisches Zwergen-Rotwild, beobachten kann.

Für die Keys sollte man viel Zeit und Muße mitbringen. Die Fahrt von Miami nach Key West dauert wegen der meist zweispurigen Straße und des lebhaften Verkehrs bis zu fünf Stunden. Zur Orientierung sind rechts von der Straße sogenannte »mile markers« aufgestellt, die auch in Adressen angegeben werden.

Weitere Informationen: Florida Keys Visitor Information, P.O. Box 4651, Key West, FL 33041.
Hotels: Holiday Inn, Box 708, Key Largo, FL 33037. Tel. (3 05) 4 51-21 21. Schönes Hotel der Mittelklasse. In der Bucht dahinter soll der Film »Key Largo« gedreht worden sein.
Holiday Isle Resort, P.O. Box 588, Islamorada, FL 33036. Tel. (3 05) 6 64-23 21. Schönes Feriendomizil mit zahlreichen Möglichkeiten, sich zu amüsieren und Ausflüge zu unternehmen. Besonders für unternehmungslustige Familien geeignet. Heimat der berühmten Kokomo-Bar.

Florida Turnpike
Die gebührenpflichtige und kreuzungsfreie Schnellstraße führt quer durch Florida von Orlando bis Homestead. Allerdings sollte man sich nicht dazu verleiten lassen, zu schnell zu fahren, die Highway Patrol lauert überall.

Floßfahrten → River Rafting

Fort Bowie
Die Ruinen des Forts, das während der Apachenkriege ein bedeutender Stützpunkt war, sind über einen schmalen Pfad erreichbar, der von einer Schotterstraße zum Apache Pass abzweigt. Der Weg führt in vielen Windungen durch ein mit Mesquite und Kakteen bestandenes Tal, vorbei an der Ruine einer ehemaligen Postkutschenstation. Vom Fort stehen nur noch die Ruinen. Broschüren des kleinen Besucherzentrums und informative Tafeln erzählen von der wilden Zeit der Indianerkriege.

Four Corners
Der einzige Ort in den USA, an dem vier Bundesstaaten aufeinandertreffen: Arizona, Colorado, New Mexico und Utah. Eine Betonplatte markiert den Punkt. Umgeben ist das National Monument von den Shops der Navaho-Indianer.

Fort Laramie
Der ehemalige Handelsposten und spätere Militärstützpunkt an der Mündung des Laramie River lag am Oregon Trail, über den Tausende von Siedlern nach Westen zogen. Elf Gebäude des Forts wurden restauriert und beherbergen interessante Museen.

Fort Lauderdale
Das »Venedig Amerikas« liegt in Florida und wird von zahlreichen Kanälen durchzogen, die sich wie Straßen durch die vornehmen Wohngegenden winden und nur in wenigen Stadtteilen vom Asphalt

verdrängt werden. Das Boot wurde in Fort Lauderdale zum Hauptverkehrsmittel, und viele Restaurants und Privathäuser lassen sich nur über das Wasser erreichen. Die Stadt wurde bereits 1838 gegründet und war der angesagte Ferienort in den fünfziger und sechziger Jahren, als jedes Jahr in den Semesterferien die College-Boys und -Girls an den Strand strömten. Heute ist es etwas ruhiger in der Stadt, die im amerikanischen Einheitsstil gebaut wurde und lange nicht so viel zu bieten hat wie das benachbarte → Miami. Dafür sind die Hotels billiger, und das bei einem genauso schönen Strand.

Hotels: Holiday Inn North Beach, 4116 North Ocean Drive, Lauderdale-by-the-Sey, FL 33308. Tel. (3 05) 7 76-12 12. Privatstrand, großer Pool, mittlerer Standard.

Restaurants: Cap's Place, 2765 NE 28 Court, Lighthouse Point, FL 33060. Tel. (3 05) 9 41-04 18. Gutes Fischrestaurant, man wird mit dem Boot abgeholt.

Fort Myers

Die Stadt im südwestlichen Florida gilt zusammen mit → Sanibel und → Captiva Island als schönstes Touristenziel an der → Lee Island Coast. Eine Fahrt wert ist vor allem der von unzähligen Palmen gesäumte McGregor Boulevard. An dieser Prachtallee liegt auch das Winterhaus des Erfinders Thomas A. Edison, der zwischen 1886 und 1931 hier lebte. Das Haus ist heute ein sehr stimmungsvolles Museum, in dem die von ihm erfundenen Glühlampen brennen und auch sein Atelier beleuchten, das noch genauso aussieht wie vor hundert Jahren. Das angenehme Klima im Winter

Die Palmenallee von Fort Myers nach Sanibel Island

Fort Ross

Russen-Fort in Kalifornien

lockt immer mehr Touristen nach Fort Myers, das vor einigen Jahrzehnten noch als Geheimtip galt.

Hotels: Best Western Robert E. Lee Motor Inn, 6611 North US 41, Fort Myers, FL 33903. Tel. (813) 9 97-55 11.

Fort Ross

Der russische Stützpunkt in Kalifornien wurde 1812 von 59 Russen und einigen Aleuten gegründet. Die Versorgung ihrer Kolonie in Alaska sollte wetterunabhängig gemacht werden. Die Spanier, die damals Kalifornien beherrschten, waren in europäische Kriege verwickelt und merkten erst spät, daß die Russen in ihr Hoheitsgebiet gekommen waren. Fort Ross war aus soliden Redwood-Stämmen erbaut worden und mit vierzig französischen Kanonen bestückt. Als man die Seeotter in dem Gebiet ausgerottet hatte, wurden die Russen aus Kalifornien zurückgerufen. Sie kehrten 1841 nach Rußland zurück. Das Fort brannte 1906 während des Erdbebens ab, wurde aber inzwischen originalgetreu wiederaufgebaut und kann täglich besichtigt werden.

Fort Union National Monument

Die Ruinen eines Handelspostens am Santa Fe Trail sind über den Highway 477 in New Mexico zu erreichen. Achtzig Kilometer westlich des Forts sieht man noch die Wagenspuren der unzähligen Trecks, die über den Trail nach → Santa Fe rollten.

Weitere Informationen: Fort Union National Monument, Watrous, NM 87753.

Fort Worth

Die Cowboystadt, vierzig Meilen westlich von Dallas gelegen, rühmt sich vor allem ihrer Stockyards, des ehemaligen Viehverladebahnhofs, in dem auch heute noch Auktionen stattfinden. Die riesigen Lagerhallen und Verladerampen wurden 1888 von texanischen Geschäftsleuten erbaut, die an dem einträglichen Geschäft teilhaben wollten, das die großen Viehtrecks in die Stadt brachten. Aber auch Abenteurer, Revolvermänner und leichte Mädchen kamen nach Fort Worth, und die Stockyards wurden nicht umsonst »Hell's Acre« genannt. Heute geht es dort friedlicher zu, aber die Saloons sind geblieben, und man spürt besonders nachts und während der »Pioneer Days«, wenn die großen Paraden und das Rodeo stattfinden, noch etwas von der wilden Vergangenheit der Stadt. Im Amon Carter Museum (1305 Camp Bowie, Fort Worth, TX 76106. Tel. (817) 738-1933) sind Gemälde und Skulpturen bekannter Westernmaler ausgestellt. Das Museum hat täglich außer montags von 10 bis 17 Uhr, sonntags von 13 bis 17 Uhr 30 geöffnet.

Weitere Informationen: Fort Worth Convention & Visitors Bureau, 700 Throckmorton, Fort Worth, TX 76102, Tel. (817) 336-8791.
Hotels: Stockyards Hotel, East Exchange Avenue, Fort Worth, TX 76106. Tel. (817) 625-6427. In den Stockyards gelegenes Westernhotel mit stimmungsvoller Saloon-Bar. Ein Doppelzimmer kostet um die neunzig Dollar.
Restaurants: Cattlemen's Steakhouse, 2458 North Main, Fort Worth, TX 76106. Tel. (817) 624-3945. Die besten Steaks der Stadt.
The Star Cafe, 111 West Exchange, Fort Worth, TX 76106. Tel. (817) 624-8701. Die besten Hamburger weit und breit. Tolle Westernatmosphäre.

Four-Wheeling

In vielen Gebieten des amerikanischen Westens kommt man nur mit dem Pferd oder dem Geländewagen voran. Im Bergland von Colorado oder New Mexico wird als Zweitwagen ein Jeep oder Chevy Blazer gefahren. Natürlich sind diese Fahrzeuge auch zum Spaß da, besonders für abenteuerlustige Urlauber, die einen solchen Wagen in vielen Orten mieten können. Zu den schönsten und interessantesten Gebieten für Four-Wheel-Freaks gehören die → Canyonlands in Utah, der → Oak Creek Canyon in Arizona, die → Superstition Mountains in Arizona und die San Juan Mountains in Colorado.

Fort Worth, das Tor zum Westen

Four-Wheeling in den Superstitions

Fresno

Die Metropole der kalifornischen Landwirtschaft im San Joaquin Valley wirkt auf den ersten Blick langweilig, überrascht aber mit einer restaurierten Innenstadt und zahlreichen schönen Gebäuden. Zum Kearney Mansion, einem prachtvollen Herrenhaus, führt eine von Palmen gesäumte Allee. Sehenswert auch der Roeding Park mit seinem Zoo und dem Kameliengarten und das Metropolitan Museum of Art, History and Science mit interessanten Ausstellungsstücken.

Frühstück

Das amerikanische Frühstück ist sehr üppig und besteht meist aus Eiern, Speck und »hash browns« (geriebenen Bratkartoffeln, am ehesten mit Schweizer Rösti zu vergleichen) und natürlich Toast und Kaffee.

Kaum ein Amerikaner ißt sein Frühstücksei gekocht, meist kommt es als Rührei (»scrambled«), Spiegelei (»sunny side up«) oder von beiden Seiten gebraten (»overeasy«) auf den Teller.

Beim Toast unterscheidet man »wheat« (Weizen) und »rye« (Roggen), die sich im Geschmack aber kaum unterscheiden.

Kaffee wird in Restaurants ständig nachgeschenkt, in vielen Lokalen zahlt man nur für die erste Tasse.

Europäer, die ihre morgendlichen Eßgewohnheiten beibehalten wollen, bestellen Toast und Marmelade oder einen »bagle« mit »cream cheese«. »Bagles« schmecken am ehesten wie unsere Brötchen. Auch die Omeletts schmecken gut und leicht.

Nichts für europäische Feinschmecker sind »biscuits and gravy«, die in den meisten Truck Stops zu den Lieblingsessen gehören. Die »biscuits« schmecken sehr gut, aber die »gravy« (Soße) ist ein grauer Mehlpapp, der wie ein Stein im Magen liegt.

Billig frühstücken kann man bei McDonald's und anderen Fast-Food-Restaurants (→ Fast Food) und in den Restaurants der Truck Stops.

Führerschein

Um einen → Mietwagen oder ein → Wohnmobil zu steuern, muß man in der Regel mindestens 21 Jahre alt sein. Es genügt ein europäischer Führerschein der Klasse III. Ein internationaler Führerschein ist aber besser, weil dann unnötige Diskussionen mit der Polizei wegfallen, wenn man in eine Verkehrskontrolle gerät. Wer öfter in den USA ist, kann an einem Tag und für wenig Geld auch den amerikanischen Führerschein machen.

G

Gallup
Die Indianersiedlung liegt unweit der riesigen → Navaho-Reservation im äußersten Westen von New Mexico. Mitte August findet das Inter-Tribal Indian Ceremonial mit Rodeos, Paraden, einem Jahrmarkt und Indianern aus Arizona und New Mexico statt.

Geburtstag
Geburtstage werden ausgelassener gefeiert als bei uns. Besonders Kinder tragen bunte Kappen und blasen in Tröten, wie es bei uns nur an Fastnacht üblich ist. In vielen Restaurants singen die Bedienungen am Tisch und servieren einen Kuchen.

Geisterstädte
Wenige Geisterstädte sehen so aus wie in Westernfilmen - verlassene Siedlungen mit klappernden Türen sind höchst selten. Häufiger sind baufällige Gemäuer, die kaum als Überreste einer Stadt auszumachen sind, und auf Kommerz ausgerichtete Geisterstädte findet man in Arizona und New Mexico, nachstehend eine Übersicht der bekanntesten Ghosttowns:

Arizona

Charleston liegt acht Meilen südwestlich von Tombstone. Die Ruinen einer Erzmühle und zahlreicher Lehmhäuser stammen aus dem Jahre 1880, als in Charleston das gold- und silberhaltige Erz aus Tombstone verarbeitet wurde.

Contention City liegt ebenfalls in der Nähe von Tombstone. Auch dort wurde Erz verarbeitet. Außer eingefallenen Mauern ist dort nicht viel zu sehen.

Congress liegt zwei Meilen von Congress Junction entfernt im Yavapai Country. Die Congress Gold Mine gehörte zu den ergiebigsten des Landes, ist aber jetzt geschlossen. Die Ruinen einiger Hütten erinnern an ihre große Zeit.

Doz Cabezas liegt fünfzehn Meilen südöstlich von Willcox am Highway 186. Vor hundert Jahren deckten sich die Rancher und Bergleute hier mit Vorräten ein. Einige Unentwegte unterhalten heute ein paar Läden und ein Post Office.

Duquesne war um 1890 eine blühende Stadt mit tausend Einwohnern. Die Ruinen einiger Häuser findet man 19 Meilen östlich von Nogales, nur wenige Meilen von der mexikanischen Grenze entfernt.

Ehrenberg im Yuma Country lockt lediglich mit dem alten Friedhof. Man erreicht ihn über den US Highway 60-70. Die Siedlung wurde nach dem Goldsucher Herman Ehrenberg benannt.

Gleeson im Cochise Country war schon vor Ankunft der Spanier eine Minenstadt. Die Indianer suchten in den Bergen nach Türkis. In den achtziger Jahren des vorigen Jahrhunderts gründete der Goldsucher John Gleeson die Siedlung. Gleeson ist eine besonders romantische Geisterstadt mit zahlreichen Ruinen und einem Friedhof.

Geisterstädte

Goldfield liegt fünf Meilen von Apache Junction entfernt am State Highway 88. Die Blütezeit der Siedlung war Mitte der neunziger Jahre des vorigen Jahrhunderts. Vier Minenschächte kann man auch heute noch besichtigen.

Goldroad liegt neunundzwanzig Meilen südwestlich von Kingman. Die Stadt erlebte gleich zwei Booms: 1864, als John Moss und seine Leute in der Gegend auf Gold stießen, und 1902, als der mexikanische Goldsucher Joe Jerez erneut fündig wurde.

Harrisburg liegt acht Meilen südlich von Wenden im Yuma Country. Bill Bear kam als erster und baute in den nahen Bergen Gold ab. Und er blieb als letzter zurück, als die Erzvorräte zur Neige gingen und alle anderen Bürger die Stadt verließen. Dreißig Jahre lang war er der einzige Bewohner. Sein letzter Wunsch auf dem Sterbebett in Yuma war, in Harrisburg neben seiner Frau beerdigt zu werden. Die Grabsteine kann man noch heute auf dem Friedhof der Stadt besichtigen.

Harshaw zehn Meilen südöstlich von Patagonia gelegen, erlebte seine Blütezeit um 1875. Es gab zahlreiche Saloons, Läden und sogar eine Zeitung. Die Bergleute der Stadt arbeiteten in mehr als hundert Minen. Heute stehen dort noch einige eingefallene Lehmhäuser und der Friedhof.

Helvetia liegt dreißig Meilen südöstlich von Tucson im Pima Country und war in den achtziger Jahren des vorigen Jahrhunderts eine geschäftige Stadt. Einige Blockhütten und Lehmhäuser stehen immer noch. In den Minen besteht Einsturzgefahr.

Hilltop liegt 36 Meilen südöstlich von Willcox am Highway 186. Die Stadt lag ursprünglich auf der Westseite der Berge. Dann wurde ein Tunnel gebaut, und auf der Ostseite entstand eine noch größere Siedlung. Die Hilltop Mine gehörte zu den reichsten Erzlagern Arizonas.

Jerome liegt dreiunddreißig Meilen nordöstlich von Prescott am US Highway 189. → Jerome.

Johnson liegt im Cochise Country an der Route 86. Die Stadt ist in privatem Besitz und wurde für Touristen restauriert.

Kofa liegt am Highway 95 im Yuma Country. Die nahe gelegene King of Arizona Mine gehörte zu den reichsten Goldminen des Landes. Von 1896 bis 1910 bauten die Prospektoren dort Gold im Wert von 14 Millionen Dollar ab.

La Paz, acht Meilen nördlich von Ehrenberg gelegen, hat nur wenige Ruinen zu bieten, war aber vor hundert Jahren eine geschäftige Stadt.

McCabe ist eine besonders schöne Geisterstadt in der unmittelbaren Umgebung von Humboldt am Highway 69. Die Ruinen einer Erzmühle und zahlreiche Häuser sowie ein Friedhof bieten malerische Motive für Fotografen.

McMillen liegt zehn Meilen nordöstlich von Globe und wurde 1876 gegründet. In der Stonewall Jackson Mine wurde Silber im Wert von drei Millionen Dollar abgebaut. Einige Hütten und Ruinen stehen immer noch.

Metcalf, sieben Meilen nordwestlich von Clifton gelegen, war um 1872 eine blühende Goldstadt, wurde einige Jahre später aber auch als Kupferstadt berühmt. Die erste Eisenbahn des Arizona-Territoriums führte an der Siedlung vorbei. Heute stehen noch einige Ruinen.

Mineral Park liegt fünfzehn Meilen nordwestlich von Kingman und war von 1877 bis 1887 Hauptstadt des Mohave Country. Heute ist die Stadt verlassen, und nur einige Ruinen erinnern noch an die große Zeit.

Mowry wurde nach Sylvester Mowry benannt, einem Lieutenant der US-Armee, der um 1858 eine ergiebige Mine in der Nähe kaufte. Später landete Mowry im Gefängnis, weil er mit den Südstaatlern zusammenarbeitete. Viele Ruinen und malerische Häuser.

Oatman gehört zu den schönsten Geisterstädten und liegt zweiunddreißig Meilen südwestlich von Kingman. Von 1900 bis 1942 war Oatman eine geschäftige Goldstadt. Die letzten Bewohner haben zahlreiche Gebäude und Ruinen restauriert.

Oro Blanco liegt zwanzig Meilen westlich von Nogales und war von 1873 bis 1932 bewohnt. Einige Lehmruinen stehen noch.

Paradise, sechs Meilen nordwestlich von Portal im Cochise County gelegen, erlebte seine Blütezeit zu Beginn unseres Jahrhunderts. Einige Oldtimer wohnen immer noch in der Stadt und leben vom Tourismus.

Pearce liegt am US Highway 666 im Cochise County. Die nahe gelegene Commonwealth Mine wurde im Jahre 1894 von Jonny Pearce entdeckt und war zu ihrer Blütezeit die ergiebigste Goldmine von Süd-Arizona. Viele Lehmhäuser und Ruinen und ein Laden, in dem man immer noch einkaufen kann.

Signal liegt am Big Sandy River, zweiundvierzig Meilen südöstlich von Yucca. In den achtziger Jahren des vorigen Jahrhunderts war Signal eine geschäftige »boom town«, in der es sogar eine Brauerei gab. Heute stehen noch ein Saloon und zahlreiche Häuser.

Stanton liegt am US Highway 89 und wurde von B. Stanton gegründet, der dort in den siebziger Jahren des vorigen Jahrhunderts eine Postkutschenstation und einen Laden unterhielt. Später wurde die Siedlung auch als Minencamp berühmt. Die Gebäude sind in privatem Besitz.

Sunglow liegt dreißig Meilen südöstlich von Willcox an der Route 181. Anderthalb Meilen von der Stadt entfernt liegt der einst berüchtigte Revolverheld Johnny Ringo begraben. Heute stehen nur noch wenige Ruinen.

Tiger liegt in der Nähe von Wagoner am Hassayampa Creek. Die Tiger Mine war eine der ersten Silberminen im nördlichen Arizona.

Walker liegt im Yavapai Country und wurde nach Captain Joseph Walker benannt, der 1863 eine Expedition von Goldsuchern in die Berge führte. Den zwei Meilen langen Tunnel, durch den das Erz nach Poland gebracht wurde, kann man heute noch besichtigen.

Weaverville im Yavapai Country

Geisterstädte

erlangte traurige Berühmtheit als Versteck für Diebe und Mörder. Von der einstigen Stadt ist heute kaum noch etwas zu sehen.

New Mexico

Cerrillos liegt vierundzwanzig Meilen südwestlich von Santa Fe am Interstate 25. Schon zur Zeit der Spanier bauten die Indianer in der Nähe Türkis ab. Die Stadt wurde 1879 gegründet. Ruinen und malerische Gebäude.

Chloride liegt am Highway 52 und wurde nach den großen Silberfunden im Jahre 1881 gegründet.

Colfax liegt zwölf Meilen nordöstlich von Cimarron am US Highway 64. Im nahen Dawson wurde Kohle abgebaut.

Elizabethtown, fünf Meilen nördlich von Eagle Nest gelegen, erlebte 1866 einen Goldrausch. In der Stadt lebte zeitweilig auch der berüchtigte Revolverheld Clay Allison.

Golden gehört zu den malerischsten Geisterstädten. Die Siedlung liegt fünfundzwanzig Meilen von Albuquerque entfernt am Highway 14. Viele Ruinen und Gebäude.

Hillsboro liegt am Highway 90 und hat einige Ruinen aufzuweisen. In den späten siebziger Jahren des vorigen Jahrhunderts wurden Gold und Silber im Wert von sechs Millionen Dollar aus den Minen geholt.

Kelly liegt 29 Meilen westlich von Socorro und war wegen seiner Bleivorkommen berühmt.

Kingston, am Highway 90 gelegen, erlebte seine Blütezeit in den achtziger Jahren des vorigen Jahrhunderts. Im Saloon traten berühmte Sängerinnen und Schauspielerinnen auf.

Lake Valley liegt am Highway 27 und wurde 1878 gegründet. Die Bridal Chamber Mine beherbergte die reichste Silberader in der Geschichte von New Mexico.

Madrid, sechsundzwanzig Meilen südwestlich von Santa Fe am Highway 14 gelegen, gehört zu den berühmtesten Geisterstädten des Staates. Die Stadt wurde 1869 gegründet, erlebte ihre Blütezeit aber erst um die Jahrhundertwende.

Mogollon ist von Silver City über die Highways 180 und 78 zu erreichen. Die gut erhaltenen Gebäude und Ruinen bieten malerische Motive für Fotografen. Der berühmtberüchtigte Outlaw Butch Cassidy versteckte sich einst hier.

Pinos Altos liegt sieben Meilen nordöstlich von Silver City am Highway 15. In den siebziger Jahren des vorigen Jahrhunderts wurde die Stadt von Apachen angegriffen.

Shakespeare, anderthalb Meilen südlich von Lordsburg gelegen, gehört zu den bekannten Geisterstädten des Südwestens. Viele Gebäude wurden extra restauriert.

Steins liegt neunzehn Meilen südwestlich von Lordburg am Interstate 10 und wurde für Touristen hergerichtet. Der berüchtigte Zugräuber Black Jack Ketchum überfiel in der Nähe Züge. Malerische Häuser.

Watrous liegt zwanzig Meilen nordöstlich von Santa Fe und war ein bedeutender Haltepunkt am Santa Fe Trail.

White Oaks liegt zwölf Meilen nordöstlich von Carrizozo am Highway

349. Die Stadt wurde 1897 gegründet und war ein bedeutendes Goldzentrum. Auch der berüchtigte Bandit Billy the Kid stattete der Siedlung einen Besuch ab.
Winston liegt am Highwag 52 und wurde 1852 gegründet. Alte Häuser und Ruinen.

Geld
In den USA bezahlt man mit Dollar. Ein Dollar hat 100 Cents. Münzen sind der Cent (im Volksmund auch »penny« genannt), 5 Cents (»nikkel«), 10 Cents (»dime«), 25 Cents (»quarter«) und die seltenen 50-Cents- und 1-Dollar-Münzen. Banknoten gibt es zu 1, 2, 5, 20, 50 und 100 Dollar, größere Banknoten sind kaum im Umlauf. Die Geldscheine haben alle dieselbe Größe und dieselbe Farbe und unterscheiden sich nur durch die Wertangabe und den Präsidentenkopf auf der Vorderseite – also Vorsicht! Wechseln Sie Ihr Geld in Europa und tauschen Sie einen Teil Ihrer Urlaubskasse in → Reiseschecks um, denn die werden auch in der tiefsten Wildnis als Zahlungsmittel anerkannt. Euroschecks und deutsche Banknoten können Sie getrost zu Hause lassen, sie werden lediglich auf großen Flughäfen, einigen kommerziellen Wechselstuben, den Zentralen der internationalen Banken und in großen Vergnügungsparks umgetauscht. Anderswo wirkt eine deutsche Banknote so exotisch wie Geld aus der Südsee. Zu empfehlen ist die Mitnahme einer → Kreditkarte.
Die Banken haben normalerweise montags bis freitags von 10 bis 15 Uhr geöffnet und sind am Wochenende und auch an Feiertagen geschlossen.

Gettysburg National Military Park
Auf dem Schlachtfeld in Pennsylvania starben während der ersten Juli-Tage des Jahres 1863 mehr amerikanische Soldaten als in jeder anderen Schlacht, die jemals auf nordamerikanischem Boden stattfand. Die Südstaaten erlitten eine herbe Niederlage. Die Schlacht ging als bedeutsamstes Ereignis des amerikanischen Bürgerkriegs in die Geschichte ein, und Präsident Lincoln ehrte die Toten mit seiner unvergeßlichen »Gettysburg Address«. Das Schlachtfeld steht unter dem Schutz der Regierung, und zahlreiche Mahnmale erinnern an den schwarzen Tag in der US-Geschichte.

Weitere Informationen: Gettysburg National Military Park, Gettysburg, PA 17325.

Gila Cliff Dwellings National Monument
Indianische Felswohnungen in einer Schlucht des Gila National Forest. Die Ruinen stammen aus dem 13. Jahrhundert und können über einen eine Meile langen Weg erreicht werden. Das Besucherzentrum liegt sechzig Kilometer nördlich von Silver City.

Weitere Informationen: Gila Cliff Dwellings National Monument, Route 11, Box 100, Silver City, NM 88061. Tel. (5 05) 5 36-94 61.

Glacier National Park

Mehr als fünfzig Gletscher und zweihundert Seen findet man in der grandiosen Bergwildnis des Glacier National Park, der in Montana nahe der kanadischen Grenze liegt. Die fünfzig Meilen lange Going-to-the-Sun Road führt über die 2000 Meter hohe kontinentale Wasserscheide am Logan Pass und durchquert den Park in west-östlicher Richtung vom Lake McDonald bis zum St. Mary Lake. Die nur im Sommer geöffnete Straße gehört zu den schönsten Routen der Welt und gestattet herrliche Ausblicke auf die sattgrünen Wiesen mit bunten Bergblumen und die riesigen Gletscher.

In dieser urwüchsigen Bergwildnis findet man noch heute selten gewordene Tiere wie den Grizzly oder den Seeadler, und man sollte auf jeden Fall eine Wanderung über einen der zahlreichen Trails einplanen. Von der Going-to-the-Sun Road zweigt ein Pfad zum gewaltigen Sperry Glacier ab. Am Avalanche Creek läßt sich eine tiefe Schlucht bestaunen.

Auf dem Avalanche Lake und zahlreichen anderen Seen kann man bootfahren.

Besonders atemberaubend ist der Ausblick am Two Medicine Lake, in dessen Wasser sich schneebedeckte Bergriesen spiegeln.

Der angrenzende Waterton Lakes National Park, der mit Glacier eine Einheit bildet, liegt bereits auf der kanadischen Seite.

Weitere Informationen: Glacier National Park, West Glacier, MT 59936.

Glücksspiel

Legale Möglichkeiten zum Glücksspiel bietet nur Nevada, die großen Kasinos warten in Reno und → Las Vegas auf spielhungrige Besucher, die allerdings über 21 Jahre alt sein müssen. In → Miami kann man auf Windhunde und beim Jai-Alai (kubanisches Spiel), in einigen anderen Regionen, auf Pferde wetten.

Gold Country

Bis 1848 konnte sich keiner im amerikanischen Osten eine rechte Vorstellung von Kalifornien machen, aber dann fand James Marshall einen Goldklumpen im American River, einem Seitenfluß des Sacramento Rivers, und der Staat wurde über Nacht zum El Dorado für Menschen aus aller Welt. Über zweihunderttausend goldhungrige Abenteurer strömten innerhalb weniger Jahre zur Westküste, nahmen beschwerliche und monatelange Wanderungen und Schiffspassagen in Kauf. Nur wenige hatten Glück und stießen auf die sagenhafte »Mother Lode« (Mutterader), die angeblich von James Marshalls Fundstelle bis ins 193 Kilometer entfernte Mariposa reichen sollte.

Heute erreicht man das → El Dorado Country im nördlichen Kalifornien über den Highway 49, an dem ehemalige Zentren des großen Goldrausches wie Coloma und Placerville an die wildeste Zeit Kaliforniens erinnern.

Golden Coast

Die Westküste von Florida lockt mit weißen Stränden und Nobelorten wie → Boca Raton und → Palm

Golden Coast

Auch heute graben noch viele Männer nach Gold

Angeln von der Brücke – auch für Anfänger

Immer noch exklusiv: Miami Beach

Beach. Es gibt Hotels und Appartements aller Preisklassen und vor allem zahlreiche Möglichkeiten, sich sportlich zu betätigen. Golf, Tennis, Polo, vor allem aber Tauchen, Hochseefischen, Surfen und Segeln gehören zu den beliebtesten Sportarten in → Pompano Beach und anderen kleinen Orten an den Highways 1 und A1A.

Golden Gate Bridge

Golden Gate – das goldene Tor. Eines der bekanntesten Wahrzeichen Amerikas und eine der schönsten Hängebrücken der Welt. Dabei sollte die Brücke zunächst gar nicht gebaut werden. Unmöglich, meinten die Stadtväter von San Francisco, als Joseph Strauss zum ersten Mal seinen Plan vortrug. So eine Brücke könne man nicht bauen. Erst zwanzig Jahre später setzte sich der Brückenbauer durch. 1937 wurde die Golden Gate Bridge nach vierjähriger Bauzeit für den Verkehr freigegeben. Der Bau kostete 35 Millionen Dollar, und elf Bauarbeiter kamen dabei ums Leben. 520 000 Kubikmeter Beton und 100 000 Tonnen Stahl wurden für den Bau benötigt. Die Brücke ist mit allen Zufahrten elf Kilometer lang, die Pfeiler ragen 228 Meter aus dem Wasser. Eine Malerkolonne ist unablässig damit beschäftigt, die Brücke zu streichen – sind sie am nördlichen Ende angekommen, fangen sie am südlichen wieder an. 38 000 Liter orangerote Farbe werden jährlich verbraucht. Entgegen der Befürchtungen einiger Stadt-

Golden Gate Bridge

Imposant: die Golden Gate Bridge in San Francisco

väter ist die Brücke ausgesprochen stabil, sie mußte erst dreimal wegen starker Stürme für den Verkehr gesperrt werden. Man kann über die Brücke fahren, aber ein Spaziergang über die Bucht ist natürlich viel lohnender. Vom Nordufer aus hat man den besten Ausblick auf die Brücke. Die Fahrt nach Norden ist frei, in südlicher Richtung muß ein Brückenzoll entrichtet werden.

Goldsuchen

Die großen Tage des kalifornischen Goldrausches sind vorbei, aber auch heute noch versuchen Schatzsucher in den Bergen des → El Dorado Country ihr Glück. Sie sieben den Flußsand in großen Schleusenkästen und gießen Wasser darüber, bis nur noch das Gold liegenbleibt – ein Prinzip, das sich in hundertfünfzig Jahren kaum verändert hat. Als Tourist begnügt man sich mit einer Goldwaschpfanne, die es überall im kalifornischen Gold Country zu kaufen gibt. Reichtümer darf man aber nicht erwarten. Große Firmen waschen das Gold maschinell aus dem Fluß, ein aufwendiges Verfahren, das aber nur interessant ist, solange der Goldpreis attraktiv bleibt.

Grand Canyon

»Beeinträchtigt diese großartige Schönheit nicht!« sagte der amerikanische Präsident Theodore Roosevelt im Jahre 1903, als er den Grand Canyon zum ersten Mal besuchte. »Bewahrt sie für eure Kinder und eure Kindeskinder und alle, die nach euch kommen, denn dies ist ein Anblick, den alle Amerikaner genießen sollten.« Fünf Jahre später ließ er seinen Worten auch Taten folgen, als er den Canyon unter den Schutz der Regierung stellte. Heute gehört der Grand Canyon National Park zu den begehrtesten Ausflugszielen der Erde.

Der Canyon ist ein Naturwunder von grandioser Schönheit und überwältigender Weite und Größe. 350 Kilometer lang ziehen sich die Schluchten durch den nordwestlichen Teil des Staates Arizona, und zwischen 5,5 und 30 Kilometer breit klaffen die beiden Ränder des Canyons auseinander. Dazwischen ragen aus einer Tiefe von bis zu anderthalb Kilometern riesige Felsmassive, und Brücken, Türme und Pyramiden schillern in den verschiedensten Farben.

Goldwäscher

Grand Canyon, das achte Weltwunder

Das Besucherzentrum und die meisten Hotels befinden sich am Südrand der Schlucht. Im Grand Canyon Village gibt es alles, was das Herz eines Touristen begehrt, allerdings sollte man im Sommer nicht ohne eine Reservierung erscheinen, sogar für das Abendessen im El Tovar Restaurant muß man einen festen Platz haben. Pendelbusse fahren die Touristen zu Aussichtspunkten wie Desert View und Lipan Point, zu den Restaurants und Hotels und auch zum Visitor Center, wo man Broschüren und Karten bekommt.

Der Canyon ist im Sommer überlaufen, und auf der Aussichtsterrasse im Grand Canyon Village drängen sich Besucher aus aller Welt. Um die Zauberwelt der Schlucht intensiv kennenzulernen, sollte man einen Maultiertrip zum Colorado River buchen oder zu Fuß über den Kaibab oder den Bright Angel Trail in die Tiefe steigen. Die beiden Pfade schlängeln sich, alten Indianerwegen folgend, zum Fluß hinunter, wo sie nach elf Kilometern bei einer 130 Meter langen Hängebrücke zusammentreffen. Von dort aus ist es nicht mehr weit bis zur Phantom Ranch, einem malerischen Hotel mit Swimming-pool und guter Küche.

Während einer solchen Wanderung, die klimatisch einer Reise vom kanadischen Norden in die Wüste gleicht, lassen sich die Schönheiten des Canyons am besten bestaunen: die unzähligen, deutlich sichtbaren Gesteinsschichten, deren Entstehung bis zu zwei Billionen Jahre zurückreicht, die vielen Pflanzen und Tiere (im Grand Canyon kommen 60 Säugetier- und 180 Vogelarten vor), und der Fluß, der

Anstrengend: mit dem Muli zum Rio Grande

sich wie ein grünes Band durch den Canyon windet. Allerdings sollten nur geübte Wanderer und widerstandsfähige Besucher auf diese Wanderung gehen, da der Fußmarsch gerade bei den großen Höhenunterschieden und dem klimatischen Gefälle sehr anstrengend ist. Auf jeden Fall ist es ratsam, genügend Wasser und Verpflegung mitzuführen. Unbedingt eine Kopfbedeckung tragen, da sonst die Gefahr eines Sonnenstiches besteht. Wie bei allen Wanderungen durch die Wildnis ist selbstverständlich erhöhte Vorsicht geboten. Vermeiden sollte man besonders das Bewegen von Felsbrocken und Steinen, die einen für andere Touristen verhängisvollen Steinschlag auslösen könnten. Und nicht vergessen: der Rückmarsch dauert in der Regel doppelt so lange wie der leicht anmutende Marsch in den Canyon. Eine andere Möglichkeit, den Grand Canyon kennenzulernen, bieten Hubschrauberrundflüge und Wildwasserfahrten durch die Stromschnellen des Colorado (→ River Rafting). Die Flüge starten dreizehn Kilometer südlich vom Grand Canyon Village. Dort steht auch das neue Imax Theater, in dem auf einer Riesenleinwand ein halbstündiger Film über das Naturwunder gezeigt wird.

Weitere Informationen: Grand Canyon National Park, Box 129, Grand Canyon, AZ 86023. Reservierungen: Grand Canyon National Park Lodges, Grand Canyon, AZ 86023. Tel. (6 02) 6 38-24 01.

Grand Teton National Park

Das südlich von → Yellowstone gelegene Naturschutzgebiet hat seinen Namen von dem gleichnamigen Bergriesen, der 4200 Meter hoch aus den Fichtenwäldern emporragt. Im Süden des Parks liegt der Jackson Lake. Acht klare Bergseen liegen im Jackson Hole Basin, einem der schönsten und friedlichsten Orte des amerikanischen Westens. Die Teton Park Road führt zu abgelegenen Campingplätzen, Seen und zahlreichen Wanderwegen, die sich ins Hinterland der Bergwildnis winden. Der Rockefeller Parkway gehört zu den schönsten Straßen der USA und gestattet auch Autofahrern einen Blick auf die Berge und Täler. Auf dem reißenden Snake River werden Schlauchbootfahrten veranstaltet.

Weitere Informationen: Grand Teton National Park, Box 170, Moose, WY 83012.

Greyhound → Busreisen

Guest Ranches → Ranchurlaub

H

Halloween

Die amerikanische Fastnacht am 31. Oktober jedes Jahres. Das auf einen heidnischen Brauch zurückgehende Fest kommt aus England. In den USA sieht man an Halloween ausgehöhlte Kürbisse, in die Gesichter geschnitten sind, und allerlei Monster. Abends ziehen unheimlich verkleidete Kinder von Haus zu Haus und sammeln mit dem Ruf »Trick or Treat!« Süßigkeiten.

Hausboote

Hausboote sind wie ein → Wohnmobil eingerichtet, nur viel geräumiger und gemütlicher. Die Kosten erscheinen besonders in der Hochsaison recht hoch (über 1200 Dollar), da aber bis zu fünf Ehepaare oder zwei bis drei Familien auf einem Hausboot Platz finden, kommt man dennoch recht preiswert weg. In der Nebensaison gibt es attraktive Sonderangebote, die manchmal auch ein Motorboot mit einschließen. Ferien auf dem Hausboot sind in den letzten Jahren immer attraktiver geworden, und am Lake Powell wird einem nahegelegt, schon ein, mindestens aber ein halbes Jahr im voraus zu bestellen. Die schönsten Seen und idealen Gebiete für den Hausbooturlaub sind der Lake Powell in Utah, der Trinity Lake und der Lake Shasta in Nordkalifornien, der Lake Mead in Nevada und der Lake Havasu in Arizona.

Hausboote gibt es in allen Größen

Idyllischer Platz im Bryce Canyon

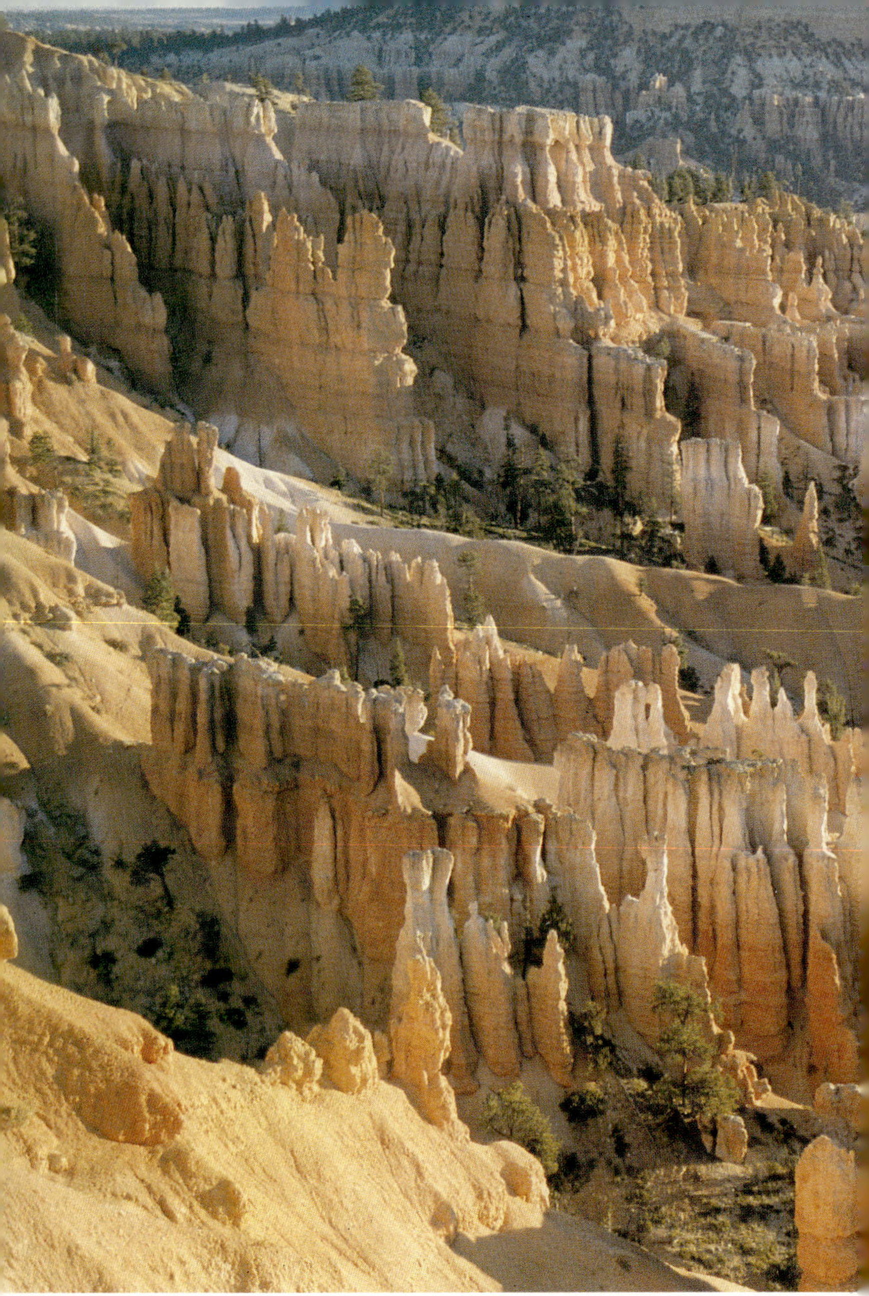

Wie Orgelpfeifen ragen die Felssäulen aus dem Bryce Canyon

Monument-Valley, das achte Weltwunder

Zion National Park in Utah

Weitere Informationen: Lake Powell: Wahweap Lodge & Marina, P.O. Box 1597, Page, AZ 86040. Tel. (6 02) 6 45-24 33.
Trinity Lake/Lake Shasta: Shasta-Cascade Wonderland Association, P.O. Box 1988, Redding, CA 96001. Tel. (9 16) 2 43-26 43.
Lake Mead: Lake Mead National Recreation Area, 601 Nevada Highway, Boulder City, NV 98005.
Lake Havasu: Lake Havasu Area Chamber of Commerce, 2074 McCulloch Boulevard, Lake Havasu City, AZ 86403. Tel. (6 02) 8 55-41 15.

Haustausch

Drei Agenturen in der Bundesrepublik Deutschland vermitteln einen Haustausch mit Familien in den USA: Holiday Service, Fischbach 108, 8640 Kronach 5, Tel. (0 92 61) 2 03 63; Interservice Home Exchange, Lange Reihe 19, 2000 Hamburg 1, Tel. (0 40) 2 80 28-38; Intervac, Verdiweg 8, 7022 Leinfelden, Tel. (07 11) 75 22 69.

Haustiere

Bei der Mitnahme von Haustieren in die USA ist es ratsam, die Bescheinigung eines Tierarztes vorliegen zu haben. Für Hunde ist vor der Mitnahme nach Nordamerika eine Tollwutimpfung erforderlich, die amtlich beglaubigt sein muß. Sie muß mindestens 30 Tage vor der Einreise durchgeführt worden sein und darf nicht länger als ein Jahr her sein. Für Hunde unter drei Monaten gelten sehr strenge Sonderbestimmungen. Tiere werden von den Fluggesellschaften in Transportbehältern im Rahmen der Freigepäckregelungen befördert. Der Behälter muß käuflich erworben werden und kostet zwischen fünfzig und dreihundert Mark.

Hearst Castle

Wie ein griechischer Tempel mutet das Prachthaus des Zeitungsbarons William Randolph Hearst (1863–1951) an, das zu den ungewöhnlichsten Sehenswürdigkeiten am Pacific Coast Highway in Kalifornien gehört. Die Residenz, mit deren Bau 1919 begonnen wurde, besteht aus einem Haupthaus und drei Gästehäusern und ist heute in Staatsbesitz. Der Besucher findet im Hearst Castle eine eigenartige Ansammlung von Kunstgegenständen verschiedener Länder und Epochen, am beeindruckendsten erscheint die Sammlung griechischer Vasen. Die in allen möglichen Stilen erbauten Häuser sind eher als Kuriosum zu werten.
Führungen sollte man im voraus buchen (Tel. 8 00-4 46-72 75).

Hemingway House

Über ein Jahrzehnt lang wohnten der Dichter Ernest Hemingway und seine zweite Frau Pauline in → Key West. Ihr malerisches Haus an der Whitehead Street sieht noch genauso aus wie vor sechzig Jahren, als Papa Hemingway auf der Insel lebte. Nichts wurde in den Zimmern verändert. Bei einer sehr interessanten Führung sieht man Möbel aus Spanien und Frankreich, sein Arbeitszimmer mit der historischen Schreibmaschine und Jagdtrophäen von seinen Safaris in Afrika. Jedes Jahr im Sommer finden zu

Holidaytarif

Hemingway House

Ehren des Dichters die Ernest Hemingway Days mit Preisfischen und einem Kurzgeschichtenwettbewerb statt.

Highways → Straßensystem

Holidaytarif
Besonders für Reisende, die auf eigene Faust unterwegs sind und auch im Urlaub flexibel bleiben wollen, empfiehlt sich die Buchung eines Linienfluges, der zum Holidaytarif sehr preisgünstig und nur unwesentlich teurer als ein Charterflug ist. Die Lufthansa stellt folgende Bedingungen bei der Buchung zum Holidaytarif:
Bezahlung und Flugscheinausstellung: Spätestens 24 Stunden nach der Reservierung, ohne Vorausbuchungsfrist.

Rücktritt bzw. Reiseänderungen: Vor und nach Reiseantritt sind Änderungen bzw. Umbuchungen gegen DM 100,– Änderungsgebühr (Kinder DM 50,–) möglich.
Mindestaufenthaltsdauer: 14 Tage.
Höchstaufenthalt: USA/Kanada: 1 Jahr.
Flugverbindungen, Reisetermine: Freie Wahl der Reisetermine innerhalb der Geltungsdauer für Sondertarife.
Flugunterbrechung: Nicht gestattet.
Umsteigen bei Zu- und Abbringerflügen: Bei Reisen zu den Zielen in den USA, Kanada und Mexiko, zu denen Lufthansa Flüge zum Holidaytarif anbietet, darf man auf der Hin- und Rückreise je einmal in der Bundesrepublik Deutschland. Bei Reisen zu Zielen in den USA und Kanada, bei denen in Verbindung mit einem Lufthansa-Transatlantikflug ein inneramerikanischer bzw. innerkanadischer Anschlußflug erforderlich ist, darf man auf der Hin- und Rückreise zusätzlich je einmal in den USA bzw. Kanada umsteigen, aber nur auf bestimmte Fluggesellschaften.
Kinderermäßigung: Kleinkinder unter 2 Jahren (ohne Sitzplatzanspruch) frei.
Kinder ab 2 bis einschließlich 11 Jahren 33% Ermäßigung.
Steuer: Alle in den Lufthansa-Broschüren genannten Preise verstehen sich zuzüglich der ortsüblichen Flughafensteuern in USA, Kanada und Mexiko.
Gepäck: 2 normale Gepäckstücke und 1 Stück Handgepäck.
Nähere Angaben erteilt jedes Rei-

sebüro. Es kommt vor, daß Reisebüros mit einigen dieser Vorschriften sehr freizügig umgehen.

Hollywood

Die ehemalige Filmmetropole, die 1911 mit dem Bau des ersten Studios gegründet wurde, ist längst zu einem billigen Vergnügungszentrum verkommen. Sexshops und Massagesalons, Pornokinos und düstere Kaschemmen bestimmen jetzt das Straßenbild, und vom einstigen Glanz ist kaum noch etwas zu spüren. Lediglich am Chinese Theater ahnt man noch etwas vom Trubel der dreißiger und vierziger Jahre, als riesige Premieren in dem Kino gefeiert wurden und Stars wie Clark Gable, Humphrey Bogart und Lauren Bacall aus ihren Limousinen stiegen. Geblieben sind ihre Hand- und Fußabdrücke in dem Zement vor dem Kino – die Idee hatte Besitzer Sid Grauman, als ein Star während der Bauarbeiten zufällig in den frischen Zement trat – und die Erinnerungsfotos und -plaketten im Andenkenladen. Nur noch auf Bildern existiert die ganz große Zeit der einstigen Metropole, als Ernest Hemingway und F. Scott Fitzgerald in Musso and Frank's Grill ein paar Gläser tranken oder Clark Gable seiner Freundin Carole Lombard im Brown's Derby einen Heiratsantrag machte. Heute liegen nicht einmal mehr die Studios in Hollywood, und sogar die Oscars werden nicht in der einstigen Metropole, sondern im Dorothy Chandler Pavillon des Music Center in der Innenstadt von Los Angeles verliehen. Die weithin sichtbaren am Berg klebenden Hollywood-Buchstaben gehen auf den Werbegag einer Immobilienfirma zurück. 1923 hatte dort noch »Hollywood-Land« gestanden, aber 1945 fiel das »Land« weg, und der Rest des Schildes blieb als Wahrzeichen und Touristenattraktion bestehen.

Hoover Dam

Der gewaltige Staudamm liegt an der Grenze zwischen Arizona und New Mexico. Auf einer Fahrt von Las Vegas zum Grand Canyon kommt man unweigerlich an dem riesigen Bauwerk vorbei, das 430 Meter lang und 223 Meter hoch ist und sich im Black Canyon des Colorado River erstreckt. Der gestaute → Lake Mead ist zu einem beliebten Aus-

Grauman Chinese Theater

Hoover Dam

flugsziel geworden, und das Kraftwerk liefert den Strom für Las Vegas und Los Angeles. Mit einem Aufzug kann man in das Innere der gewaltigen Anlage fahren.

Hopi-Reservation

Die traditionsbewußten Hopis leben auf drei Tafelbergen innerhalb der → Navaho-Reservation im nordöstlichen Arizona. Oraibi auf der Third Mesa wurde vor mehr als tausend Jahren erbaut und ist die älteste, ständig bewohnte Siedlung der USA. Die Hopis sind sehr religiös und haben mit weißen Touristen nicht viel im Sinn, obwohl es inzwischen ein Cultural Center mit einem kleinen Museum gibt. Auf den Mesas sind die Weißen noch immer unerwünscht, und man sollte sich unbedingt an das Fotografierverbot halten.

Hotels, Motels

Dem Urlauber stehen Hotels aller Preisklassen zur Verfügung – vom luxuriösen Hyatt Regency bis zum preiswerten Motel 6. Beliebt sind sogenannte »resorts«, das sind riesige Freizeitanlagen, vergleichbar mit unseren Sporthotels, nur großzügiger.

Am teuersten sind die luxuriösen Hotels in den großen Städten. Sie bieten allerdings auch den größten Komfort. Besonders zu empfehlen sind Hyatt Regency, Radisson und Wyndham. Dort zahlt man Preise zwischen hundert und dreihundert Dollar. Erschwinglicher sind Holiday Inn, Sheraton, Quality Inn, Best Western, Travelodge. Hier bekommt man schon für etwa sechzig, siebzig Dollar ein Zimmer. Zu den preisgünstigen Motels gehören alle Unterkünfte der Motel 6-Kette, in denen ein Zimmer vor vielen Jahren einmal sechs Dollar pro Nacht kostete (daher der Name), wo aber heute runde 25 Dollar verlangt werden. Diese Zimmer sind sehr einfach, aber sauber, haben kein Telefon, jedoch immerhin einen Fernsehapparat.

Außer in den billigen Motels gehören zur Grundausstattung eines Hotelzimmers neben den Betten und anderen Möbeln: Farbfernseher, Telefon, zusätzliche Decken und Kissen, Kofferablage, Briefpapier, Kugelschreiber, Prospekte, Handtücher und Badetücher, Seife und Papiertücher. In Luxushotels, die natürlich auch besser eingerichtet sind, kann man den Fernseher vom Bett aus bedienen, im Bad liegen Seife, Shampoo, Conditioner, Duschhaube und eventuell ein Bademantel (leihweise!), und morgens wird die Tageszeitung unter die Tür geschoben.

Es empfiehlt sich, vor allem in der Urlaubszeit alle Hotelzimmer im voraus zu buchen, besonders in New York, San Francisco und Los Angeles. Übernachtungen in vielen Hotels werden von deutschen Reiseveranstaltern angeboten, die auch Gutscheinhefte für Hotelketten wie Ramada und Best Western

Zentral gelegen: das Sheraton Brickell Point in Miami

Super-Hotel im amerikanischen Westen

Hotels, Motels

ausgeben. Das ist manchmal, aber nicht unbedingt billiger, da man für bessere Hotels dieser Ketten dann einen Aufpreis zahlen muß.

Die Prozedur beim Ein- und Auschecken läuft wie in Europa ab – es bestehen lediglich geringfügige Unterschiede: amerikanische Hotelzimmer haben nur selten eine Mini-Bar, dafür gibt es den sogenannten »room service«, über den man oft rund um die Uhr sein Essen aufs Zimmer bestellen kann. Die Preise sind dann natürlich höher.

Im Aufzug sollte man sich nicht wundern: der erste Stock ist in den USA das Parterre, und einen dreizehnten Stock gibt es überhaupt nicht – ein Trost für abergläubische Naturen.

Motels nennt man kleine Hotels für motorisierte Urlauber, die aber auch anderen Leuten offenstehen. Sie liegen immer an den Interstates und Highways und sind außerhalb der Städte oft billig. Die Einrichtung ist einfach, aber die Zimmer der großen Ketten wie Best Western und Motel 6 sind sehr sauber.

Das Frühstück ist (außer bei → Bed & Breakfast) nicht im Zimmerpreis enthalten. Die großen Hotels haben eigene Restaurants, von einem Motel aus sind es meist nur ein paar Schritte bis zum nächsten Ketten- oder → Fast-Food-Restaurant.

I/J

Insektenschutz
Besonders im sommerlichen Florida können die Moskitos und andere Insekten zur reinsten Plage werden. Vorsicht ist vor allem bei Kanutouren in den Everglades und Wanderungen in der Nähe von Seen und Tümpeln geboten. Nicht umsonst sind die Everglades im Sommer nahezu ausgestorben. Auf alle Fälle sollte man sich mit einem »repellent« eindecken, das es in Florida in jedem zweiten Laden und bei Outfittern gibt. Die bekanntesten Marken sind »Cutter« und »Off«. Auch lange Hosen, besonders am unteren Ende der Hosenbeine, einsprühen, da Moskitos überall hinkommen.

Interstates → Straßensystem

Inverness
Das malerische Fischerdorf liegt am Sir Francis Drake Highway auf der Halbinsel → Point Reyes nördlich von → San Francisco. Die romantische Stimmung erinnert an längst vergangene Tage, als hier noch Seebären und Piraten abstiegen. Sehr gute Antiquitätengeschäfte und exzellente Restaurants.

Islamorada → Florida Keys

Jack London State Historic Park
Der Park besteht aus einem Teil der Beauty Ranch, die dem Abenteuerschriftsteller Jack London gehörte. Seine Asche liegt hinter dem Wolf House, das drei Jahre vor seinem Tod bis auf die Grundmauern niederbrannte.
In einem Museum kann man zahlreiche Gegenstände aus dem Leben des Autors bewundern.

Jackson
Die Goldstadt im nördlichen Kalifornien verfügt über besonders schöne und interessante Gebäude wie die 1859 im viktorianischen Stil erbaute St. Savas Church und das National Hotel (2 Water Street), das 1863 eröffnet wurde und sich rühmt, das älteste Gasthaus Kaliforniens zu sein.

Jerome
Die Geisterstadt liegt zwischen Flagstaff und Prescott am Highway 89A in Arizona, hat aber wenig mit den Ghosttowns aus ungezählten Westernfilmen gemein. Inmitten der Ruinen blüht ein reger Souvenirhandel, und während der Ferienzeit drängen sich die Touristen auf den Gehsteigen.
Im Jerome State Park erfährt man einiges über das Leben und die Arbeit der Goldsucher, und beim Anblick des Little Daisy Hotel fühlt man sich tatsächlich ins vergangene Jahrhundert mit all seinen Eigenarten zurückversetzt.

Weitere Informationen: Jerome Historical Society, P.O. Box 156, Jerome, AZ 86331.

Kommerziell: Geisterstadt Jerome

Joshua Tree

Mit den Yuccas verwandt sind die in Kalifornien beheimateten Joshua Trees, die bis zu zwölf Meter hoch werden und seltsamste Formen entwickeln. Besonders häufig kommen sie im Joshua Tree National Monument vor, das sich in der Nähe von → Palm Springs am Interstate 10 in der Wüste ausbreitet. Ihren Namen haben die Joshua Trees von den Mormonen, die diese Agavengewächse mit ihren abgewinkelten »Armen« mit dem Propheten Josua verglichen.

Jugendherbergen

Preiswerte Unterkünfte für junge Leute, die bereit sind, den Herbergseltern beim Saubermachen und Spülen zu helfen. Die Betriebe der American Youth Hostels Inc. (AYH) sind gemütlich und sauber und liegen oft sehr zentral. Bettwäsche kann ausgeliehen werden. Man benötigt einen internationalen Jugendherbergsausweis oder die AYH-Karte (Junioren und Senioren: $ 7, Erwachsene: $ 14) oder einen Ausweis für eine Nacht zu zwei Dollar. Die Übernachtungspreise liegen zwischen fünf und zehn Dollar.

Weitere Informationen: American Youth Hostels Inc., National Administrative Office, 1321 I Street NW, Suite 800, Washington, D.C. 20005.

Jugendtarif

Jugendlichen zwischen 12 und 21 Jahren bietet der Lufthansa-Jugendtarif eine bis zu 30%ige Ermäßigung auf den Holidaytarif in allen amerikanischen Städten (außer Anchorage). Höchstaufenthalt: Ein Jahr. Der Hinflug ist fest zu buchen, gleichzeitig ist der Flugschein zu

Joshua Tree

bezahlen. Bei Rücktritt sowie Terminänderung vor Reiseantritt ist eine Gebühr von DM 100,– zu zahlen. Bei Gruppen von zehn Jugendlichen kann ein Erwachsener als Begleitperson zum gleichen Flugpreis mitreisen.

Julian
Der malerische Ort war im letzten Jahrhundert ein geschäftiges Zentrum inmitten des Goldgrädbergebiets, sechzig Meilen nordöstlich von San Diego gelegen.

Julian lockt mit zwei alten Goldminen, einer romantischen Main Street und zahlreichen, sehr originellen Geschäften.

Im Drugstore, der einem Film aus den vierziger Jahren entstammen könnte, werden selbstgemachter Honig und Apfelbutter verkauft.

K

Kanufahren

Für einen ausgedehnten Kanu-Urlaub in den USA kann man ein Kanu kaufen (ca. 700 Dollar) oder mieten. Unerfahrene Kanuten werden von einem Outfitter in die Kunst des Paddelns eingeführt und sollten auf einem ruhigen Fluß oder See üben. Zu den Paradiesen für Kanuten, in denen auch geführte Touren veranstaltet werden, gehören die → Everglades in Florida, der Colorado River in Arizona und New Mexico, der Green River in Utah, der Merced River in Kalifornien und der Sacramento River in Kalifornien. Bei allen Outfitters kann man die komplette Ausrüstung mieten. Die Preise sind sehr unterschiedlich.

Im Kanu über den See

Die Natur hautnah erleben

Kennedy Space Center

Spaceport USA, der Ausgangspunkt für Bustouren durch das Kennedy Space Center, liegt an der State Road 405, wenige Meilen vom Highway 1 entfernt. Im Besucherzentrum sind Modelle, Raketen, Schaubilder und ein Brocken Mondgestein ausgestellt, im benachbarten Andenkenladen gibt es Weltraumkitsch aller Art. Zu empfehlen ist ein Besuch des IMAX-Theaters, in dem ein interessanter Film über das Space-Shuttle-Programm auf eine gewaltige Leinwand projiziert wird. Die Busrundfahrt führt zum Flight Crew Training Building, einem der wichtigsten Gebäude der Apollo-Zeit. In der riesigen Halle trainierten die Astronau-

Saturn V-Rakete im Kennedy Space Center

ten für die Mondlandung. Heute sind dort das Modell eines Mondlandegeräts und eine Apollo-Kapsel untergebracht. Ein simulierter Mondstart erinnert an die große Zeit der amerikanischen Weltraumfahrt. Das Vehicle Assembly Building, ein 160 Meter hohes Gebäude, kann man leider nur von außen besichtigen, es dient als Garage und Werkstatt für die riesige Space Shuttle. Davor liegt eine gewaltige Saturn V-Rakete, die früher die Apollo-Kapseln in den Weltraum beförderte.

Die Space Shuttle sieht man nur, wenn man großes Glück hat und das Raumschiff an der Abschußrampe steht oder gerade auf dem Weg dorthin ist. Der Bus fährt entlang der breiten Schotterstraße, über die der Koloß auf Spezialfahrzeugen zur Rampe transportiert wird. Den Startkomplex kann man aus einer Entfernung von einer Meile bestaunen. So bekommt man einen ungefähren Eindruck von der Größe und Besonderheit dieses Geländes, das kurioserweise viele seltene Vogelarten beherbergt.

Die Busse fahren täglich außer Weihnachten, bei Raketen- oder Space-Shuttle-Starts werden besondere Touren durchgeführt. Informationen über anstehende Starts erhält man über die in Florida gebührenfreie Telefonnummer 1-8 00-4 32-21 53.

Reservierungen: Tel. (3 05) 4 52-21 21.

Key Biscayne

Die → Miami vorgelagerte Halbinsel gilt als exklusiver Ferienort, in dem sich auch Steffi Graf von anstrengenden Matches erholt. Entspre-

Key Biscayne

Karibisches Feeling auf Key Biscayne

Delphine im Miami Seaquarium auf Key Biscayne

chend sind die Preise. Das Eiland ist durch den Rickenbacker Causeway und eine wunderschöne Brücke mit dem Festland verbunden und verfügt über weiße Sandstrände, zahlreiche Buchten und Golf- und Tennisplätze. Weniger sportliche Urlauber erfreuen sich an dem alten Leuchtturm und dem abgelegenen Park, in dem man herrlich baden und picknicken kann. Auf der vorgelagerten Insel Virginia Key warten Planet Ocean und das Miami Seaquarium auf Besucher. Im Planet Ocean wird auf anschauliche Weise Meereskunde betrieben, und im Seaquarium springen Delphine und Killerwale um die Wette.

Key Deer → Florida Keys

Key Largo → Florida Keys

Keys → Florida Keys

Key West
Der südlichste Ort der USA liegt nur neunzig Meilen von Kuba entfernt auf den → Florida Keys und lockt mit einer karibischen Atmosphäre, die schon Ernest Hemingway in ihren Bann zog und heute vor allem Touristen anlockt. Bunte Holzhäuser, verträumte Strände, geschäftige Jachthäfen und eine üppige und farbenprächtige Vegetation bestimmen das Straßenbild. Stimmungsvolle Restaurants (Conch-Muscheln und Key Lime Pie gehören zu den Delikatessen) und vor allem Kneipen sind die Heimat von Touristen, Künstlern und Aussteigern, die es hier in Key West ruhig angehen lassen. Leben und leben lassen heißt die Devise auf der Insel.
Lebhaft geht es dagegen auf der Duval Street zu. Dort tummeln sich die Touristen bei Rick's oder bei Sloppy Joe's, der Stammkneipe von Papa Hemingway, bei Captain Tony, oder sie kaufen in den zahlreichen teuren Läden und Boutiquen der Stadt ein. Zum Bestaunen des

Sloopy Joe's, die Stammkneipe von Ernest Hemingway

Karibisches Flair in Key West

Sonnenuntergangs trifft sich alles am Mallory Square, wo Straßensänger, Gaukler und Jongleure ihre Kunst vorführen. Es gibt ein Straßenfest, das jeden Abend stattfindet und auf jeden Fall sehenswert ist. Der Mallory Square liegt wenige Minuten von Sloppy Joe's entfernt am Ende der Duval Street. Der große Parkplatz ist gebührenpflichtig. Touristen, die nur wenig Zeit haben, verschaffen sich während einer Fahrt mit dem Conch Tour Train einen Überblick über die Insel. Das Bimmelbähnchen fährt die Sehenswürdigkeiten des Ortes ab, u. a. Audubon House, das 1812 gebaute Heim des Wracktauchers John Geiger. In dem wunderschön möblierten Haus sind zahlreiche Zeichnungen des Künstlers John James Audubon ausgestellt, der 1832 nach Key West kam.

Im Key West Aquarium kann man Tropenfische und Haie bestaunen, im Museum von Mel Fisher liegen die Goldschätze, die der weltberühmte Wracktaucher aus den Tiefen des Meeres geholt hat (200 Green Street). Im Lighthouse Military Museum (938 Whitehead Street) sind ein Unterseeboot und Kanonen aus dem Zweiten Weltkrieg ausgestellt.

Weitere Informationen: Key West Visitor's Bureau, P.O. Box 1147, Key West, FL 33040.
Hotels: Pier House, 1 Duval Street, Key West, FL 33040. Tel. (3 05) 2 94-95 41. Exklusives Hotel direkt am Mallory Square.
Restaurants: Chez Emile, 423 Front Street, Key West, FL 33040. Tel. (3 05) 2 94-62 52. Französische Küche.

Knott's Berry Farm → Vergnügungsparks

Klima

Die besten Reisezeiten für die in diesem Buch besprochenen Gebiete sind das Frühjahr und der Herbst. Der Sommer ist in Kalifornien sehr angenehm, in Arizona und New Mexico glühend heiß und in New York, vor allem aber in Florida feuchtwarm und sehr schwül. Der Sommer in Florida ist kaum auszuhalten.

Klimazonen

Die USA sind ein großes Land und bieten zu jeder Zeit so ziemlich jedes Wetter. Am extremsten: Alaska mit seiner Kälte, obwohl es dort im Sommer auch sehr warm werden kann, und Hawaii mit seiner tropischen Hitze und seinen starken Regenschauern. Nach Alaska fährt man am besten im Sommer, nach Hawaii im Winter. Auch die Südstaaten wie Alabama und Georgia und Florida sind im Sommer unerträglich schwül und heiß. Hinzu kommen die Moskitoschwärme. Die Hochsaison in Florida dauert von Oktober bis April, dann ist es dort auch besonders teuer. Im Sommer sind die Hotels bis zu 50 Prozent billiger. Vierzig Grad Hitze auch in Arizona und New Mexico, nur ist es dort sehr trocken, und die Hitze kommt einem nicht so quälend vor. Auch im Winter herrschen im Südwesten noch dreißig Grad. Fast immer schön ist es in Kalifornien. Eher unseren Klimazonen entsprechen die Urlaubsgebiete des Nordwestens, des Nordens und des Nordostens mit Boston und New York. New England bietet sich im Herbst an, wenn die Bäume buntes Laub tragen.

KOA

»Kampgrounds of America« (das »K« ist kein Druckfehler, sondern ein Gag der Firma, um Aufmerksamkeit zu erregen) – das »Holiday Inn« unter den Campingplätzen. Diese Campgrounds, die sich wie ein Ei dem anderen gleichen und sehr komfortabel eingerichtet sind, liegen immer an der Hauptverkehrsstraße und verfügen über einen kleinen Laden, einen Aufenthaltsraum, Waschmaschinen und Trockner, Duschen, Dump-Station und Pool. KOA betreibt ein kostenloses und zentrales Reservierungssystem und bietet fast überall Anschlüsse für Strom und Wasser.

Kreditkarten

Wer in den USA viel Bargeld herumträgt, macht sich verdächtig. Größere Beträge (Hotels, Mietwagen, Restaurants) werden fast immer mit der Kreditkarte bezahlt. Besorgen Sie sich am besten eine Eurocard, da diese in den USA als Mastercard benutzt werden kann und von fast allen Läden, Tankstellen, Restaurants und Campingplätzen anerkannt wird. Dasselbe gilt für die ebenso gebräuchliche Visacard. Etwas schwerer tut man sich mit American Express und Diner's Club, die nur von ausgesuchten Geschäften angenommen werden. Lediglich in Supermärkten und in abgelegenen Gegenden wie am Alaska Highway bevorzugt man Bargeld.

L

La Jolla
Eine halbe Autostunde nördlich von San Diego entfernt liegt La Jolla, das »Beverly Hills« des kalifornischen Südens. Hier wohnen die reichen Familien, hier tummelt sich der Jet Set, besonders am Samstagabend auf der Prospect Road.
Gleich hinter der Hauptstraße erstreckt sich die berühmte La Jolla Cove, eine malerische Bucht mit Sandsteinklippen und weißen Sandstränden, ein Paradies für Taucher und vor allem Surfer.

Lagerfeuer
Viele Urlauber suchen in den USA die Cowboy-Romantik, und dazu gehört vor allem ein Lagerfeuer. In den Nationalparks sind Lagerfeuer – wenn überhaupt – nur mit Erlaubnis der Ranger möglich, in freier Natur bitte auf entsprechende Hinweise achten. In waldreichen Gegenden warnen Schilder vor Waldbrandgefahr. Bitte die üblichen Sicherheitsvorkehrungen treffen!

Laguna Beach
Die bekannte Künstlerkolonie liegt am Küstenhighway nördlich von San Diego. Neben einer besonders schönen Küste locken zahlreiche Boutiquen und exklusive Shops die Besucher an. Jeden Sommer findet hier das weltberühmte Künstlerfestival statt.

Weitere Informationen: Festival of Art, 650 Laguna Canyon Road, Laguna Beach, CA 92651.

Lake County
Das nördlich von Calistoga in Kalifornien gelegene Seengebiet lockt zahlreiche Kurzurlauber an. Besonders der Clear Lake mit einer Uferlänge von hundert Meilen ist wie geschaffen für Wassersportler und Kurgäste, die sich in zahlreichen Hotels erholen können. Am westlichen Ufer erhebt sich der Mount Konocti, der nach indianischer Überlieferung den Körper des Wassergottes Konocti darstellen soll.

Lake Havasu
Der Lake Havasu ist zu einem beliebten Urlaubsziel der Amerikaner geworden. Sehenswert ist die altehrwürdige London Bridge, die ein amerikanischer Millionär in England abbauen und in dem 1964 gegründeten Lake Havasu City wieder aufbauen ließ. Um die Brücke wuchs ein altenglisches Touristendorf, das ein bißchen an → Epcot Center erinnert.

Lake Mead
Der riesige Stausee erstreckt sich über ein weites Gebiet an der Grenze zwischen Arizona und Nevada. Die angestauten Wassermassen des Colorado River reichen vom → Hoover Dam bis zum → Grand Canyon. Zahlreiche Marinas und Erholungsgebiete bieten ideale Möglichkeiten für Wassersportler.

Weitere Informationen: Lake Mead National Recreation Area, Boulder City, NV 89005.

Seminolen auf dem Lake Okeechobee

Lake Okeechobee
Der gewaltige Binnensee liegt im Zentrum von Florida und gilt als beliebtes Zentrum für Wassersportler und Angler. Die kleinen Orte am Ufer sind zumeist ruhig und verschlafen.

Lake Powell
Der gewaltige Stausee liegt an der Grenze zwischen Arizona und Utah und gehört zu den beliebtesten Ausflugszielen der USA. Er besteht seit der Errichtung des Glen-Canyon-Dammes im September 1963, und das Wasser brauchte drei Jahre, um die tiefen Felsschluchten zu füllen. Seine Küste ist dank der vielen Windungen und Canyons länger als die gesamte Westküste der USA, und seine Schluchten sind eindrucksvoller als vieles im Grand Canyon.

Am besten lernt man den Lake Powell mit dem Hausboot kennen, das man wegen des Andrangs ein Jahr im voraus bestellen sollte. Wenn man noch ein kleines Boot

Hausboote auf dem Lake Powell

anhängt, lassen sich auch versteckte, aber wundervolle Winkel wie der Cathedral Canyon erkunden. Zur → Rainbow Brigde fährt auch ein Ausflugsboot.

Weitere Informationen: Wahweap Lodge & Marina, P.O. Box 1597, Page, AZ 86040. Tel. (6 02) 6 45-24 33.

Lake Shasta

Der große Stausee unweit der Stadt → Redding in Nordkalifornien hat eine Uferlänge von rund sechshundert Kilometern und wird als »Hausbootzentrum der Welt« bezeichnet. Der Shasta-Damm ist über zweihundert Meter hoch und 1,2 Kilometer lang.

Hausboot-Vermietung: Shasta Lake Houseboat Vacation, P.O. Box 112, O'Brien, CA 96070. Tel. (9 16) 2 38-23 83.

Lake Tahoe

Inmitten dichter Kiefernwälder, in der Bergwildnis der Sierra Nevada an der Grenze zwischen Kalifornien und Nevada, liegt der Lake Tahoe. Ein majestätischer Bergsee, der im Sommer mit schönen Stränden und Picknickplätzen und im Winter mit einem der eindrucksvollsten Skiparadiese der USA lockt. Zum Skigebiet gehört auch Squaw Valley, der Austragungsort der Olympischen Winterspiele 1962. Der See ist 35 Kilometer lang und 19 Kilometer breit und wird von einer Panoramastraße umgeben, die herrliche Ausblicke ermöglicht, in der Ferienzeit aber auch zu den befahrensten Straßen der USA gehört. Schönheit hat ihren Preis, das merkt man besonders in dem Städtchen South Lake Tahoe, das von Touristen nur so wimmelt. Auf der Nevada-Seite versuchen die Urlauber ihr Glück im Spielcasino.

Der Rummel am Lake Tahoe kann einem schon auf die Nerven fallen, aber es gibt ja immer noch zahlreiche Wanderwege, wo man abseits des Trubels die ungestörte Natur genießen kann.

Weitere Informationen: South Lake Tahoe Visitors Bureau, P.O. Box 17727, South Lake Tahoe, CA 95706. Tel. (9 16) 5 44-50 50.
Oder: Tahoe North Visitors and Convention Bureau, P.O. Box 5578, Tahoe City, CA 95730. Tel. (9 16) 8 22-59 59.

Las Cruces

Einige Kreuze (span.: las cruces) in den Bergen, die an einen von Indianern überfallenen Siedlertreck erinnern, gaben der Stadt im südlichen New Mexico ihren Namen. Las Cruces ist ein Handelsplatz für Gemüse und Obst und liegt inmitten einer eindrucksvollen Landschaft, deren Ruhe allerdings durch die US-Armee in der nahen White Sands Missile Range gestört wird. Lohnende Ausflugsziele sind → White Sands und → Mesilla.

Las Trampas

Der traditionsreiche Ort im nördlichen New Mexico ist vor allem wegen seiner historischen Kirche interessant. Santa Tomas del Rio de Las Trampas wurde 1760 erbaut und verfügt über wunderschöne Schnitzereien und eine Glocke, die aus Gold und Silber gegossen sein soll.

Nur bei Nacht schön: Las Vegas

Las Vegas

Die Stadt gibt es schon seit 1855, zum Begriff wurde sie aber erst vor knapp fünfzig Jahren, als der Unterweltkönig Bugsy Siegel in Vegas auftauchte und den ersten Casinopalast eröffnete, das heute noch berühmte Flamingo Hotel.: Das Glücksspiel war bereits 1931 in Nevada legalisiert worden. Dem ersten Etablissement folgten bald weitere Hotels und Casinos, und schon war der Strip da, die Glitzermeile inmitten der Wüste, die tagsüber so trostlos und nachts so beeindruckend aussieht. Wenn der Caesar's Palace, wenn Circus Circus und all die anderen Hotel-Casinos im Licht der Scheinwerfer erstrahlen, beginnt in Las Vegas das Leben. Mehr als zwölf Millionen Besucher strömen jährlich in die Glitzerstadt, versuchen ihr Glück an den »slot machines«, den einarmigen Banditen, oder beim Roulett, beim Black Jack, beim Würfeln oder Pokern. Die Casinos locken mit günstigen Pauschalangeboten und spottbilligen Büffetangeboten (»ein Frühstück für 99 Cents«), weil sie wissen, daß man das Geld ohnehin beim Spielen ausgibt. Spielen kann man überall, nicht nur in den Casinos, auch auf dem Flughafen und sogar auf den Toiletten. Der Mindesteinsatz bei den slot machines beträgt einen Nickel, bei anderen Spielen meist einen Dollar. Nachts locken die weltberühmten Shows mit Stars der Revue und Popmusik, die Karten kosten um die dreißig Dollar, allerdings muß man dem Platzanweiser ein fürstliches Tinkgeld (etwa zehn Dollar) geben, wenn man einen einigermaßen guten Platz haben will. Etwas teurer, aber ohne große Formalitäten zu erledigen sind Hochzeiten in den »wedding chapels« am Strip. Meiden sollte man Las Vegas am Tag, weil es meist unter einer erdrückenden Hitzeglocke liegt.

Hotels und Casinos: Aladdin, 3667 Las Vegas Boulevard South, Las Vegas, NV 89109. Tel. (7 02) 7 36-01 11.
Caesar's Place, 3570 Las Vegas Boule-

vard South, Las Vegas, NV 89109.
Tel. (7 02) 7 31-71 10.
Circus Circus, 2880 Las Vegas Boulevard South, Las Vegas, NV 89109.
Tel. (7 02) 7 23-04 10.
Desert Inn, 3145 Las Vegas Boulevard South, Las Vegas, NV 89109.
Tel. (7 02) 7 33-44 44.
Dunes, 3650 Las Vegas Boulevard South, Las Vegas, NV 89109.
Tel. (7 02) 7 37-41 10.
Flamingo Hilton, 3555 Las Vegas Boulevard South, Las Vegas, NV 89109.
Tel. (7 02) 7 33-31 11.
Frontier, 3120 Las Vegas Boulevard South, Las Vegas, NV 89109.
Tel. (7 02) 7 34-01 10.
Golden Nugget, 129 East Fremont Street, Las Vegas, NV 89109.
Tel. (7 02) 3 85-71 11.
Landmark, 364 Convention Center Drive, Las Vegas, NV 89109.
Tel. (7 02) 7 33-11 10.
MGM Grand, 3645 Las Vegas Boulevard South, Las Vegas, NV 89109.
Tel. (7 02) 7 39-41 11.
Riviera, 2901 Las Vegas Boulevard South, Las Vegas, NV 89109.
Tel. (7 02) 7 34-51 10.
Sahara, 2535 Las Vegas Boulevard South, Las Vegas, NV 89109.
Tel. (7 02) 7 37-21 11.
Stardust, 3000 Las Vegas Boulevard South, Las Vegas, NV 89109.
Tel. (7 02) 7 32-61 11.

Lassen Volcanic National Park

Das Gebiet um den 3500 Meter hohen Vulkan Mount Lassen ist ein Paradies für Naturliebhaber und Wanderer. Die Trails im Nationalpark sind über zweihundert Kilometer lang und führen an zahlreichen klaren Bergseen vorbei. Der Vulkan brach zum letzten Mal im Jahre 1914 aus, und dann rumorte es noch sieben Jahre lang in seinem Inneren, bis er ganz verstummte. Die »Devastated Area«, ein gewaltiger Erdrutsch aus Lavagestein, erinnert an diesen historischen Augenblick. Geübte Wanderer steigen über einen steilen Pfad zum Gipfel empor. Im Winter zieht es vor allem Skilangläufer in den Park.

Weitere Informationen: Lassen Volcanic National Park, Mineral, CA 96063.

Lava Beds National Monument

Das Lavagebiet zwischen Crater Lake und dem → Lassen Volcanic National Park lockt mit weiten Lavafeldern und mehr als zweihundert Höhlen, die man nach Absprache mit den Rangers auch auf eigene Faust erkunden darf. Die Lava Beds waren Schauplatz des Modoc-Indianerkrieges in den Jahren 1872/73.

Weitere Informationen: Lava Beds National Monument, Box 867, Tulelake, CA 96134.

Lee Island Coast

Das Inselparadies im südwestlichen Florida lockte vor hundertfünfzig Jahren vor allem Piraten an. Besonders Jose Gaspar wußte die versteckten Buchten zu schätzen und nannte seine Lieblingsinsel bescheiden Gasparilla Island. Useppa Island benannte er nach der mexikanischen Prinzessin Joseffa, die sich seinem Balzen nicht beugen wollte und auf dieser Insel von ihm geköpft wurde. Heute geht es an der Lee Island Coast friedlicher zu, und aus den einstigen »Pira-

Hochseefischen in Florida

teninseln sind beliebte Ausflugsziele geworden, die man allerdings nur mit dem Boot erreichen kann. Aber daran herrscht in → Fort Myers und Umgebung kein Mangel. Die Paradiese der Küste sind → Sanibel und → Captiva Island, viel Rummel herrscht südlich von Fort Myers.

Weitere Informationen: Lee County Tourist Development Council, 2126 First Street, Fort Myers, FL 33902-2445. Tel. (813) 3 35-26 31.
Hotels: South Seas Plantation, P.O. Box 194, Captiva Island, FL 33924. Tel. (813) 4 72-51 11. Ein riesiger, wunderschön gelegener Komplex mit Villen und Appartements. Alle Preisklassen.
Restaurants: Bubble Room, Captiva Road, Captiva Island, FL 33924. Tel. (813) 4 72-55 58. Originelles Restaurant mit vielen Nippes und Kitsch aus alten Zeiten. An der Wand fährt eine Spielzeugeisenbahn entlang.

Lee's Ferry
Die historische Furt am Colorado River, ungefähr sechzig Kilometer von Page, Arizona, entfernt, ist heute Ausgangspunkt für wilde Floßfahrten durch den → Grand Canyon.

Lincoln
Die Westernstadt liegt im südlichen New Mexico und war im letzten Jahrhundert Schauplatz eines erbitterten Weidekriegs, in den auch der legendäre Billy the Kid verwickelt war. Es stehen noch zahlreiche Gebäude aus dieser wilden Zeit, unter anderem das alte Gerichtsgebäude, in dem der Outlaw einen Deputy Sheriff ermordete. Das Haus wurde in ein Museum umgewandelt.

Long Beach
Die Hafenmetropole Long Beach liegt zwanzig Meilen südlich von Los Angeles, war früher durch eine Straßenbahnlinie mit der Riesenstadt verbunden und ist heute über den Long Beach Freeway zu erreichen.

Seitdem die Queen Mary im Hafen von Long Beach verankert wurde, gehört er zu den meistbefahrenen Straßen der Stadt, weil sich kaum ein Tourist den Anblick dieses Ozeanriesen entgehen lassen will. In den vierziger und fünfziger Jahren galt die Queen Mary als »Königin der Meere«, inzwischen wurden ihre Kessel verschrottet, und das Schiff wurde in ein Hotel umgewandelt. Gleich nebenan liegt die Spruce Goose vertäut, eines der größten Flugzeuge der Welt. Der Milliardär und Exzentriker Howard Hughes hatte das Flugzeug als Truppentransporter bauen lassen. Es kam jedoch nie zum Einsatz, da der Zweite Weltkrieg während des Baus zu Ende ging, und so fand nur ein wenige Minuten dauernder Jungfernflug statt.

Die Queen Mary und die Spuce Goose brachten einen neuen Aufschwung für den Badeort, mit dem es nach der Verlegung der Pazifikflotte und der Einstellung der Straßenbahnlinie in den fünfziger Jahren rapide bergab ging. Heute locken ein riesiges Convention & Entertainment Center, in dem Opern, Konzerte, Messen und Rodeos stattfinden, die restaurierten Gebäude in der Innenstadt mit ihren reich verzierten Fassaden, das Shoreline Village mit seinen Shops und Boutiquen und die Sandstrände.

Weitere Informationen: Long Beach Area Convention and Visitors Council, Inc., 180 East Ocean Boulevard, Suite 150, Plaza Level, Long Beach, CA 90802. Tel. (213) 4 36-36 45.

Los Alamos
In der kleinen Stadt befindet sich das Atomforschungszentrum der USA. In der White Sands Missile Range, wenige Meilen von Alamogordo und knappe dreihundert Kilometer von Los Alamos entfernt, detonierte am 16. Juli 1945 die erste Atombombe. In der Bradbury Science Hall und im Los Alamos County Historical Museum kann man Ausstellungsstücke aus dieser Zeit bestaunen.

Los Angeles
Los Angeles ist nicht eine Stadt, sondern viele Städte und vor allem viele Straßen, die sich in alle Himmelsrichtungen ausbreiten und ins San Fernando Valley, zum Strand nach → Santa Monica und → Malibu, nach → Hollywood, → Pasadena und → Long Beach und nach → Disneyland in Anaheim führen. Ein verwirrendes Netz von numerierten Freeways durchzieht das Stadtgebilde und verwirrt vor allem den europäischen Besucher, der sich unter einer Stadt immer eine Einheit und keine undurchsichtige Vielfalt vorstellt. Fast zwei Stunden braucht man mit dem Auto von einem Ende zum anderen – wenn die Freeways nicht verstopft sind, und das kommt selten vor. Los Angeles hört nirgendwo auf, ist ein endloses Häusermeer, das durch die Schnellstraßen zusammengehalten wird. Über zweitausend Quadratmeilen breitet sich Greater Los Angeles in der Wüste aus, knapp elf Millionen Menschen leben und arbeiten in der Stadt.

Bonaventure-Hotel in Los Angeles

Die Grenzen liegen anderswo, wurden schon im letzten Jahrhundert gezogen, als deutsche Bauern in Anaheim ihre Felder bestellten, die Reichen in Pasadena ihre Villen bauten, und Glendale und Redondo Beach von geschäftstüchtigen Städteplanern auf dem Reißbrett entworfen und verkauft wurden. Los Angeles wurde nie zum Schmelztiegel wie New York. Es bestand auch vor fünfzig Jahren aus einer Vielzahl von eigenständigen Siedlungen, die damals durch Straßenbahnlinien zusammengehalten wurden. Über tausend Meilen Schienen wurden verlegt und wieder aus dem Asphalt gerissen, als das Auto seinen Siegeszug antrat. Inzwischen denkt man wieder laut über ein Comeback der Straßenbahn nach, da die Freeways hoffnungslos überlastet sind und sicherlich viele Menschen bereit wären, ihr Auto stehenzulassen.

Trotz zahlreicher Vororte und anderer Zentren hat Los Angeles, das eigentlich gar keine Stadt ist, auch ein Downtown, eine Innenstadt. Im Würgegriff der Freeways recken sich einige Wolkenkratzer und die futuristischen Türme des Bonaventure Hotels empor. In der nur fünf Minuten entfernten Arco Plaza, dem Hauptquartier der gleichnamigen Öl-Multis, bestechen vor allem die moderne Architektur und das mehrstöckige unterirdische Einkaufszentrum. Sehenswert auch der im Missionsstil erbaute Bahnhof, die Union Station, und die Olvera Street, die Hauptstraße des einstigen Pueblos, die heute ein Touristenzentrum mit Verkaufsständen und Imbißbuden ist. Nur die »mariachis« (mexikanische Musiker) und die alten Gemäuer erinnern noch an die spanische Stadt aus dem achtzehnten Jahrhundert. Die Atmosphäre der Gründerzeit erlebt man besser im Rancho Los Alamitos und in der Mission San Fernando.

An den Wohlstand der zwanziger Jahre erinnert die City Hall (200 Spring Street). Von der Aussichtsplattform hat man einen tollen Ausblick auf die Wolkenkratzer der Innenstadt und die Freeways. Von Silberkönigen erbaut wurde das Bradbury Building (304 S. Broadway) mit dem ältesten hydraulischen Fahrstuhl der Stadt. Im Art-Deco-Stil ist das Oriatt Building

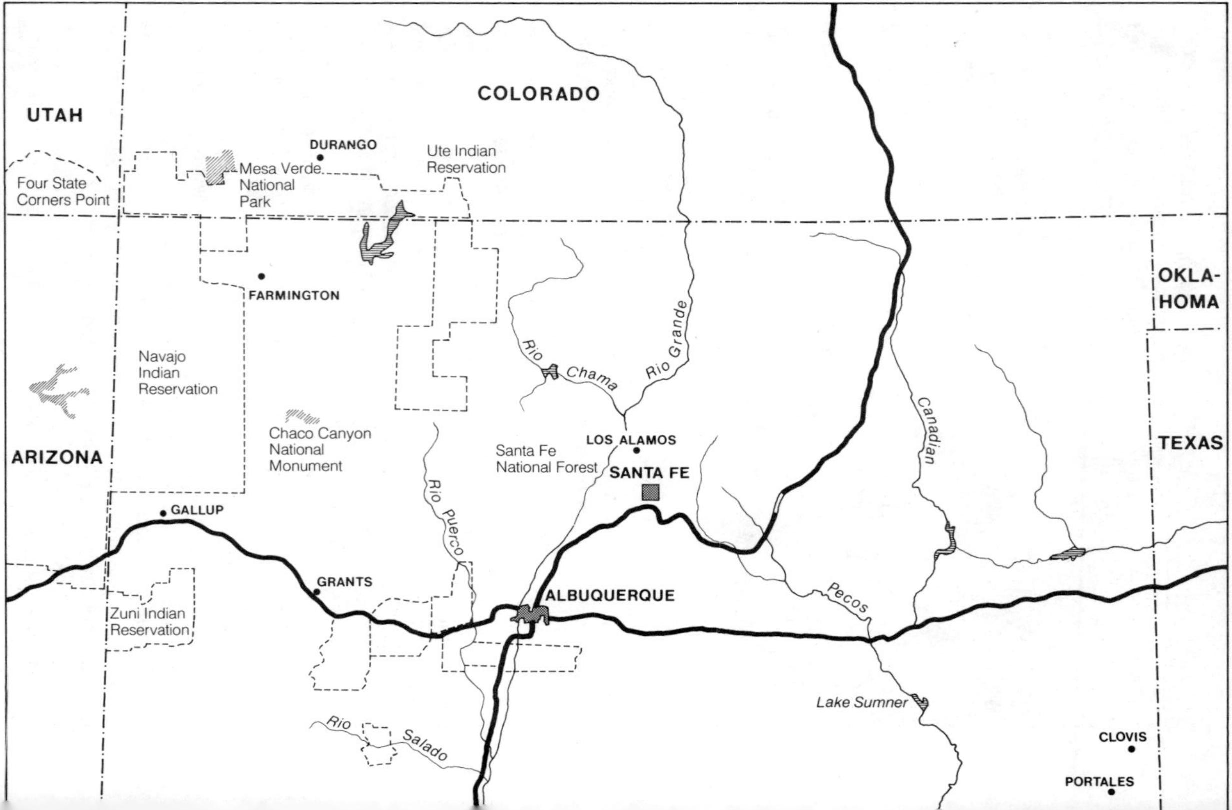

UTAH
COLORADO
ARIZONA
OKLA-
HOMA
TEXAS
Four State
Corners Point
DURANGO
Mesa Verde
National
Park
Ute Indian
Reservation
FARMINGTON
Navajo
Indian
Reservation
Chaco Canyon
National
Monument
GALLUP
GRANTS
Zuni Indian
Reservation
Rio Puerco
Rio Salado
Rio Chama
Rio Grande
LOS ALAMOS
SANTA FE
Santa Fe
National Forest
ALBUQUERQUE
Canadian
Pecos
Lake Sumner
CLOVIS
PORTALES

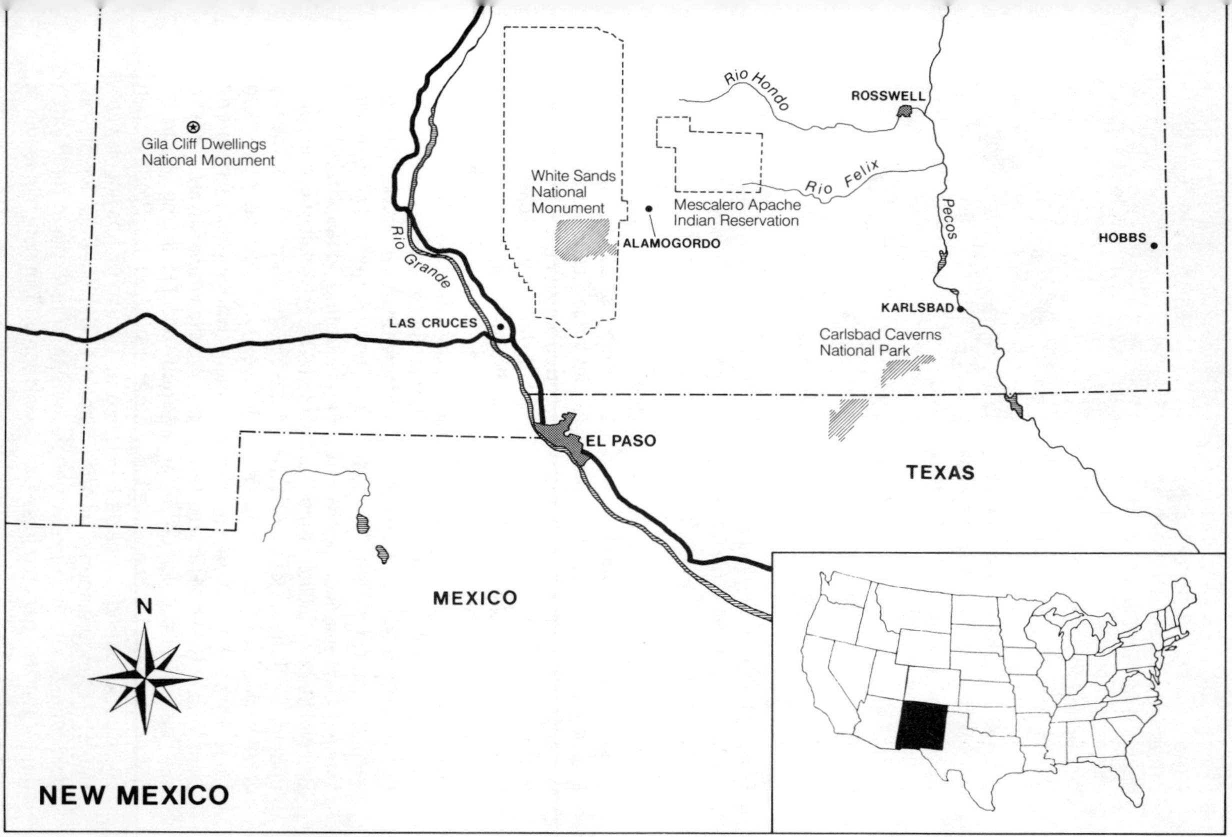

Gila Cliff Dwellings
National Monument
White Sands
National
Monument
ALAMOGORDO
Mescalero Apache
Indian Reservation
Rio Hondo
ROSSWELL
Rio Felix
Pecos
HOBBS
Rio Grande
LAS CRUCES
KARLSBAD
Carlsbad Caverns
National Park
EL PASO
TEXAS
MEXICO
N
NEW MEXICO

Los Angeles

erbaut. Es war in den zwanziger Jahren ein exklusives Bekleidungsgeschäft, in dem Stars wie Rudolph Valentino und Douglas Fairbanks ihre Garderobe einkauften.

Downtown Los Angeles kann man zu Fuß erkunden, selbst nach Chinatown (zwischen Broadway und Hill Street) und Little Tokyo (bei First Street) mit ihren Restaurants und Läden hat man nicht weit zu gehen, aber für alle anderen Ausflüge braucht man unbedingt einen Mietwagen. Öffentliche Verkehrsmittel sind so gut wie unbekannt in Los Angeles. Es fahren zwar Busse, aber die halten sich an keinen Fahrplan, und nicht einmal die Einheimischen kennen die Routen. Ein Taxi kann sich bei den weiten Entfernungen in Los Angeles nur ein Millionär leisten. Also rein in den Mietwagen und rauf auf die Freeways, ins Getümmel der unzähligen Autos.

Lohnenswerte Ziele sind der Wilshire Boulevard mit seinen riesigen Prachtbauten, die Melrose Avenue mit ihren Antiquitätenläden und Boutiquen, der Santa Monica Boulevard mit seinen Motels, Tankstellen und Supermärkten als bestes Beispiel für das »häßliche Amerika« und der → Sunset Boulevard, die Straße mit den vielen Gesichtern. Oder Pasadena, die Heimat des alten, und → Beverly Hills, die Heimat des neuen Reichtums. Die Strände in Santa Monica, → Malibu, → Venice Beach und Marina del Rey. Die → Vergüngungsparks in Anaheim und natürlich → Hollywood, das Traumziel der Starlets. Das

Surfin'USA

Hollywood der Touristen findet allerdings in → Universal City auf der berühmten Tour durch die Studios statt.

Los Angeles, auf künstlerischem Gebiet lange Zeit nur durch Hollywood-Produktionen und Rockmusik bekannt, ist inzwischen zu einer ernsthaften Konkurrenz für New York und San Francisco geworden. Im neuen Music Center sind drei riesige Theater untergebracht: der Dorothy Chandler Pavillon, Heimat des Los Angeles Philharmonic Orchestra und Schauplatz der jährlichen Oscar-Verleihung, das Mark Taper, wo hervorragendes Theater geboten wird, und das Ahmanson Theatre, wo Musicals, Opern und die Arbeiten des Centre Theatre Group zur Aufführung kommen. Über sechshundert Produktionen werden jährlich in Los Angeles aufgeführt. Ähnliches gilt für die bildenden Künste, die in zahlreichen Galerien und im neuen Museum of

Contemporary Art (152 North Central) hervorragend vertreten sind. Los Angeles oder L.A., wie es in Amerika genannt wird, – ein stinkender Moloch für alle, die es nicht mögen.

Eine faszinierende Metropole für die Touristen, die nicht in dieser Riesenstadt leben müssen und nur ihre guten Seiten erleben.

Weitere Informationen: Greater Los Angeles Visitors and Convention Bureau, 505 South Flower Street, Level B, Los Angeles, CA 90071. Tel. (213) 6 28-31 01.

Hotels:
Marina del Rey/Venice Beach: Best Western Jamaica Bay Inn, 4175 Admiralty Way, Marina del Rey, CA 90292. Tel. (213) 8 23-53 33. Direkt am Strand gelegen, gemütliche Zimmer. Sportgeräte können ausgeliehen werden.

Chateau Marmont Hotel, 8221 Sunset Boulevard, Hollywood, CA 90046. Tel. (213) 6 56-1010. Einem normannischen Schloß nachempfundener Bau, bevorzugtes Hotel vieler Rockstars.

Holiday Inn Downtown, 750 Garland Avenue, Los Angeles, CA 90017. Tel. (213) 6 28-52 42. In der Stadtmitte gelegen, üblicher Holiday-Inn-Standard.

Santa Monica: Pacific Shore Hotel, 1819 Ocean Avenue, Santa Monica, CA 90401. Tel. (213) 4 51-87 11. In Strandnähe gelegenes Hotel mit erstklassigem Service.

The Westin Bonaventure, 404 South Figueroa Street, Los Angeles, CA 90071. Tel. (213) 6 24-10 00. Futuristisch angehauchtes Luxushotel.:

Restaurants: Katsu, 1972 Hillhurst Avenue, Los Angeles, CA 90027. Tel. (213) 6 65-18 91. Das beste japanische Restaurant der amerikanischen Westküste. Wer niemals Sushi gegessen hat, sollte sie hier probieren. Die Sushi-Chefs sind Meister ihres Fachs, der Fisch könnte nicht frischer sein.

Lucy's El Adobe, 5536 Melrose Avenue, Hollywood, CA 90046. Tel. (213) 4 62-94 21. Bester Mexikaner der Stadt in sehr gemütlicher Atmosphäre. Tolle Margaritas.

Spago, 8795 Sunset Boulevard, West Hollywood, CA 90046. Tel. (213) 6 52-40 25. Treffpunkt der Stars und Feinschmecker. Der österreichische Meisterkoch Wolfgang Puck hat in L.A. einen Ruf wie Witzigmann bei uns. Hervorragende italienische Küche und tolle Pizzas. Unbedingt vorbestellen!

Lufthansa

Die deutsche Fluglinie empfiehlt sich vor allem wegen ihrer Pünktlichkeit und ihres hohen technischen Standards und bietet als Heimatlinie auch den Vorteil, daß sofort Ersatz da ist, wenn eine Maschine ausfällt. Für Urlauber bietet sich der preiswerte → Holidaytarif an, der auch sogenannte Gabelflüge ermöglicht: man fliegt zum Beispiel nach New York, fährt mit dem Auto nach Miami und fliegt von dort nach Deutschland zurück. Auf den nächsten Seiten ist eine Übersicht über die wichtigsten Holidaytarife der Lufthansa nach USA (Stand: Sommer 1989).

Seit neuestem bietet Lufthansa auch Videos (VHS-System) über die USA an. Im Angebot sind »Traumziel USA, Teil 1: Der Osten« und »Traumziel USA, Teil 2: Der Westen«. Jedes Video kostet DM 27,50 und ist gegen Einsendung eines Verrechnungsschecks erhältlich bei Lufthansa Versand-Service, Postfach 900111, 6000 Frankfurt/Main 90.

Lufthansa

New York

	Gültigkeit	*Hinflug*	*Rückflug*
		Verkehrstage	Verkehrstage
Frankfurt – New York	1.4.89 bis 28.10.89	täglich	täglich*
Düsseldorf – New York	1.4.89 bis 28.10.89	täglich	täglich*
München – New York	1.4.89 bis 28.10.89	täglich	täglich*
Stuttgart – New York	1.4.89 bis 30.4.89	Do Fr Sa	Do* Fr* Sa*
	1.5.89 bis 28.10.89	täglich	täglich*

* Ankunft einen Tag später

Preise in DM (Hin- und Rückflug)	Gültigkeit bis 14.10.89
Bremen, Düsseldorf, Frankfurt, Hamburg, Hannover Köln/Bonn, Münster/Osnabrück, Paderborn, Saarbrücken, Stuttgart	*ab 1.298,–*
Bayreuth, Berlin, Friedrichshafen, Hof, Kiel, München, Nürnberg	*ab 1.368,–*

Los Angeles

	Gültigkeit	*Hinflug*	*Rückflug*
		Verkehrstage	Verkehrstage
Frankfurt – Los Angeles	1.4.89 bis 28.10.89	täglich	täglich*
Düsseldorf – Los Angeles	4.7.89 bis 28.10.89	Di Do	Di* Do*
München – Los Angeles	4.7.89 bis 28.10.89	Di Do	Di* Do*

* Ankunft einen Tag später

Preise in DM (Hin- und Rückflug)	Gültigkeit bis 14.10.89
Bremen, Düsseldorf, Frankfurt, Hamburg, Hannover Köln/Bonn, Münster/Osnabrück, Paderborn, Saarbrücken, Stuttgart	*ab 1.778,–*
Bayreuth, Berlin, Friedrichshafen, Hof, Kiel, München, Nürnberg	*ab 1.848,–*

Boston

	Gültigkeit	*Hinflug*	*Rückflug*
		Verkehrstage	Verkehrstage
Frankfurt – Boston	1.4.89 bis 30.4.89	Di Mi Do Fr Sa So	Di* Mi* Do* Fr* Sa* So*
	1.5.89 bis 28.10.89	täglich	täglich*

Preise in DM (Hin- und Rückflug)	Gültigkeit bis 14.10.89
Bremen, Düsseldorf, Frankfurt, Hamburg, Hannover Köln/Bonn, Münster/Osnabrück, Paderborn, Saarbrücken, Stuttgart	*ab 1.298,–*
Bayreuth, Berlin, Friedrichshafen, Hof, Kiel, München, Nürnberg	*ab 1.368,–*

Philadelphia

	Gültigkeit	*Hinflug*	*Rückflug*
		Verkehrstage	Verkehrstage
Frankfurt – Philadelphia	1.4.89 bis 28.10.89	täglich	täglich*

Preise in DM (Hin- und Rückflug)	Gültigkeit bis 14.10.89
Bremen, Düsseldorf, Frankfurt, Hamburg, Hannover Köln/Bonn, Münster/Osnabrück, Paderborn, Saarbrücken, Stuttgart	*ab 1.368,–*
Bayreuth, Berlin, Friedrichshafen, Hof, Kiel, München, Nürnberg	*ab 1.438,–*

San Francisco

	Gültigkeit	*Hinflug*	*Rückflug*
		Verkehrstage	Verkehrstage
Frankfurt – San Francisco	1.4.89 bis 30.4.89	Di Do Fr So	Di* Do* Fr* So*
	1.5.89 bis 28.10.89	täglich	täglich*

* Ankunft einen Tag später

Lufthansa 126

Preise in DM (Hin- und Rückflug)	Gültigkeit bis 14.10.89
Bremen, Düsseldorf, Frankfurt, Hamburg, Hannover Köln/Bonn, Münster/Osnabrück, Paderborn, Saarbrücken, Stuttgart	ab 1.778,–
Bayreuth, Berlin, Friedrichshafen, Hof, Kiel, München, Nürnberg	ab 1.848,–

Dallas/Fort Worth

	Gültigkeit	Hinflug	Rückflug
		Verkehrstage	Verkehrstage
Frankfurt – Dallas/Fort Worth	1.4.89 bis 28.10.89	täglich	täglich*

Preise in DM (Hin- und Rückflug)	Gültigkeit bis 14.10.89
Bremen, Düsseldorf, Frankfurt, Hamburg, Hannover Köln/Bonn, Münster/Osnabrück, Paderborn, Saarbrücken, Stuttgart	ab 1.638,–
Bayreuth, Berlin, Friedrichshafen, Hof, Kiel, München, Nürnberg	ab 1.708,–

Miami

	Gültigkeit	Hinflug	Rückflug
		Verkehrstage	Verkehrstage
Frankfurt – Miami	1.4.89 bis 28.10.89	täglich	täglich*
Düsseldorf – Miami	1.4.89 bis 28.10.89	Di Do Sa	Di* Do* Sa*
München – Miami	1.4.89 bis 28.10.89	Di Do Sa	Di* Do* Sa*

Preise in DM (Hin- und Rückflug)	Gültigkeit bis 14.10.89
Bremen, Düsseldorf, Frankfurt, Hamburg, Hannover Köln/Bonn, Münster/Osnabrück, Paderborn, Saarbrücken, Stuttgart	ab 1.598,–
Bayreuth, Berlin, Friedrichshafen, Hof, Kiel, München, Nürnberg	ab 1.668,–

* Ankunft einen Tag später

Chicago

	Gültigkeit	Hinflug	Rückflug
		Verkehrstage	Verkehrstage
Frankfurt – Chicago	1.4.89 bis 28.10.89	täglich	täglich*
Düsseldorf – Chicago	1.5.89 bis 28.10.89	Mo Do Fr Sa So	Mo* Do* Fr* Sa* So*
München – Chicago	1.5.89 bis 28.10.89	Mo Do Fr Sa So	Mo* Do* Fr* Sa* So*

Preise in DM (Hin- und Rückflug)	Gültigkeit bis 14.10.89
Bremen, Düsseldorf, Frankfurt, Hamburg, Hannover Köln/Bonn, Münster/Osnabrück, Paderborn, Saarbrücken, Stuttgart	*ab 1.418,–*
Bayreuth, Berlin, Friedrichshafen, Hof, Kiel, München, Nürnberg	*ab 1.488,–*

Washington/D.C.

	Gültigkeit	Hinflug	Rückflug
		Verkehrstage	Verkehrstage
Frankfurt – Washington	1.4.89 bis 30.4.89	Mo Mi Do Fr Sa	Mo* Mi* Do* Fr* So*
	1.5.89 bis 28.10.89	täglich	täglich*

Preise in DM (Hin- und Rückflug)	Gültigkeit bis 14.10.89
Bremen, Düsseldorf, Frankfurt, Hamburg, Hannover Köln/Bonn, Münster/Osnabrück, Paderborn, Saarbrücken, Stuttgart	*ab 1.368,–*
Bayreuth, Berlin, Friedrichshafen, Hof, Kiel, München, Nürnberg	*ab 1.438,–*

*Ankunft einen Tag später

M

Magic Kingdom
Der Vergnügungspark in →Walt Disney World (Florida) gleicht → Disneyland (Kalifornien) wie ein Ei dem anderen. Alle Angaben unter dem Stichwort Disneyland gelten also auch für diesen Park. Es gibt kombinierte Tickets für Magic Kingdom und → Epcot Center.

Magic Mountain →Vergnügungsparks

Malibu
Die Heimat der reichen Geschäftsleute und Filmstars, wenige Meilen nördlich von → Los Angeles und → Santa Monica gelegen. Kris Kristofferson und Kenny Rogers haben hier ihre Villen. Am Strand locken Restaurants wie das legendäre Alice's Restaurant und stimmungsvolle Kneipen wie der Malibu Inn, beide an der Hauptstraße gelegen.

Mallory Square → Key West

Marathon → Florida Keys

Mariposa
Die malerische Kleinstadt im nördlichen Kalifornien beherbergt zahlreiche viktorianische Gebäude und das Mariposa Court House, das alte Gerichtsgebäude aus dem Jahre 1854. Auch zahlreiche Möbel stammen noch aus dieser Zeit.

Marlboro Abenteuer Reisen
Marlboro Abenteuer Reisen wurden für Individualisten geschaffen, die auf ein Gruppenerlebnis nicht verzichten wollen und auch im Urlaub gern Gleichgesinnte neben sich haben. Die Reisen werden vom Deutschen Reisebüro (DER) in Frankfurt vertrieben, der Katalog ist dem DER-Katalog beigeheftet oder kann bezogen werden bei: Marlboro Abenteuer Reisen, Postfach 141520, 8000 München 15.

Marshall Gold Discovery State Historic Park
In diesem Park im nördlichen Kalifornien liegt die Stelle, an der James Marshall am 24. Januar 1848 das erste Gold in einem Nebenfluß des Sacramento River bei Sutter's Mill fand. Auch Marshalls Hütte und sein Grab kann man besichtigen. In einem Museum erfährt man viel über die wilde Zeit des Goldrausches.

Weitere Informationen:
Tel.: (916) 6 22-34 70.

Martha's Vineyard
Die romantische Insel liegt vor Cape Cod und hat sich trotz der vielen Touristen, die im Sommer kommen, ihren eigenständigen Charakter bewahrt. Weite Sandstrände, romantische Buchten und die steilen Klippen von Gay Head sorgen für eine abwechslungsreiche Szenerie. Die meisten Einwohner leben in Vineyard Haven, das mit historischen Häusern und einem interessanten Heimatmuseum lockt. In Oak Bluffs stehen farbenprächtige

Walt Disney macht Kinderträume wahr

Maße und Gewichte

Häuschen um eine Aussichtsterrasse herum. Der Ort kann sich rühmen, das größte Karussell der USA zu haben. Besonders romantisch ist die Landschaft bei Edgartown. Dort legt auch die Fähre nach Chappaquidick ab, einer kleinen und geheimnisvollen Insel. Ebenfalls in der Nähe von Martha's Vineyard liegt Nantucket, wo John Steinbeck einige Zeit lebte.

Weitere Informationen: Martha's Vineyard Chamber of Commerce, Beach Road, Vineyard Haven, MA 02568.

Maße und Gewichte

Längenmaße

1 Zentimeter	0,3937 inch
1 Meter	3,28 feet
1 Kilometer	0,621 mile
1 inch (in.)	2,54 Zentimeter
1 foot (ft.)	30,48 Zentimeter
1 yard (yd.)	91,44 Zentimeter
1 mile (mi.)	1,609 Kilometer

Flächenmaße

1 Quadratzentimeter	0,1549 square inch
1 Quadratmeter	10,764 square feet
1 Quadratkilometer	2,471 acre
1 square inch (sq.in.)	6,452 Quadratzentimeter
1 square foot (sq.ft.)	0,0929 Quadratzentimeter
1 square yard (sq.yd.)	0,836 Quadratmeter
1 square mile (sq.mi.)	2,59 Quadratkilometer
1 acre	0,4047 Hektar

Raummaße

1 Kubikzentimeter	0,061 cubic inch
1 Kubikmeter	35,31 cubic feet
1 cubic inch (cu.in.)	16,39 Kubikzentimeter
1 cubic foot (cu.ft.)	0,0283 Kubikmeter
1 cubic yard (cu.yd.)	0,7646 Kubikmeter

Gewichte

1 Gramm	15,432 grains
1 Kilogramm	2,2046 pounds
1 Tonne	1,1023 tons
1 grain	64,799 Milligramm
$^{1}/_{2}$ ounce (oz.)	14,175 Gramm
1 ounce	28,350 Gramm
1 pound (lb.)	0,454 Kilogramm
1 hundred weight (cwt)	45,36 Kilogramm
1 ton (t.)	907,185 Kilogramm

Flüssigkeiten

1 Milliliter	0,035 fluid ounces
1 Liter	0,264 U.S.-gallons
	0,22 Imp.-gallons (Kanada)
1 teaspoon	5 Milliliter
1 tablespoon	14 Milliliter
1 fluid ounce (fl.oz.)	28 Milliliter
1 pint (pt.)	0,57 Liter
1 quart (qt.)	0,95 Liter
1 U.S.-gallon	3,785 Liter
1 Imp.-gallon	4,55 Liter

Konfektionsgrößen

Herrenkleidung

Anzüge:

(Europa)	46	48	50	52	54	56	58
(USA)	36	38	40	42	44	46	48

Hemden:

(Europa)	36	37	38	39/40	41	42	43
(USA)	14	$14^{1}/_{2}$	15	$15^{1}/_{2}$	16	$16^{1}/_{2}$	17

Schuhe

(Europa)	39	40	41	42	43	44	45
(USA)	$6^{1}/_{2}$	$7^{1}/_{2}$	$8^{1}/_{2}$	9	10	$10^{1}/_{2}$	11

Damenbekleidung

Kleider und Kostüme

(Europa)	38	30	42	44	46	48
(USA)	10	12	14	16	18	20

Strümpfe

(Europa)	0	1	2	3	4	5
(USA)	8	$8^{1}/_{2}$	9	$9^{1}/_{2}$	10	$10^{1}/_{2}$

Schuhe

(Europa)	36	37	38	39	40	41
(USA)	$5^{1}/_{2}$	6	7	$7^{1}/_{2}$	$8^{1}/_{2}$	9

Handschuhe: gleiche Größe

Kinderbekleidung
Kleider

(Europa)	98	104	110	116	122
(USA)	3	4	5	6	6x

Schuhe

(Europa)	24	25	27	28	29	30	32	33	34
(USA)	8	9	10	11	12	13	1	2	3

Sporthemden, T-Shirts und Sweatshirts werden in Small (S), Medium (M), Large (L), X-Large (XL) und XX-Large (XXL) angeboten. Bei Jeans werden Bundweite und Schrittlänge in Zoll angegeben, z. B. 36 × 32.

Malls → Einkaufen

McDonald's → Fast Food

Mendocino
Das vielbesungene Städtchen liegt auf einer malerischen Landzunge im nördlichen Kalifornien und wird von bunten, romantischen Häusern beherrscht. Bunte Vorgärten und verspielte Schilder an den Läden bestimmen das Straßenbild. Gemütliche Restaurants und Cafes laden zum längeren Verweilen ein. Die zerklüftete Küste zieht zahlreiche Maler und Dichter an, die sich in Mendocino besonders wohlfühlen.

Mesa Verde National Park
Mesa Verde liegt im südwestlichen Colorado und beschwört eine Zeit herauf, in der prähistorische Indianer noch in Felswohnungen lebten und sogar mit den Azteken in Mexiko Verbindung gehabt haben sollen. Sie bevölkerten das Felsenland im sechsten Jahrhundert nach Christi, blieben acht Jahrhunderte lang und verschwanden dann auf bis heute nicht geklärte Weise von der Bildfläche. Nur die Ruinen ihrer

Die Küstenstraße im nördlichen Kalifornien

Indianische Felswohnungen in Mesa Verde

Häuser und Zeremonienhäuser erinnern noch an dieses kulturell sehr hochstehende Volk.

Die ältesten und am besten erhaltenen Ruinen findet man auf dem langgestreckten Tafelberg von Mesa Verde, das bereits 1906 unter den Schutz der Regierung gestellt wurde. In den Schluchten und Felsspalten haben Archäologen ganze Dörfer ausgemacht und für interessierte Besucher restauriert. Man kann dort das Spruce House, eines der größten Felsenhäuser mit 106 Zimmern und acht Zeremonienräumen, den Cliff Palace mit seinen über 200 Zimmern, und das Balcony House bewundern. Während einer zwölf Meilen langen Rundfahrt hat man einen guten Ausblick auf das vier Stockwerke hohe Square Tower House, das Sun Point Pueblo, dessen Dach von den Indianern abgetragen und anderswo wieder aufgebaut wurde, und den Sun Temple, ein großes Zeremonienhaus. Interessierte Besucher, die mehr über die Bauten und die Geschichte der Anasazi-Indianer erfahren wollen, schließen sich einer geführten Ranger-Tour über die Chapin- und Wetherill-Mesa an. Eine sehr gute Dia-Show über die Geschichte der Anasazi wird in der Far View Lodge an der Route 160 auf neun Leinwänden gezeigt.

Weitere Informationen: Mesa Verde National Park, Colorado 81330.

Mesilla

Die Überreste der mexikanischen Siedlung liegen südlich von Las Cruces. Die Plaza wurde restauriert und liegt im Schatten der Kirche von San Albino. Zahlreiche Restaurants und Andenkenläden locken viele

Ehemalige Poststation in Mesilla

Touristen an. Die alte Postkutschenstation, einer der wichtigsten Haltepunkte der Butterfield Stage Line, steht noch und wurde in ein Restaurant umgewandelt. Dort rasteten einst zahlreiche Westernhelden, unter anderem auch Billy the Kid.

Mexican Hat

Die kleine Stadt im südöstlichen Utah hat ihren Namen (»Mexikanischer Hut«) von einem originellen Felsen, der die Form eines Sombreros hat und über einem Abhang schwebt. Man kann mit dem Wagen bis an des Felsgebilde heranfahren.

Miami

Von der häßlichen Großstadt mit abstoßender Skyline und zahlreichen Problemen zur attraktiven Glitzerstadt mit zukunftsweisender Architektur und viel Charme und Flair: keine andere amerikanische Stadt hat im letzten Jahrzehnt eine so gravierende Entwicklung durchgemacht. Gestern noch eine Stadt, die man als Tourist schleunigst hinter sich ließ, um nach → Disneyworld oder auf die → Florida Keys zu kommen, heute ein beliebtes Urlaubsziel, das zahlreiche Möglichkeiten bietet, um sich zu erholen und zu amüsieren. Und eine aufstrebende Metropole, die sich anschickt, zur wirtschaftlich bedeutendsten Stadt der Vereinigten Staaten zu werden. Nicht schlecht für eine Stadt, die knappe hundert Jahre alt ist, auf einem trockengelegten Sumpf erbaut wurde und erst um die Jahrhundertwende erwachsen wurde. Julia Tuttle aus Cleveland, die 1891 nach Florida kam, machte den Vorschlag, das unbedeutende

Miami

Centrust Building in Miami

Fischerdorf in eine Stadt zu verwandeln. Sie überzeugte den Eisenbahn-Millionär Henry Flagler von der Bedeutung Miamis als Orangenlieferant. Sie hatte das Glück, daß die restliche Ernte des Jahres 1895 einer Kältewelle zum Opfer fiel, und dem Unternehmer gar nichts anderes übrig blieb, als nach Miami zu gehen. Er verlängerte seine berühmte Eisenbahnlinie, und das Dorf wuchs innerhalb weniger Wochen zu einer Stadt heran. Am Ufer der Bucht entstanden luxuriöse Häuser wie die Villa Vizcaya (3251 South Miami Avenue), ein im Stil der italienischen Renaissance gehaltener Prachtbau mit einem weitläufigen Garten und wertvollen Antiquitäten, der heute auch für Touristen offensteht. Die wohlhabenden Geschäftsleute schätzten Miami als neues Wirtschaftszentrum, in dem man sich auch erholen und den Alltag vergessen konnte.

Der erste große Touristenstrom traf nach dem Zweiten Weltkrieg ein, überall schossen Hotels aus dem Boden, und das Bauland ging weg wie warme Semmeln. Daran konnten auch der große Hurricane von 1926, der Flaglers Eisenbahnlinie zerstörte, und die Depression von 1929 nichts ändern. Probleme gab es erst in den sechziger Jahren, als der Zustrom kubanischer Flüchtlinge kein Ende nehmen wollte und zu großen Spannungen führte. Es kam zu Unruhen, auch unter der schwarzen Bevölkerung in Overtown und Liberty City, und Miami bekam in den siebziger Jahren den zweifelhaften Ruf, ein zweites Chicago geworden zu sein.

Erst in den achtziger Jahren zog man die Notbremse. Mit der wachsenden Bedeutung der Stadt als amerikanische Metropole des Südamerika-Handels zogen immer mehr Banken nach Miami, und ein Team kreativer Architekten verwandelte die Stadt innerhalb kürzester Zeit in eine fantasievolle und zukunftsweisende City mit einer gelungenen Mischung aus High-Tech und karibischem Flair. Staunend stehen die Besucher vor der Villa Regina, dem »größten Gemälde der Welt«, dessen Farben bei längerem Hinsehen zu wandern scheinen; vor dem zylinderförmigen Centrust Building, das nachts hell bestrahlt wird und immer wieder mit anderen Farben überrascht; und vor dem

Atlantis, einem verglasten Wohnsilo, der wohl eigenwilligsten Konstruktion des neuen Miami. Inmitten der Wohnanlage klafft ein großes Loch, groß genug für einen Whirlpool, eine Wendeltreppe – und eine Palme, die wohl zu den meistfotografierten Bäumen der USA gehört. Eigenwillig auch das neue Metro Dade Cultural Center mit dem Center of Fine Arts und der größten Bibliothek des amerikanischen Südostens.

Miami marschiert mit Riesenschritten in die Zukunft. Früher als anderswo hat man erkannt, wie wichtig ein funktionierendes Nahverkehrssystem auch in den USA sein kann. Es wurde ausgebaut und soll den Autoverkehr in der Innenstadt irgendwann in nächster Zukunft überflüssig machen. Der Metromover, eine computergesteuerte Kabinenbahn, fährt über hochgelegte Schienen und verbindet die wichtigsten Zentren der Innenstadt miteinander. Von den offen angelegten Haltepunkten aus besteht eine direkte Verbindung zur Metrorail, einer schnellen Vorortbahn, die Miami mit den Außenbezirken verbindet.

Auch Touristen kommen in Miami auf ihre Kosten. Erstklassige Hotels, eine Vielzahl von Restaurants und Nachtclubs und zahlreiche Attraktionen machen Miami zu einem begehrten Ferienziel. Das Bayside Center in der Innenstadt lockt mit Shops, Boutiquen und kleinen Restaurants. Die Fairchild Tropical Gardens in Coral Gables (10901 Cutler Road) sind der größte Botanische Garten in Florida. Der Metrozoo (Coral Reef Drive und SW 124th Avenue) gehört zu den modernsten

Hoteleigene Jacht des Doral Ocean Resorts

Miami

der USA. In Monkey Jungle (14805 SW 216th Street) und im Parrot Jungle (11000 SW 57th Avenue) führen Tiere trickreiche Kunstücke vor. Und auf → Key Biscayne und in → Miami Beach locken weiße Strände.

Miami, die Stadt der Zukunft. Der lateinamerikanische Einfluß macht sie weltoffener als andere Metropolen, und Weiße, Kubaner und Schwarze haben sich hier arrangiert. Nach den schweren Rassenkrawallen im Sommer 1980 hat man sich zusammengesetzt und eine erträgliche, in vielen Fällen sogar produktive Form des Zusammenlebens gefunden. Miami, das Tor zur Zukunft. Richtungsweisend, aber durch seine Nähe zu den lateinamerikanischen Ländern auch anfälliger für Probleme. Noch immer hat die Stadt mit dem Drogenproblem zu kämpfen. Aus Peru und Kolumbien kommt Kokain nach Miami und treibt nicht nur die Schwarzen in Overtown, sondern auch angesehene Bürger in den Ruin. Die Polizei ist machtlos und bekommt das Problem kaum in den Griff. »Aber«, so ein Drogendealer, »ohne das Kokain wäre Miami immer noch ein unbedeutendes Fischerdorf.«

Als Tourist merkt man kaum etwas von diesen Problemen. Da zieht es einen nach Little Havanna, dem kubanischen Viertel an der Calle Ocho (SW 8th Street), in dem man sehr gut essen und den starken »cafe cubano« probieren kann. Oder ins vornehme Coral Gables, ein von Kanälen und Mangrovenhainen umgebenes Wohngebiet mit prächtigen Villen im mediterranen Stil. Oder nach Coconut Grove, dem Künstlerviertel an der malerischen Bucht im Süden der Stadt. Hier locken Straßencafes, Boutiquen, gute Restaurants und das vornehme Mayfair Shopping Center. Im Coconut Grove Playhouse wird Theater gespielt, und in der Villa Vizcaya findet jedes Jahr ein Shakespeare-Festival statt.

Am schönsten aber ist Miami auf den Brücken. Von dort aus schweift der Blick über das grüne Wasser der Bucht und die fantasievolle Skyline, und sogar nüchterne Zeitgenossen geraten ins Schwärmen. Miami hat was, und das nicht erst seit »Miami Vice«. The Big Orange ist wieder wer, und immer mehr Menschen werden vom Miami-Bazillus befallen, der einen immer wieder in die Stadt im südlichen Florida zurücktreibt.

Weitere Informationen: Greater Miami Convention & Visitors Bureau, 701 Brikkell Avenue, Suite 2700, Miami, FL 33131. Tel. (3 05) 5 39-30 67.

Hotels: Sheraton Brickell Point, 495 Brickell Avenue, Miami, FL 33129. Tel. (3 05) 3 73-60 00. Direkt an der Bucht und zentral gelegenes Hotel, idealer Ausgangspunkt für eine Stadtbesichtigung. Doppelzimmer im Winter ungefähr 100, im Sommer ca. 60 Dollar.

Hotel Place St. Michel, 162 Alcazar Avenue, Coral Gables, FL 33134. Tel. (3 05) 4 44-16 66. Sehr gemütliches Hotel der mittleren Preisklasse im europäischen Stil.

Restaurants: Senor Frog's, 3008 Grand Avenue, Coconut Grove, FL 33133. Tel. (3 05) 4 48-09 90. Erstklassiger Mexikaner.

Soll erweitert werden: der Boardwalk in Miami Beach

Sunday's on the Bay, 4000 Crandon Boulevard, Key Biscayne, FL 33149. Tel. (3 05) 3 61-67 77. Wunderschön gelegenes Fischrestaurant (gute Austern und Muscheln) mit Blick auf Jachthafen.
Shiroi Hana, 12460 NE 7th Avenue, North Miami, FL 33161. Tel. (3 05) 8 91-51 60. Eine der besten Sushi-Bars der USA.

Miami Beach

Der ehemals so mondäne Badeort wurde von dem Millionär Carl Fisher vor knapp achtzig Jahren buchstäblich aus den Mangrovensümpfen gestampft. Er legte die Sümpfe trocken und gewann Investoren, die an eine Zukunft der Stadt als Urlaubsziel glaubten. Die Rechnung ging auf, und Miami Beach hatte besonders in den dreißiger Jahren den Ruf eines luxuriösen und sündhaft teuren Badeortes. Die kunstvoll verzierten und in allen Pastelltönen schimmernden Art-Deco-Gebäude aus dieser Zeit werden gerade wieder renoviert und gehören zu den herausragenden Sehenswürdigkeiten der Insel. In den vierziger und fünfziger Jahren ging der Ruf von Miami Beach als Domizil für Millionäre dahin, weil jetzt immer mehr Rentner nach Süden kamen und in den billigen Hotels der Innenstadt den Winter verbrachten. Die Millionäre, aber auch die Jugendlichen blieben aus und gingen statt dessen auf die → Florida Keys und nach → Fort Lauderdale.

Miami Beach verkam zu einem Getto für alte Leute, das immer mehr verschlampte und dem Untergang geweiht schien.

Erst in den letzten Jahren ging man daran, das ramponierte Image des Ferienortes wieder aufzupolieren.

Anschluß siehe eingeklinkte Karte unten!

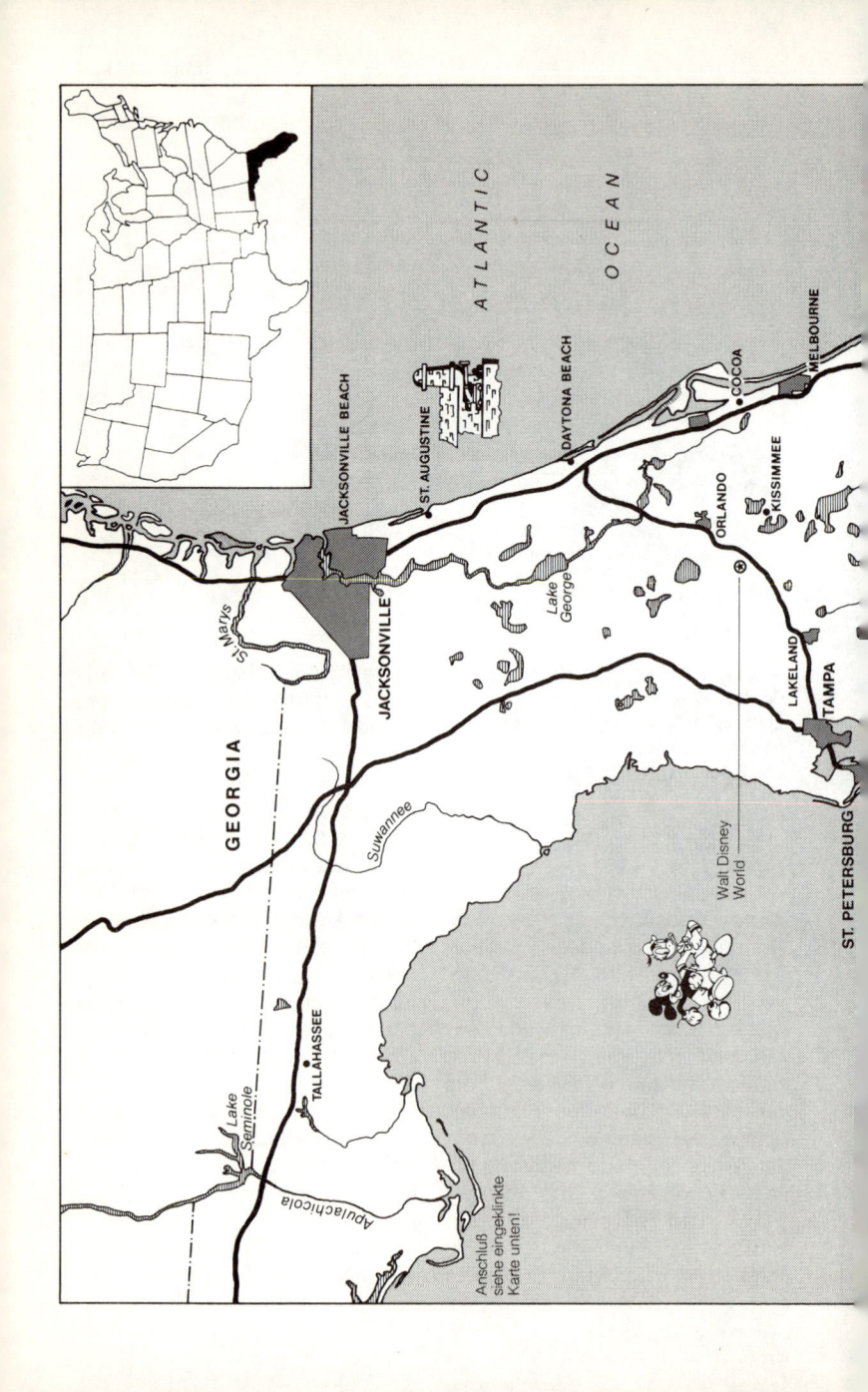

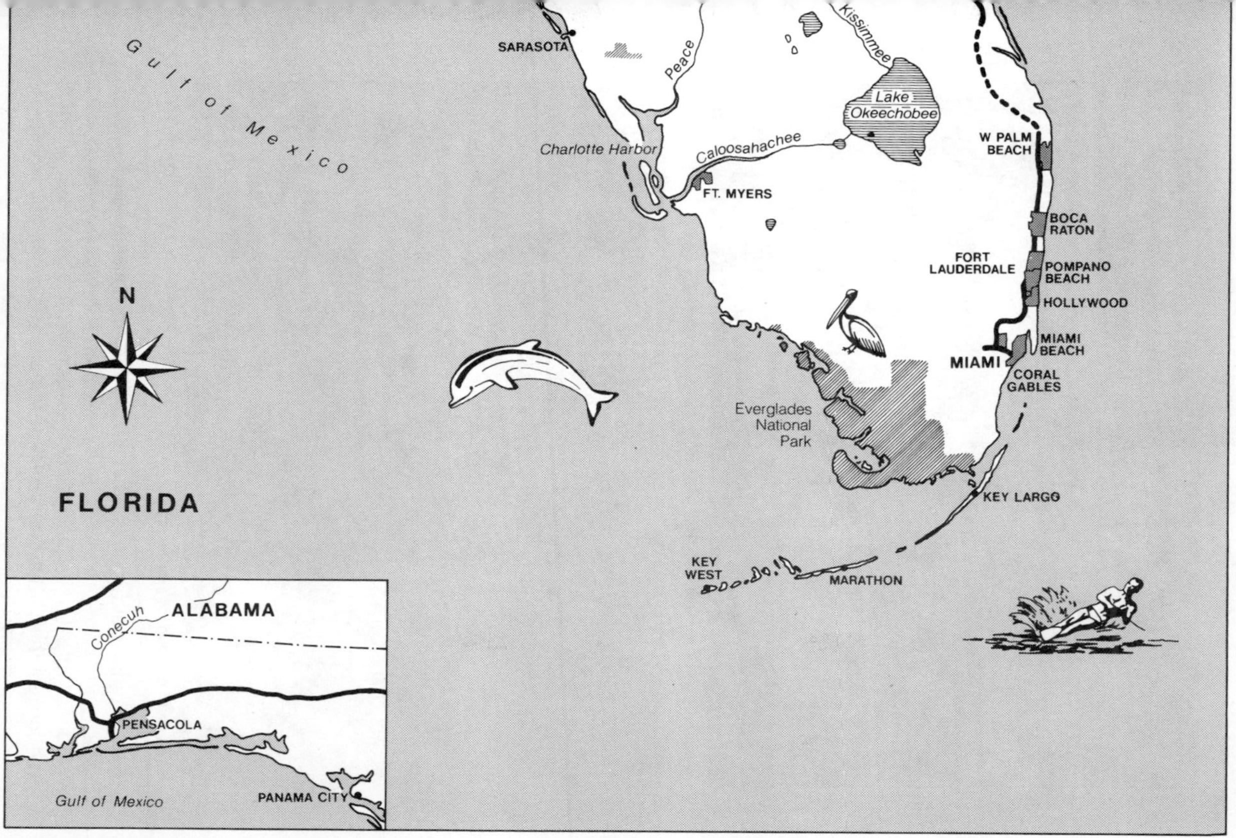
Gulf of Mexico
SARASOTA
Peace
Kissimmee
Lake Okeechobee
Charlotte Harbor
Caloosahachee
FT. MYERS
W PALM BEACH
BOCA RATON
FORT LAUDERDALE
POMPANO BEACH
HOLLYWOOD
MIAMI BEACH
MIAMI
CORAL GABLES
Everglades National Park
KEY LARGO
KEY WEST
MARATHON
N
FLORIDA
ALABAMA
Conecuh
PENSACOLA
Gulf of Mexico
PANAMA CITY

Miami Beach

Preiswert und gemütlich: die Art-Deco-Hotels in Miami Beach

Wieder im Kommen: Miami Beach

Die Strände wurden gesäubert, Hotels und Häuser renoviert, und von der 21. bis zur 46. Straße zieht sich jetzt ein hölzerner Boardwalk am Strand entlang. Neue Restaurants und Clubs schossen vor allem im Süden der Insel aus dem Boden, und die Krimiserie »Miami Vice« tat

Art Deco in Miami Beach

ein übriges, um vor allem die Jugend wieder auf die Insel zurückzuholen. Sie zog es hauptsächlich ins Art-Deco-Viertel mit seinen kleinen Hotels, Straßencafes und Jazzclubs.

Hotels: Doral Ocean Beach Resort, 4833 Collins Avenue, Miami Beach, FL 33140. Tel. (3 05) 5 32-36 00. Modernes Strandhotel, das sich auf europäische Gäste spezialisiert hat.

Carlyle Hotel, 1250 Ocean Drive, Miami Beach, FL 33139. Tel. (3 05) 5 34-21 35. Schönstes Hotel im Art-Deco-District. Preiswerte Herberge, allerdings nicht direkt am Strand gelegen.

Mietwagen

Öffentliche Verkehrsmittel sind rar in den USA, und man ist fast überall auf Mietwagen angewiesen. Sie sind verhältnismäßig preisgünstig und können bei Hertz, Avis und National an allen Flughäfen und in zahlreichen Stadtbüros gemietet werden. Die kleineren, aber auch billigeren Mietwagenfirmen liegen meist einige Kilometer vom Flughafen entfernt, und man kann von Glück sagen, wenn gleich jemand ans Telefon geht und einen Wagen schickt. Ein weiterer Nachteil vieler kleiner Firmen wie Alamo: man bekommt zwar preiswert einen Wagen, aber dann handelt es sich um einen Kleinwagen ohne Klimaanlage und ohne UKW-Radio, und auf beides will man besonders im einsamen und heißen Südwesten nicht verzichten. Ein schäbiger Trick von Alamo: der Tank ist bei der Abholung nur halbvoll, bei der Konkurrenz von Avis dagegen randvoll. Bei der Abgabe des Alamo-Wagens muß man aber eine ganze Tankfüllung bezahlen, egal wie voll der Tank gerade ist. Und dann kommen noch extrem lange Wartezeiten hinzu. Fazit: die sogenannten billigen Mietwagen kosten mindestens doppelt soviel wie angekündigt, und die Wege und Wartezeiten sind länger als bei der etablierten Konkurrenz.

Um einen Wagen in den USA zu mieten, muß man mindestens 21 Jahre alt sein. Es gibt zahlreiche Ausnahmen, nach oben und nach unten und von Staat zu Staat. Jeder unter 21 sollte also genaue Erkundigungen einziehen, bevor er sich in das Abenteuer Mietwagen stürzt. Manchmal genügt schon der Besitz einer firmeneigenen Kreditkarte (z. B. Avis Charge Card), um eine solche Bestimmung zu umgehen.

Mietwagen 142

Beim Mieten eines Wagens am Schalter der bekannten Firmen läuft eine Zeremonie ab, die ungefähr zehn Minuten dauert und mit der Aushändigung des Mietvertrags endet. Nehmen wir einmal an, der Tourist hat kein »voucher«, also keinen Gutschein, wie es üblich ist, wenn er seinen Wagen beim ADAC oder einer anderen europäischen Firma mietet – was nicht unbedingt billiger sein muß, da es in den USA viele preiswerte Specials gibt. Dann läuft diese Zeremonie ungefähr so ab:
1. *Was für einen Wagen wollen Sie haben?* Full Size? Compact? Subcompact? Groß? Mittel? Klein? Natürlich einen billigen, logisch, aber man sollte auch daran denken, daß man viel Zeit in dem Wagen verbringen wird, da sollte ein bißchen Bequemlichkeit schon sein. Sub-compact also nur, wenn man allein ist und den Wagen nur ein paar Tage braucht. Auf alle Fälle sollte man sich nach der Größe des Kofferraums erkundigen, der ist bei bestimmten Mittelklassewagen manchmal größer als bei Straßenkreuzern.
Hat der Wagen eine Klimaanlage? Ganz wichtig, wenn man im Hochsommer in Arizona oder New Mexico unterwegs ist, sonst schwitzt man wie weiland in der Postkutsche. Bei Schnee und Eis würde ich immer einen japanischen oder europäischen Wagen verlangen, die meisten Amerikaner rutschen schon bei Nieselregen weg. Cruise Control? (Das ist der kleine Knopf, mit dem man die Geschwindigkeit fest einstellen kann.) Empfiehlt sich bei langen Reisen, dann kann man den Fuß vom Gaspedal nehmen und ermüdet nicht so stark.
2. *Was kostet der Wagen?* Unbedingt nach Sonderangeboten oder einem günstigen Wochenpreis fragen, wenn die Mietwagen-Dame nicht von selber darauf zu sprechen kommt. Bei langen Reisen empfiehlt sich ein Pauschalpreis ohne Aufpreis für jede gefahrene Meile, bei kurzen Stadtaufenthalten kann ein niedriger Grundpreis und soundsoviel Cents für jede gefahrene Meile günstiger sein. Zusätzliche Tage und Stunden müssen natürlich extra bezahlt werden, auch dieser Preis wird vermerkt.
3. *Damage Collision? Personal Accident?* Die Frage nach der gewünschten Versicherung ist ganz wichtig, auch für Voucher-Besitzer, denn sie muß auf alle Fälle in den USA bezahlt werden. Die von deutschen Unternehmen und Vertretungen angebotene Teilkasko-Versicherung, die schon im Mietpreis enthalten ist, nützt nicht viel, wenn man wirklich einen Unfall hat. Nur die CDW (Collision Damage Waiver, im amerikanischen Mietwagen-Jargon schlicht Damage Collision) hilft einem dann, weil sie die sonst sehr hohe Selbstbeteiligung ausschließt. Verzichten kann man auf die Personal Accident Insurance, die bei den meisten ohnehin durch eine Unfallversicherung abgedeckt ist. Für die Damage Collision sollte man zehn Dollar pro Tag einplanen (wie gesagt, auch Gutschein-Besitzer), ein schöner Batzen Geld, wenn

man drei, vier Wochen unterwegs ist. Aber es lohnt sich.

4. *Führerschein? Kreditkarte?* Zwei Dokumente, die man immer dabei haben sollte, wenn man in den USA einen Wagen mietet, sonst geht gar nichts. Die Kreditkarte erübrigt sich nur, wenn man in der Heimat gebucht hat. Ohne Karte und Voucher kann es einem passieren, daß man gar keinen Wagen bekommt, zumindest in Kleinstädten. Los Angeles und New York und alle anderen großen Städte sind den Umgang mit Europäern gewohnt und verlangen in einem solchen Fall eine Vorauszahlung in bar. Unkomplizierter ist die Sache mit dem Führerschein, wenn ihn auch die meisten Leute (und Polizisten!) nicht lesen können. Ein internationaler Führerschein erleichtert vor allem den Umgang mit der Polizei, wenn man irgendwo gestoppt wird.

Wo gibt man den Wagen zurück? Möglichst dort, wo man ihn gemietet hat, sonst kommt eine oft sehr happige Drop-Off-Charge zum Mietpreis hinzu. Besonders hoch ist dieser Aufpreis, wenn man in einer großen Stadt wie Los Angeles mietet und den Wagen in einem Provinznest zurückgeben möchte.

Nachdem man den Mietvertrag und einen kostenlosen Stadtplan erhalten hat, geht man zum Wagen. Auf kleinen Flughäfen wie z. B. Tucson ist das gar kein Problem. Da gibt einem die Angestellte den Schlüssel gleich mit, und man marschiert einfach nach draußen und sucht den Wagen auf dem Parkplatz der jeweiligen Firma. Die Sektionen sind beschildert, die einzelnen Stellplätze numeriert. Auf großen Flughäfen wie Los Angeles steigt man mitsamt seinem Gepäck in einen deutlich gekennzeichneten Bus der Mietwagenfirma, der einen direkt vor dem Mietwagen absetzt. Der Schlüssel steckt, und ab geht es.

Unfälle kommen bei der langsamen Fahrweise der Amerikaner nur selten vor, wenn es aber doch mal kracht, sofort die Mietwagenfirma anrufen. Dafür haben fast alle Mietwagenfirmen eine Notrufnummer, über die man zu jeder Tages- und Nachtzeit einen Angestellten erreichen kann. Auch bei einer Panne, wenn der Wagen liegenbleibt. In einem solchen Fall: hoch mit der Kühlerhaube (ein Muß bei jeder Panne in den USA) und ans nächste Telefon, dann wird so schnell wie möglich ein Ersatzwagen gebracht, ohne Aufpreis natürlich. Ein echter Service.

Die Rückgabe des Wagens gestaltet sich problemlos und dauert nur wenige Minuten. Am Flughafen den Schildern »Rental Car Return« folgen, den Wagen bei der Mietfirma abstellen, den Tachostand und die Tankmenge notieren, den Schlüssel steckenlassen und den Mietvertrag mit den eingetragenen Angaben am Schalter abgeben. Dann rattert der Vertrag nur noch durch den Computer, und die Sache ist erledigt. Und bezahlt wird, wenn man seine Kreditkarte präsentiert hat. Rein in den Mietwagenbus, der einen zum gewünschten Terminal der Fluglinie bringt.

Mission San Antonio de Padua

Die schönste und größte Missionskirche der Franziskaner liegt abseits der Touristenpfade und erinnert an das Leben im letzten Jahrhundert. Sie wurde 1948 komplett restauriert.

Mission San Luis Rey

Die Missionskirche im südlichen Kalifornien wurde 1789 auf einem Hügel errichtet. Sie war die größte Indianermission der USA und gehörte zu den schönsten Kirchen am Mission Trail. Auf dem Missionsgelände steht Kaliforniens erster Pfefferbaum, der 1830 aus Peru in die Vereinigten Staaten gebracht wurde.

Mission Trail

Pater Jumpero Serra und viele andere Mönche folgten den spanischen Eroberern ins südliche Kalifornien, um den dort lebenden Indianern den katholischen Glauben aufzuzwingen. Serra errichtete einundzwanzig Missionskirchen, die alle nur einen Tagesmarsch voneinander entfernt waren, um diesen Plan in die Tat umzusetzen. Als erste Missionskirche entstand im Jahre 1769 San Diego de Alcala, es folgten San Carlos (1770), San Luis Obispo (1772) und San Francisco (1776). Der Camino Real verband die Missionen miteinander und kann heute mit dem Auto angefahren werden. Übersichtskarten bekommt man in jeder Missionskirche. Zu den sehenswertesten Missionen gehören Santa Barbara, San Luis Rey de Franca in der Nähe von Oceanside, San Carlos de Borromeo in → Carmel und die Mission San Juan Capistrano.

Moab

Ehemaliger Schlupfwinkel von Butch Cassidy und seinen Banditen, heute ein geschäftiges Städtchen am Rande der Arches und Canyonlands Nationalparks. Idealer Ausgangspunkt für Wanderungen, Jeeptours und Reitausflüge, die man alle in Moab buchen kann.

Mono Lake

Der Wasserspiegel des riesigen Salzsees auf der Ostseite der Sierra Nevada ist während der letzten Jahre um mehrere Meter gesunken, und hat die Brutstätten der kalifornischen Möwen freigelegt, die seitdem vom Aussterben bedroht sind. Die Gegend um den See ist geologisch sehr interessant und zum Wandern geeignet. Ein Besucherzentrum mit Information liegt in Lee Vining auf der Westseite des Sees.

Monterey

John Steinbeck machte das kalifornische Fischerdorf mit seinem Roman »Cannery Row« (»Die Straße der Ölsardinen«) unsterblich. Viele Touristen reisen nur nach Monterey, um diese Straße zu sehen, die früher Ocean View Avenue hieß und erst lange nach Erscheinen des Buches umgenannt wurde.

Heute erinnert kaum noch etwas an den hektischen Betrieb, den der Dichter in seinem Buch schildert. Eine laute Sirene kündigte damals

Die Küste bei Monterey

das Kommen der Fischerboote an, dann strömten die Arbeiter zum Hafen, schleppten die Sardinen zu den Fabriken, zerschnitten, säuberten und verpackten sie. Nach dem Zweiten Weltkrieg verschwanden die Sardinen aus der Bucht, und in Monterey setzte man nun voll auf den Tourismus. Die alten Lagerhallen machten Andenkenläden und Boutiquen Platz, und in den Schaufenstern lag das Buch von der »Cannery Row«. Nur wenige Gebäude erinnern heute noch an den Roman, das alte Holzhaus etwa, in dem Edward F. Ricketts arbeitete, der »Doc« aus dem Roman, und in dem Steinbeck das Buch schrieb.
John Steinbeck hatte für den Touristenbetrieb nur ein müdes Lächeln übrig. Inzwischen ist es dort eher noch schlimmer geworden, und das Treiben auf den Piers läßt sich nur noch mit dem Getümmel am Fisherman's Wharf in San Francisco vergleichen. Aber die Seelöwen, die ihre Köpfe vorwitzig aus dem Meerwasser strecken, die Pelikane und der frische Fisch, die können sich sehen lassen. Massenbetrieb herrscht im Sommer auch auf dem → Seventeen Mile Drive, der Vorzeigestraße der Monterey-Halbinsel.

Monument Valley
Das schönste Tal der Erde, das achte Weltwunder, eine Zauberwelt aus rotem Fels – das Tal der Superlative am Highway 163 zwischen Utah und Arizona. Seit vielen tausend Jahren hat sich hier nichts verändert. Die felsigen Kolosse und steinernen Nadeln ragen als eindrucksvolle Monumente in den Himmel, ihre Größe wirkt erdrückend und verzaubernd zugleich.

Monument Valley

Monument Valley

Ein heiliger Platz für die Navahos, die es »Land des schlafenden Regenbogens« nennen, und eines der schönsten Naturwunder der USA, für viele Touristen noch eindrucksvoller als der Grand Canyon. Im Monument Valley gibt es keine asphaltierten Straßen und kaum organisierten Touristenbetrieb. Die Navahos wachen eifersüchtig über ihr Tal und achten darauf, daß die Zivilisation nicht in diesen schönen Teil der Erde vordringt. Die Erde ist unsere Mutter, sagen sie, die lassen wir uns nicht nehmen. Auf eigene Faust darf man nur über einen 22 Kilometer langen Rundkurs in das Tal und weiter nur mit einer von Indianern geführten Jeeptour. Der geführte Ausflug schließt einen Besuch bei der alten Indianerin Suzy mit ein, die seit vielen Jahren nur noch für Touristen webt und einen Teil des Geldes in die Stammeskasse abführt. Das tun auch die beiden Schmuckverkäuferinnen am Ford's

Im Geländewagen durch das Monument Valley

Monument Valley

»The Big W« im Monument Valley

Indianer im Monument Valley

Point und der Indianerjunge, der seit Jahren immer dann auf den malerischen Felsvorsprung reitet, wenn die Touristen mit den Fotoapparaten nahen. Also doch Kommerz, aber nur in sehr begrenzter Form und allein zum Wohle des Stammes.

Monument Valley

Indianerjunge im Monument Valley

Die Felsen im Monument Valley haben fantasievolle Namen wie »Linker Handschuh« und »Rechter Handschuh«, eine schlanke Felsnadel heißt natürlich »Totem Pole« und die drei nebeneinander stehenden Felssäulen, die »Three Sisters« (»Drei Schwestern«) genannt wurden, bekamen den Namen »Big W« für John Wayne, weil sie gegen den Himmel betrachtet auch wie ein großes »W« aussehen, und weil Big John vor diesem »W« zahlreiche Westernfilme und einen Werbespot für die Great Western Bank drehte.

Bekannt wurde das Monument Valley vor allem durch die Westernfilme des Regisseurs John Ford, der so bekannte Filme wie »Bis zum letzten Mann«, »Der Teufelshauptmann«, »Der schwarze Falke«, »Stagecoach« und »Cheyenne« in dem Tal drehte. Er beschäftigte auch die Navahos, die als Sioux oder Cheyennes oder Apachen auftraten und regelmäßig von John Wayne »abgeschossen« wurden. Bilder aus dieser Zeit hängen noch in Harry Gouldings Trading Post an der Zufahrtsstraße zum Tal, wo auch die Jeep-Touren beginnen. Harry Goulding kam sehr gut mit den Navahos aus, und ihm war als einzigem erlaubt worden, ein Motel und einen Handelsposten an der Straße zu errichten. Das nächste größere Hotel ist der Holiday Inn im dreißig Meilen entfernten Kayenta. Jeeptouren und Zimmer in Goulding's Trading Post kann man bestellen bei Goulding's Trading Post, Box 1, Monument Valley, UT 84536. Tel. (8 01) 7 27-32 31. Dort in der Nähe liegt auch ein sehr schöner KOA Campground.

Montezuma Castle National Monument

Besonders gut erhaltene Felswohnungen der Anasazi-Indianer mit zwanzig Räumen aus dem 12. und 13. Jahrhundert, die nicht zugänglich sind, aber von unten eingesehen werden können.

Das National Monument liegt direkt am Interstate 17 zwischen Phoenix und Flagstaff.

Weitere Informationen: Montezuma Castle National Monument, Box 68, Clarkdale, AZ 86324.

Motels → Hotels, Motels

Motorboote

Motorboote können überall an der Küste Floridas, am Meer und an den großen Stauseen gemietet werden. Man benötigt keinen Führerschein. Die Bootshäfen heißen »marinas« und verfügen meist über einen Laden, eine Werkstatt und Zapfsäulen für die Boote. Beim Bootsverleih gibt es alle erdenklichen Arten von Booten. In dem Laden kann man Ausrüstung und Ersatzteile sowie Angelzeug und Köder kaufen.

Mount Rushmore National Memorial

Der knapp 1910 Meter hohe Granitberg liegt zwanzig Meilen südlich von Rapid City in South Dakota und wurde vor allem wegen der vier riesigen Präsidentenköpfe bekannt, die der Bildhauer Gutzon Borglum zwischen 1927 und 1941 aus dem Gestein meißelte. Im Morgenlicht kann man die achtzehn Meter großen Köpfe von George Washington, Thomas Jefferson, Abraham Lincoln und Theodore Roosevelt am besten sehen. Abends werden sie beleuchtet.

Weitere Informationen: Mount Rushmore National Memorial, Keystone, SD 57751.

Mount Shasta

Über 4700 Meter ragt dieser Vulkan in den Himmel Nordkaliforniens. Die schneebedeckte Kuppe ist das Wahrzeichen der Stadt → Redding. In den umliegenden Orten werden Lama-Expeditionen auf den Berg organisiert.

Muir Woods

Ein sehr schöner, im Sommer aber hoffnungslos überlaufener Naturschutzpark außerhalb von San Francisco, in dem man die gigantischen Redwood-Bäume bestaunen kann. Seit einiger Zeit dürfen nur noch kleine Busse über die kurvenreiche Straße zum Park hochfahren, bei geführten Touren also bitte erkundigen.

Nacktbaden

Was für europäische Frauen und Mädchen sogar in Freibädern als selbstverständlich gilt, das Baden »oben ohne«, wird in Amerika als unanständig, zumindest aber kurios angesehen. Ein Sprecher der Beach Patrol in Miami Beach: »Wir unternehmen nichts, solange sich andere Badegäste nicht gestört fühlen.« Aus Rücksicht gegenüber den (immer noch puritanischen) Amerikanern sollte man aber an öffentlichen Stränden auf Nacktbaden und sogar auf besonders knappe Badeanzüge verzichten.
Es gibt nur einige wenige FKK-Gebiete in Amerika, wie zum Beispiel in Austin, Texas.

Napa Valley

Das wellige Hügelland nördlich von → San Francisco wurde bereits Ende des vergangenen Jahrhunderts zum Zentrum des kalifornischen Weinanbaus. Europäische Siedler hatten die ersten Rebstöcke im Napa Valley gepflanzt. Heute gibt es über fünfhundert Weingüter in Nordkalifornien, und der Wein wird sogar in Europa als ernsthafte Konkurrenz betrachtet. Die Fahrt von San Francisco nach Napa dauert ungefähr eine Stunde und führt über den Interstate 80 und den Highway 29 nach Norden. Die meisten Weingüter kann man besichtigen.

Weitere Informationen: The Napa Chamber of Commerce, 1900 Jefferson Street, Napa, CA. Tel. (7 07) 2 26-74 55.

Weingut im Napa Valley

Nashville

Die Hauptstadt der Country Music liegt in Tennesee und beherbergt alle wichtigen Plattenfirmen, Aufnahmestudios, Musikverlage und sonstige Firmen des Country Music Business. Für die Fans findet Anfang Juni die Fan Fair statt, bei der fast alle Country-Stars auftreten und Autogramme schreiben. Unterhalb der Music Row, der 16th und 17th Avenue, wo das Business zu Hause ist, floriert das Touristengeschäft mit Kitsch- und Andenkenläden.

Zu empfehlen sind lediglich die Country Music Hall of Fame, die einen erstklassigen Überblick über die Geschichte der Country Music bietet, und ein Besuch des Ryman Auditorium abseits des Broadway, wo früher die »Grand Ole Opry« untergebracht war, eine bekannte wöchentliche Radioshow.

Seit einigen Jahren findet sie in einem modernen Gebäude außerhalb der Innenstadt statt, es empfiehlt sich, die Karten im voraus zu bestellen: (615) 8 89-30 60. Neben der neuen Opry erstreckt sich Opryland, ein Vergnügungspark, in dem es natürlich auch um Musik geht.

Nashville rühmt sich einer besonders schönen Umgebung, die zu Tagesausflügen einlädt, unter anderem nach Lynchburg, wo der bekannte Jack Daniels Whiskey gebrannt wird.

Weitere Informationen: Nashville Chamber of Commerce, 161 Fourth Avenue North, Nashville, TN 37219. Tel. (615) 2 59-39 00.

Rangerin im Yosemite Park

National Forests

Nationale Waldschutzgebiete, die sich besonders gut zum Spazierengehen und Wandern eignen. Genaue Karten halten die Rangers für Sie bereit.

Nationalparks

Nationalparks gibt es seit 1872. Damals wurde der Yellowstone National Park gegründet und damit die Idee geboren, landschaftlich, archäologisch und geologisch besonders interessante Gebiete in den USA unter Naturschutz zu stellen. Der Öffentlichkeit sollte die Möglichkeit geboten werden, die Natur in ihrem Urzustand zu bestaunen. Heute gibt es über vierzig Nationalparks, die dem National Park Service in Washington unterstehen und von Park Rangers beaufsichtigt werden. Zu den bekanntesten (und überlaufensten) Parks gehören der → Grand Canyon, → Yellowstone und → Yosemite.

Der Besuch eines Nationalparks

muß gut geplant sein, sofern man nicht mit einer Gruppe unterwegs ist, und die Reisegesellschaft schon alle Reservierungen vorgenommen hat. Besonders in den Sommerferien sind Parks wie der Grand Canyon, Yellowstone und Yosemite hoffnungslos überlaufen, und man muß Hotels, Campingplätze, Touren und sogar den Tisch fürs Abendessen im voraus buchen. Reservierungen für Campgrounds kann man zentral über Ticketron, Box 2715, San Francisco, CA 94126 vornehmen. Noch besser ist es allerdings, sofern das möglich ist, außerhalb der »Stoßzeiten« in die Nationalparks zu fahren.

Bei der Einfahrt in den Nationalpark ist eine geringe und einmalige Gebühr zu entrichten, die von der Anzahl und der Größe des Fahrzeugs abhängt. Für Urlauber, die sehr viele Parks besuchen wollen, empfiehlt sich ein »Golden Eagle Passport«, der für 25 Dollar in jedem Nationalpark erstanden werden kann und ein Jahr lang gilt. Am Grand Canyon und auch in vielen anderen Parks ist es ratsam, den Wagen nach der Ankunft stehenzulassen und die häufig verkehrenden Shuttle-Busse und -Bahnen zu benutzen. Sie sind kostenlos und halten an allen wichtigen Aussichtspunkten.

Vor Wanderungen und anderen Trips ins Hinterland der Nationalparks muß man sich bei einem Ranger abmelden, das gilt auch für Übernachtungen im Zelt, damit man im Notfall leichter gefunden weden kann. Immer daran denken, daß man sich in der Wildnis befindet, und daß dort auch Gefahren lauern. Schon ein verstauchter Knöchel kann einen in Schwierigkeiten bringen. Decken Sie sich mit genauen Karten ein, die man im Visitor Center bei den Rangers bekommt. Und nicht vergessen: die Natur so zurücklassen, wie man sie vorgefunden hat.

Wichtig, wenn möglich: viel Zeit nehmen für die Erkundung eines Nationalparks, dann sieht und erlebt man mehr und intensiver. Das gilt besonders für den riesigen Yosemite Park in Kalifornien.

Weitere Informationen: National Park Service, Office of Public Information, Department of Interior, Washington, D.C. 20240. Alle Nationalparks in Kalifornien, Arizona, New Mexico, Utah, Colorado, Florida und die wichtigsten anderen Parks sind unter ihren Namen in diesem Handbuch aufgelistet.

Natural Bridges

Drei Felsbrücken am Highway 95 im südöstlichen Utah: die Sipapu Bridge, die Kachina Bridge und die über fünfzig Meter lange Owachomo Bridge. Zu den Brücken führen schmale Wanderwege, im Besucherzentrum erfährt man Interessantes über die geologische Geschichte des Gebietes.

Weitere Informationen: Natural Bridges National Monument, Box 1, Lake Powell, UT 84533. Tel. (8 01) 2 59-51 74.

Navajo National Monument

Ungefähr fünfzig Kilometer westlich von Kayenta gelegene Felswohnungen der Anasazi-Indianer. Ein Hogan und eine kleine Ausstellung informieren über die Navahos, auf deren Reservation dieses Monument liegt.

Weitere Informationen: Navajo National Monument, Tonalea, AZ 86044.

Navaho-Reservation

Die Navajos sind mit zweihunderttausend Angehörigen der zahlenmäßig stärkste und auch politsch am besten organisierte Indianerstamm der USA. Die Regierung hat ihren Sitz in Window Rock, der Hauptstadt der Reservation, die fast ein Sechstel des Staates Arizona einnimmt. Westlich von Window Rock liegt Hubbell's Trading Post, in dem man schon seit 1876 Wandteppiche und Schmuck kaufen kann. In der Reservation gibt es nur wenige Asphaltstraßen, und man sollte vor allem bei Unwettern riskante Abkürzungen oder Umwege vermeiden. Am Straßenrand bieten Navaho-Frauen Türkisschmuck und Souvernirs an. Die Höflichkeit verbietet es, Indianer zu fotografieren, zumindest sollte man vorher fragen. Hotels sind Mangelware auf Reservationsgebiet, lediglich der Holiday Inn in Kayenta bietet sich als Unterkunft an. Alkohol ist in der Reservation streng verboten, auch im Hotel.

New Orleans

Die europäischste Stadt in Amerika wurde von den Franzosen gegründet, als Lousiana noch dem französischen König gehörte. Aus Nouvelle Orléans wurde New Orleans und aus der ehemaligen Handelsstadt eine bedeutende Metropole. Den französischen und deutschen Siedlern folgten Arkadier aus Kanada, die heutigen Cajuns, und nach 1762, als das Louisiana-Territorium in spanische Hände fiel, vermischten sich die französische und spanische Kultur zur Kreolenkultur, die auch heute noch das gesellschaftliche Leben in der Stadt am Mississippi bestimmt. 1800 fiel das Territorium an Frankreich zurück, und drei Jahre später sah sich Napoleon gezwungen, es an die Amerikaner zu verkaufen. Die Einwohner von New Orleans protestierten heftig gegen die puritanischen Banausen, aber auch die Amerikaner wollten nichts mit den leichtlebigen Kreolen zu tun haben und bauten jenseits des Kanals ihre eigene Stadt. Die Canal Street markiert noch heute die Grenze zwischen dem bürgerlichen Garden District der Amerikaner und dem fröhlichen French Quarter. Zu Feindseligkeiten kam es allerdings nicht, im Gegenteil, man erwehrte sich zusammen der feindlichen Engländer, und man kann noch heute das Schlachtfeld der legendären Battle of New Orleans besichtigen, während der im Jahre 1814 die verhaßten Rotröcke in die Flucht geschlagen wurden. New Orleans blieb amerikanisch und wuchs zu einem bedeutenden Handelszentrum heran. Sichtbares Symbol des neuen Wohlstandes waren die vielen Schaufelraddampfer im Hafen, von denen heute nur noch zwei Aussichtsdampfer übrig sind.

Das French Quarter, heute der Mittelpunkt des Touristentrubels, ist eigentlich ein französisch-spanisches Viertel. Vor hundert Jahren trafen sich heißblütige Piraten in den Gassen, zelebrierte die legendäre Marie Leveau den Voodoo-Kult in den nahen Sümpfen, führten spanische Dons ihre Senoritas zum Tanz, legten riesige Mississippi-Dampfer am Kai an, fochten stolze Gentlemen ihre Streitigkeiten im Duell aus, feierten Aristrokraten in derselben Straße wie vom Gesetz gesuchte Flußpiraten, und aus den Bayous klang die Musik der Cajuns herüber.

Einen Streifzug durch das French Quarter oder Vieux Carré, wie es französisch heißt, beginnt man am besten auf dem Jackson Square, der früher als Paradeplatz diente, bei den Franzosen Place d'Armes und bei den Spaniern Plaza de Armas hieß und 1856 zu Ehren von Andrew Jackson, dem Helden der Battle of New Orleans, umbenannt wurde. Das Wahrzeichen des Platzes ist die St. Louis Cathedral, die 1724 von den Franzosen erbaut wurde und nach König Louis XIV. benannt wurde.

Vor der Kirche wurde jahrhundertelang Geschichte geschrieben, heute tummeln sich dort Besucher aus aller Welt und bestaunen Straßenkünstler und Porträtmaler. Auf der anderen Seite des Platzes, am Ufer des Mississippi, locken das Café du Monde mit frischen »beignets« und »cafe au lait« und die umgebaute Jackson Brewery mit einem modernen Boutiquenzentrum.

Neben der Kirche findet man die sagenumwobene Pirate Alley, die zur Royal Street führt, einer der Hauptstraßen des French Quarter mit Kneipen, Restaurants und zahlreichen Läden. In der Bourbon

French Quarter in New Orleans

Mississippi-Dampfer in New Orleans

Street geht es vor allem nachts turbulent zu, dort findet man die besten Restaurants, Kneipen und vor allem Jazzlokale, denn was wäre New Orleans ohne den Jazz. In Storyville, in der heute eher ruhigen Basin Street, soll er zum ersten Mal gespielt worden sein. Der Stadtteil war 1897 zum Rotlichtbezirk erklärt worden. Dort gab es besonders viele Schwarze, die Blues und Ragtime und Dixieland spielten. Den besten Jazz hört man auch heute noch in der Preservation Hall, aber auch in den anderen Kneipen und auf den Straßen des French Quarter wird hervorragende Musik gemacht.

New Orleans ist »Cajun Country«, die neue Heimat der französischen Siedler aus Kanada, die in den Sümpfen und Bayous der Mississippi-Mündung eine neue Heimat fanden. Sie kreierten eine neue Musik, die vor allem mit Fiddle und Akkordeon gespielt wird, eine sehr fröhliche Tanzmusik, und eine neue Küche, die sich mit der kreolischen zur einmaligen »Louisiana-Küche«, entwickelte. Besonders »Gumbo«, ein Eintopf aus Fleisch, Fisch, zahlreichen Gewürzen und viel Reis, und »Jambalaya«, ein Eintopf aus gelbem Reis, Wurst, Fisch, Gemüse und vielen Gewürzen, sollte man in New Orleans probieren.

In den Garden District der Amerikaner, das vornehme Viertel jenseits der Canal Street, kommt man mit der 150 Jahre alten olivgrünen Straßenbahn, die seit vielen Jahren unter Denkmalschutz steht. Die Fahrt führt an den bunten Villen und exotischen Gärten der St. Charles Avenue entlang. Auch Blanche aus »Endstation Sehnsucht« stieg in einen solchen Wagen, aber die »De-

Herrenhaus in New Orleans

sire«-Linie ist seit langem stillgelegt, und man kann den weltberühmten »Streetcar Named Desire« nur noch im Louisiana State Museum bestaunen.

Zum Tollhaus wird New Orleans während des Mardi Gras, des Louisiana-Karnevals am Fastnachtsdienstag, der nur noch vom Karneval in Rio übertroffen wird.

Weitere Informationen: Greater New Orleans Tourist & Convention Commission, 334 Royal Street, New Orleans, LA 70130, Tel. (5 04) 5 66-50 31

Hotels: The Royal Orleans Hotel, 300 Bourbon Street, New Orleans, LA 70116. Tel. (5 04) 5 86-03 00. Altes europäisches Hotel im Herzen des French Quarter. Gute Austernbar. Toller Pool.

The Royal Orleans, 621 St. Louis, New Orleans, LA 70116. Tel. (5 04) 5 29-53 33. Luxus-Hotel im Herzen des French Quarter. Eines der schönsten Hotels der Stadt.

Windsor Court Hotel, 300 Gravier Street, New Orleans, LA 70140-1035. Tel. (5 04) 5 23-60 00. In unmittelbarer Nähe des French Quarter gelegenes Luxus-Hotel. Von vielen Zimmern aus hat man eine herrliche Aussicht auf den Fluß.

Restaurants: Antoines's Restaurant, 725 St. Louis Street, New Orleans, LA 70116. Tel. (5 04) 5 81-44 22. Eines der ältesten und besten kreolischen Restaurants in New Orleans.

Bon Ton Cafe, 401 Magazine Street, New Orleans, LA 70140. Tel. (5 04) 5 24-33 86. Besonders von Einheimischen geschätztes Restaurant mit Louisiana-Küche.

Café du Monde, 813 Decatur Street, New Orleans, LA 70116. Tel. (5 04) 5 61-92 35. Direkt am Jackson Square gelegen. Heiße Beignets (Schmalzgebackenes) und hervorragender Kaffee.

Delmonico Restaurant, 1300 St. Charles Street, New Orleans, LA 70140. Tel. (5 04) 5 25-49 37. Gutes Familienrestaurant.

Leon's Vieux Carre Restaurant, 241

Bourbon Street, New Orleans, LA 70116. Tel. (5 04) 5 24-01 14. Gute Kreolen-Küche.

New York

»New York ist nicht Amerika«, sagen die Amerikaner, »New York ist ein eigener Erdteil.« Deshalb ist es auch unmöglich, diese Stadt auf ein paar Seiten zu beschreiben. New York ist viel zu groß, erschlägt den Besucher mit Eindrücken und Sehenswürdigkeiten. New York ist Manhattan, Brooklyn, Queens, Bronx und Staten Island. New York, das sind die Freiheitsstatue, das Empire State Building, das World Trade Center und die Brooklyn Bridge. New York, das sind Weiße und Schwarze, aber auch Chinesen, Italiener und Iren. New York, das sind der Broadway und die Fifth Avenue und die Slums in Harlem und Brooklyn. New York, New York, ein Kontinent mit vielen Welten und eine Metropole, die man auch in vielen Jahren nicht erfassen kann.

Der Tourist versucht es in wenigen Tagen und konzentriert sich meist auf Manhattan, die Insel zwischen Hudson und East River mit ihren Wolkenkratzern und Sehenswürdigkeiten. Einen ersten Überblick verschafft man sich auf dem World Trade Center oder dem Empire State Building. Die Zwillingstürme des World Trade Center ragen 110 Stockwerke und 413 Meter in die Höhe. Die Aussichtsplattform auf dem südlichen Turm gestattet einen Blick über die ganze Stadt und bis weit nach New Jersey hinein. Im nördlichen Turm ist das »Windows on the World« untergebracht, ein teures, aber gutes Nobelrestaurant mit den schönsten Fensterplätzen der Ostküste.

Das Empire State Building hat acht Stockwerke weniger als das World Trade Center, wirkt mit seiner im Art-Deco-Stil gehaltener Eingangshalle aber auch interessanter. Es liegt mitten in der Stadt, und auf der Aussichtsplattform scheinen andere Wolkenkratzer wie das Chrysler- und das PanAm Building zum Greifen nahe. Im Souvenir-Shop wird King-Kong-Kitsch verkauft.

Manhattan hat acht Millionen Einwohner, ist aber sehr übersichtlich angelegt. Von Norden nach Süden verlaufen zwölf Avenues, breite Hauptverkehrsstraßen, die in westlicher Richtung durchnumeriert sind. Die Avenue of the Americans

Empire State Building

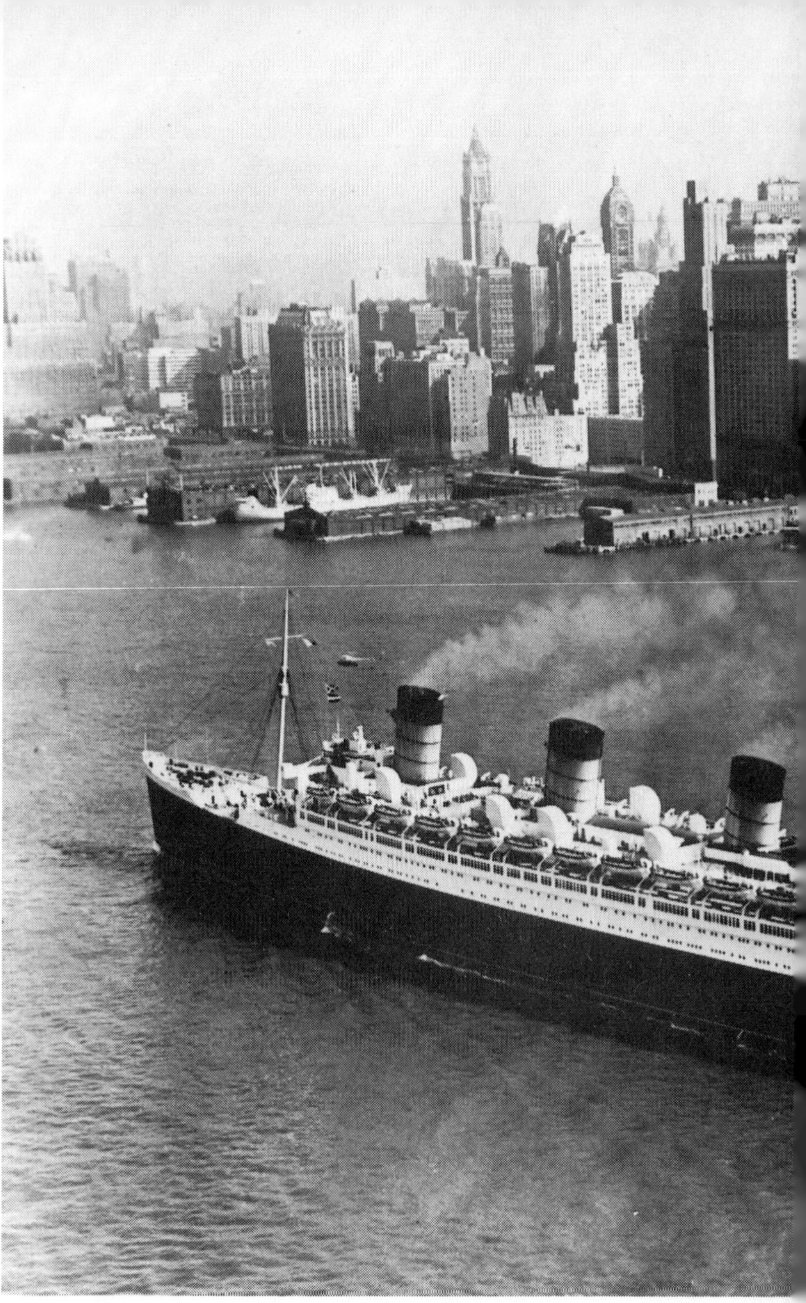

Das waren noch Zeiten: Ankunft in New York mit dem Oceanliner

New York

wird Sixth Avenue genannt, und zwischen der Third und Fifth Avenue liegen Lexington, Park und Madison Avenue. Die Fifth Avenue teilt Manhattan in einen westlichen und östlichen Teil. Von Westen nach Osten verlaufen die Streets, die westlich der Fifth Avenue z. B. West 42nd Street und östlich der Fifth Avenue z. B. East 42nd Street heißen. Die 42nd Street bildet die Querachse, teilt die Stadt in »uptown« und »downtown«. Nicht in dieses Muster passen lediglich der Broadway und die Straßen im Süden von Manhattan.

Auf einen Mietwagen kann man in Manhattan verzichten. Busse fahren meist eine Avenue oder Street entlang und halten an jeder Kreuzung, ausgenommen die Expreßbusse. Das U-Bahn-Netz ist vorbildlich, der Netzplan ist an jeder Station angeschlagen, und für einen »token« (Münze) kann man überall einsteigen und an jeder beliebigen Station wieder aussteigen. Taxis sind preiswerter als in den meisten deutschen Großstädten und fahren in wahren Pulks die Hauptstraßen hinauf und hinunter.

Zu den Sehenswürdigkeiten, die man auch während eines kurzen New-York-Besuches besuchen sollte, gehört das Gebäude der Vereinten Nationen. Das Hochhaus ist exterritoriales Gebiet, auf dem sogar eigene Briefmarken gelten. Alle offiziellen Sitzungen der im Oktober 1945 gegründeten UN sind öffentlich, und während einer einstündigen Führung kann man sich über Ausmaße und die Struktur des UN-Gebäudes einen Überblick verschaffen.

Die Freiheitsstatue ist ein Geschenk der Franzosen und wurde von dem Bildhauer Frédéric Auguste Bartholdi entworfen. Die Finanzierung gestaltete sich äußerst schwierig, weil besonders die Amerikaner nicht viel für die Idee übrig hatten. Erst als eine großangelegte Zeitungskampagne gestartet wurde, kam die Sache ins Rollen. Im Juni 1885 war es dann endlich soweit. Der Sockel stand, und die Statue wurde, in 214 Kisten verpackt, nach Amerika verschifft. Am 17. Juni traf die Fracht in New York ein, und am 28. Oktober 1886 weihte Präsident Cleveland das neue Wahrzeichen ein. Die »Statue of Liberty« wurde zu einem der bekanntesten Wahrzeichen der Welt und zu einer Hoffnungsträgerin für die vielen Tausend Einwanderer, die vor allem in den zwanziger Jahren auf Ellis Island eintrafen.

Eine Stadt in der Stadt ist das Rockefeller Center, ein riesiger Gebäudekomplex, der nur deshalb entstand, weil John D. Rockefeller eine Oper bauen wollte und wertvolles Land kaufte. Als die Fördergesellschaft der Oper in finanzielle Schwierigkeiten geriet, entschloß sich der Millionär, das Land anderweitig zu nutzen. 1928 ließ er 228 Gebäude niederreißen und 4000 Mieter umsiedeln und errichtete ein gewaltiges Einkaufs-, Geschäfts- und Vergnügungszentrum. Die Lower Plaza wird im Winter zum Treffpunkt für Eisläufer und Besucher aus aller Welt, die den großen

New York – abseits der Glitzermeilen

und buntgeschmückten Weihnachtsbaum bestaunen wollen.
Die Fifth Avenue ist die Prachtstraße von Manhattan, sie ist allerdings auch ein teures Pflaster. Alle europäischen Nobelmarken sind hier vertreten, aber auch Tiffany's mit seinem teuren Schmuck made in USA und der supermoderne Trump Tower, in dem die Mieten mit den Stockwerken zusammen ins Unermeßliche steigen. Hoch sind die Mieten auch in der 42nd Street, aber ansonsten ist dort das krasse Gegenteil geboten. An der Public Library, der öffentlichen Bücherei mit den Marmorlöwen, ist die Welt noch in Ordnung, aber zum Times Square hin wird das Terrain immer schlüpfriger und besonders nachts gefährlicher, und man sieht nur noch Pornoschuppen und Massagesalons. Da der Theaterdistrikt am Broadway in unmittelbarer Nachbarschaft des Times Square liegt, empfiehlt es sich, nach dem Besuch einer Vorstellung mit dem Taxi nach Hause zu fahren. Innerhalb der nächsten Jahre soll die Gegend saniert und gesäubert werden.
Als gefährlich gilt auch der Central Park im Norden der Stadt, aber nur nachts, denn tagsüber ist er ein lohnendes Ausflugsziel. Man kann dort herrlich ausspannen, joggen oder mit der Kutsche über die gewundenen Straßen fahren. Am Central Park wohnen Yoko Ono und viele andere Berühmtheiten, am südlichen Rand stehen altehrwürdige Hotels wie das Plaza und das Pierre. Die Preise in den Straßencafes sind erschwinglich.
Auch Harlem sollte man sich nur tagsüber anschauen und möglichst an einer der Führungen teilnehmen,

obwohl das schwarze Viertel von New York viel von seinem Schrecken verloren hat und heute nicht mehr und nicht weniger gefährlicher ist als jede andere Gegend in Manhattan. Voraussetzung für einen Besuch auf eigene Faust ist allerdings, daß man sich nicht auffällig kleidet, keine Wertsachen herumschleppt und den Menschen weder arrogant noch übertrieben höflich begegnet. Dann wird man von den Schwarzen vielleicht sogar zu einem Gottesdienst zugelassen. Harlem war nicht immer schwarz. Der Stadtteil wurde 1658 von dem Holländer Peter Stuyvesant gegründet und bezauberte zweihundert Jahre lang als ländliche Idylle, bis 1837 die Harlem River Railroad gebaut wurde und der Vorort zum Mekka für den Mittelstand wurde. Die Schwarzen kamen mit dem Bau der U-Bahn im Jahre 1910 und nach dem Zweiten Weltkrieg, als viele Farbige aus dem amerikanischen Süden und von den Westindischen Inseln in den Norden von Manhattan zogen.

Die Hauptverkehrsstraße von Harlem ist die 125th Street, dort liegen die meisten Firmen, Läden und Restaurants. Zahlreiche Betriebe sind noch immer in weißer Hand, aber man ist stolz darauf, mit den Theresa Towers ein Geschäftsgebäude zu haben, das ganz in schwarzer Hand ist. Über die Convent Avenue geht es hinauf zum Sugar Hill, der feinen Adresse in Harlem und der ehemaligen Heimat von Duke Ellington und anderen reichen Schwarzen. In Washington Heights steht ein malerisches Herrenhaus, das Marris Jumel Mansion. Im Valley leben die armen Schwarzen, die kaum eine Chance haben, jemals einen dieser Hügel zu erklimmen oder woanders ihr Glück zu machen.

In der Upper East Side, östlich vom Central Park, dominieren stimmungsvolle Backsteinbauten, locken Feinkostläden, Cafes und teure Restaurants. Eine typische Yuppie-Wohngegend für erfolgreiche Jungmanager. Die wohnen aber auch in Soho und in Chelsea, den angesagten Wohnvierteln der Riesenstadt. Soho steht für »South of Houston«, liegt also südlich der Houston Street zwischen Broadway, Sixth Avenue und Canal Street. Dort wohnen vor allem Maler, aber auch andere Künstler, die sich abends in gemütlichen Restaurants und kleinen Cafes erholen. Chelsea liegt beiderseits der 20th Street zwischen Eight und Ninth Avenue und zählt zu den schönsten Wohngegenden, wartet aber auch mit den höchsten Mieten auf.

Nicht mehr so populär, zumindest bei den Künstlern, ist Greenwich Village, das heute von Touristen nur so wimmelt und viel von seinem eigenständigen Charakter verloren hat. Nur wenige Kneipen, Restaurants und Läden erinnern noch an die zwanziger Jahre, als hier bekannte Maler und Bildhauer und später auch Schriftsteller arbeiteten, oder an die sechziger Jahre, als Greenwich Village eine Hochburg der Folksänger und Hippies war, als Bob Dylan und Joan Baez in

kleinen Kneipen sangen und gegen den Vietnamkrieg protestierten.
New York, ein Schmelztiegel, soweit es die deutschen Einwanderer betrifft, die sich angepaßt haben und kaum noch von den Amerikanern zu unterscheiden sind. Da sind die Iren, Griechen und Italiener, vor allem aber die Chinesen aus einem ganz anderen Holz geschnitzt. Sie haben sich ihre Eigenständigkeit bewahrt und leben in Little Italy oder Chinatown genauso wie in Palermo oder Peking. Da findet man noch die Gemüseläden, die schwatzenden Hausfrauen vor den Schaufenstern, da sieht man im chinesischen Viertel noch die Pagodendächer und die Spruchbänder mit den exotischen Schriftzeichen.

Kulturell interessierte Besucher finden in New York ein riesiges Angebot wie in kaum einer anderen Stadt. Die Theater locken nicht nur am Broadway, sondern auch in Chelsea oder im Village, und gute Musik hört man nicht nur in der Metropolitan Opera, wenn die Stars der ernsten Muse singen, oder im Madison Square Garden, wenn weltbekannte Rockgruppen auftreten, sondern auch in einer Jazz-, Folk- oder Country-Kneipe in Chelsea, SoHo oder in Greenwich Village. Entsprechende Übersichten findet man in der konservativen »New York Times« oder in der ausgeflippten »Village Voice«.

Kaum zu übersehen ist die große Anzahl und Vielfalt der Museen. Man bräuchte mehrere Wochen, um sich alle Ausstellungen anzuschauen, nicht nur die im Metropolitan Museum of Modern Art (Moderne Kunst), American Museum of Natural History (Erdgeschichte)

Delicatessen-Geschäft in New York

oder im Solomon Guggenheim Museum (Moderne Kunst). Es gibt sogar ein hervorragendes Museum für indianische Kultur, das Museum of the American Indian, und ein Museum für Design, das Cooper-Hewitt Museum.
New York, eine Weltstadt, die für jeden etwas bietet. Wolkenkratzer und Sehenswürdigkeiten, Trubel und Kultur, vornehme Restaurants und stimmungsvolle Kneipen, schicke Läden und interessante Galerien. Ein Stadtmoloch, der sich während eines kurzen Besuchs nur annähernd begreifen läßt, aber auch eine Stadt, die man unbedingt gesehen haben muß, wenn man ein Bild von Amerika und den Amerikanern bekommen will. Auch wenn New York ein Kontinent für sich ist. Aber hier hat vieles angefangen, hier haben sich die Einwanderer gegen alle Widrigkeiten durchgesetzt und damit begonnen, eine Nation aufzubauen.
Flughafen: Der John F. Kennedy Airport liegt fünfzehn Meilen oder eine Autostunde von Manhattan entfernt. Während des Berufsverkehrs kann die Fahrt aber bis zu drei Stunden dauern. Eine Taxifahrt von JFK nach Manhattan kostet ungefähr dreißig Dollar. Ein Rückfahrschein kostet dreizehn Dollar. Die Busse verkehren alle halbe Stunde zwischen sechs Uhr morgens und Mitternacht und fahren die Grand Central Station an der Ecke Park Avenue und 42nd Street zwischen Eighth und Ninth Avenue an. Man sollte immer bis zum Bus Terminal fahren, weil man dort besser ein Taxi zum Hotel erwischt. Auch vor der Grand Central Station warten Taxis, aber viele dieser Wagen sind nicht registriert, und die Fahrer betrügen gern.
JFK Express ist eine Bus-/U-Bahn-Verbindung zwischen dem Kennedy-Flughafen und Manhattan, allerdings nicht so sehr zu empfehlen, weil man seine Koffer vom Bus in den Zug und dann aus der U-Bahn-Station zum Taxi schleppen muß. Die Fahrt kostet sechs Dollar.
Nur acht Meilen von Manhattan entfernt liegt der LaGuardia Airport, der aber nur für Inlandflüge offensteht. Sechzehn Meilen von Manhattan entfernt in New Jersey liegt der Newark Airport. Die einfache Busfahrt von LaGuardia nach Manhatten (Carey Transportation tet sechs Dollar, von Newark nach Manhattan verkehren Busse der New Jersey Transit für vier Dollar.

Weitere Informationen: New York Convention & Visitors Bureau, 2 Columbus Circle, New York, NY 10019, Tel. (212) 3 97-82 00
Hotels: Milford Plaza, 270 West 45th Street, New York, NY 10036. Tel. (212) 8 69-36 00. Modernes Hotel, etwas abseits gelegen. Ein Doppelzimmer kostet zwischen 100 und 130 Dollar.
Ramada Inn of New York City, 48th Street at Eighth Avenue, New York, NY 10019. Tel. (212) 5 81-70 00. Sauberes Mittelklasse-Hotel. Ein Doppelzimmer kostet zwischen 100 und 120 Dollar.
Sheraton Centre, Seventh Avenue at 52nd Street, New York, NY 10019. Tel. (212) 5 81-1000. Elegantes und sehr modernes Hotel, vornehmlich für Geschäftsreisende. Separater Trakt in den Sheraton Towers. Sehr teuer.

Waldorf-Astoria, 301 Park Avenue at 50th Street, New York, NY 10022. Tel. (212) 3 55-30 00. Das legendäre LuxusHotel, in dem auch der amerikanische Präsident wohnt, wenn er in New York ist. Ein Doppelzimmer kostet zwischen 160 und 175 Dollar.

Restaurants: America, 21 East 9th Street. Tel. (212) 5 05-21 10. New Wave-Lokal mit viel Messing und Neon.

Bistro at Trump Tower, 725 Fifth Avenue zwischen 56th und 57th Street. Gute italienische Küche.

Bogie's Restaurant and Bar, 249 West 26th Street. Tel. (212) 9 24-79 35. Rick's Cafe aus dem Kultfilm »Casablanca« nachempfundenes Restaurant mit geheimnisvoller Atmosphäre.

Hee Seung Fung Tea House, 46 Bowery (Chinatown zwischen Canal und 3rd Avenue). Tel. (212) 3 74-13 19. Südchinesische Küche mit authentischen »dim sum«-Gerichten.

Inagiku, 111 East 49th Street neben dem Waldorf-Astoria. Tel. (212) 3 55-04 40. Bestes japanisches Restaurant, sehr teuer.

Joanna, 18 East 18th Street. Tel. (212) 6 75-79 00. Im Art-Nouveau-Stil eingerichtetes Lokal mit viel Mahagoni und Messing. Wunderschöne Bar. Guter Fisch, gutes Steak, guter Nachtisch.

Oh Ho So, 395 West Broadway, Tel. (212) 9 66-61 10. Klassische kantonesische Küche, die Pekingente gibt es ohne Vorbestellung, in SoHo gelegen.

Raga, 57 West 48th Street zwischen Fifth und Sixth Avenue. Bestes indisches Restaurant der Stadt, sehr scharfe Speisen.

Small's Paradise, 2294 Adam Clayton Powell Jr. Boulevard at 135th Street. Theater, Blues, Jazz und Tanz in Harlem.

Suttons, 403 West 145th Street zwischen St. Nicholas und Convent Avenues. Eines der besten Jazz- und Blues-Lokale. Geöffnet täglich außer montags und dienstags.

Sylvia's, 328 Lenox Avenue zwischen 126th und 127th Street. Vor einigen Jahren noch ein Geheimtip, inzwischen aber stadtbekannt. Preiswertes Familienrestaurant in Harlem mit deftiger Hausmannskost und »soul food«.

Windows on the World, One World Trade Center. Im 107. Stock gelegenes Feinschmecker-Restaurant, oft Monate im voraus ausgebucht. Gute Küche, noch bessere Aussicht.

Sehenswürdigkeiten: American Museum of Natural History, Fifth Avenue at 89th Street. Tel. (212) 8 73-42 25.

Cooper-Hewitt Museum, Fifth Avenue at 91th Street. Tel. (212) 8 60-68 68. Museum für Design. Täglich außer montags von 10–17 Uhr, dienstags bis 21 Uhr, sonntags von 12–17 Uhr geöffnet.

Dance Theatre of Harlem, 466 West 152nd Street zwischen Amsterdam und St. Nicholas Avenues. Das beste schwarze Tanztheater.

Empire State Building, Fifth Avenue und 34th Street. Tel. (212) 7 36-31 00. Täglich geöffnet von 9 Uhr 30 bis Mitternacht.

Lincoln Center for the Performing Arts, unter anderem mit der Metropolitan Opera, Broadway und 64th Street. Tel. (212) 8 77-18 00. Führungen täglich zwischen 10 und 17 Uhr.

Metropolitan Museum of Art, Fifth Avenue at 82th Street. Tel. (212) 5 35-77 10. Täglich außer montags von 9 Uhr 30 bis 17 Uhr 15, an Dienstagen bis 20 Uhr 45 geöffnet.

Museum of Modern Art, 11 West 53rd Street. Tel. (212) 7 08-94 80. Täglich außer mittwochs von 11 bis 18 Uhr, an Donnerstagen bis 21 Uhr geöffnet.

Museum of the American Indian, Broadway at 155th Street. Tel. (212) 2 83-24 20. Weltgrößte Indianersammlung. Täglich außer montags von 10 bis 17 Uhr, an Sonntagen von 13 bis 17 Uhr geöffnet.

Solomon R. Guggenheim Museum, Fifth

Niagara Falls: nicht nur für Hochzeitsreisende

Avenue at 89th Street. Tel. (2 12) 3 60-35 00. Täglich außer montags von 11 bis 17 Uhr, dienstags bis 20 Uhr geöffnet.

St. Nicholas Historical District, 137th bis 139th Street zwischen Adam Clayton Powell Jr. Boulevard und Frederick Douglas Boulevard. Restaurierte Reihenhäuser aus den neunziger Jahren des vorigen Jahrhunderts, in Harlem.

Statue of Liberty, Liberty Island. Tel. (2 12) 7 32-12 36. Büro der Fähre: Tel. (2 12) 2 69-57 55. Mit den Ausflugsbooten der Circle Line-Statue of Liberty Ferry täglich außer montags und dienstags zwischen 10 und 16 Uhr.

Suttons, 403 West 145th Street zwischen St. Nicholas und Convent Avenues. Eines der besten Jazz- und Blues-Lokale. Geöffnet täglich außer montags und dienstags.

The Cathedral Church of St. John the Divine, 1047 Amsterdam Avenue an der 112th Street. Die größte gotische Kirche der Welt. Der Bau wurde 1892 begonnen und bis heute nicht abgeschlossen.

United Nations, First Avenue zwischen 45th und 46th Street. Tel.: (2 12) 7 54-77 13. Führungen täglich zwischen 9 Uhr 15 und 16 Uhr 45.

Niagara Falls

Die riesigen Wasserfälle liegen auf kanadischem und amerikanischem

Gebiet. Die kanadischen Horseshoe Falls sind wesentlich größer und eindrucksvoller, aber auch die American Falls locken viele Besucher und immer noch Hochzeitspaare in die kleine Stadt Niagara Falls. Auf der US-Seite hat man vom Observation Tower im Prospect Park eine herrliche Aussicht, noch lohnenswerter ist eine Fahrt mit der »Maid of the Mist«, einem kleinen Ausflugsboot, das bis dicht an die Fälle heranfährt.

Weitere Informationen: Niagara Falls Convention & Visitors Bureau, 345 Third Street, Niagara Falls, NY 14302.

Nogales

Eine alte Bergwerkssiedlung an der südlichen Grenze von Arizona, auf der anderen Seite der Grenze breitet sich der mexikanische Teil der Ortschaft aus. Sehr interessante Geschichte, über die man im Pimeria Alta Historical Society Museum einiges erfahren kann. Die meisten Touristen fahren allerdings wegen der zollfreien Waren auf dem wirklich sehenswerten Markt nach Nogales in Mexiko. Auch für diesen »kleinen Grenzverkehr« benötigt der europäische Besucher einen Reisepaß.

Oak Creek Canyon

Zwischen Flagstaff und Phoenix, nur wenige Kilometer vom Interstate entfernt, liegen der Oak Creek Canyon und das Land der roten Felsen. Eine Landschaft von eigenartigem Reiz, die viele Touristen reizvoller finden als den Grand Canyon oder das Monument Valley. Die in allen Rot- und Brauntönen schillernden Felsen stehen in einem eigenartigen Kontrast zum dunklen Grün der Bäume und Büsche und dienten in zahlreichen Westernfilmen als Kulisse. Vor allem Red Rock Crossing, eine malerische Furt am Oak Creek, die mit ihren Picknicktischen zu einem längeren Verweilen einlädt. Der schmale Fluß ist die Lebensader des Red Rock Country und bietet am Slide Rock ein kleines Badeparadies mit einer natürlichen Rutschbahn. Der Highway 89A von Flagstaff nach Cottonwood folgt diesem Fluß und führt an zahlreichen Hotels, Motels und Campingplätzen vorbei, die im Sommer restlos ausgebucht sind. Dann winden sich Autoschlangen mit Touristen nach → Sedona hinein, die kleine Künstlerstadt im Oak Creek Canyon. Ins Hinterland des Felslandes kommt man mit dem Pferd oder dem Geländewagen, beides kann man in Sedona mieten.

Weitere Informationen: Arizona State Tourist Office, 3507 North Central Avenue, Phoenix, AZ 85012. Tel. (6 02) 2 55-36 18.

Red Rock Crossing im Oak Creek Canyon

Rote Felsen im Oak Creek Country

Oakland

Die Industriestadt, auf dem Festland gegenüber → San Francisco gelegen, verfügt über einen geschäftigen Hafen und einen immer verkehrsreicher werdenden Flughafen. Am Jack London Square warten Restaurants und Läden auf den Besucher. Im First and Last Chance Saloon erinnert vieles an den in Oakland geborenen Jack London, dessen Blockhütte aus der Alaska-Zeit ebenfalls zu besichtigen ist. Im Oakland Museum (Ecke 10th und Oak Street) erfährt man einiges über die kalifornische Geschichte. Oakland erreicht man von San Francisco aus über die Oakland Bay Bridge oder mit der modernen BART-Untergrundbahn.

Oakville

In einem der schönsten Städtchen des kalifornischen → Napa Valley liegt das Weingut von Robert Mondavi, das 1966 gegründet wurde. Es verfügt über besonders moderne Anlagen und kann täglich besichtigt werden. Im Sommer finden in Oakville Jazzkonzerte statt, im Winter ein Filmfestival. Tel. (7 07) 9 63-96 11.

Öffentliche Verkehrsmittel

Busse und Bahnen sind immer noch Mangelware in den Städten, obwohl die Amerikaner »downtown« wiederentdecken und dabei sind, diesen Mißstand abzustellen. Ausreichend öffentliche Verkehrsmittel gibt es in New York (Busse, U-Bahn), Boston (Busse, U-Bahn), Philadelphia (Busse, U-Bahn), Washington, D.C. (Busse, U-Bahn), Miami (Busse, People Mover, Metrorail), New Orleans (Busse, Straßenbahn), Atlanta (Busse, U-Bahn), Chicago (Busse, Hoch-

Old Tucson

U-Bahn in San Francisco

Saloon in Old Tucson

bahn), San Diego (Busse, Straßenbahn), Seattle (Busse, U-Bahn, Straßenbahn) und San Francisco (Busse, U-Bahn, Cable Car). In diesen Städten braucht man keinen Mietwagen, solange man sich in der Innenstadt aufhält. Schlecht sieht es vor allem in Dallas und Los Angeles und in allen mittelgroßen und kleinen Städten aus, dort kommt man ohne Mietwagen nicht weiter. Die Tickets kosten so viel wie bei uns, in Seattle sind alle Fahrten innerhalb der City gebührenfrei.

Old Tucson

Die Westernstadt außerhalb von → Tucson, Arizona, wurde eigens für den Film »Arizona« gebaut und hat seitdem zahlreichen anderen Western wie »Rio Bravo«, »El Dorado« und »High Chapperal« als Kulisse gedient. Wenn nicht gedreht wird, und heute werden kaum noch Western produziert, dient die Stadt als Touristenzentrum mit Dampfeisenbahn und Stuntshow. Im Saloon kann man sich erfrischen, im Gefängnis fotografieren lassen.

Weitere Informationen: Old Tucson, Ajo Way, Tucson, AZ 85704. Täglich geöffnet. Tel. (6 02) 8 83-25 70.

Organ Pipe Cactus National Monument

Der Wüstenpark liegt an der Grenze zwischen Arizona und Mexiko und ist vor allem wegen seiner »Organ Pipe«-Kakteen (»Orgelpfeifen«) berühmt. In dem geschützten Gebiet sieht man die Tiere und Pflanzen der Sonora Desert, die man nirgendwo sonst antrifft.

Weitere Informationen: Organ Pipe Cactus National Monument, Route 1, Box 100, Ajo, AZ 85321. Tel. (6 02) 3 87-68 49.

Painted Desert

Die farbenprächtige Wüste im nordöstlichen Arizona scheint auf einem anderen Planeten zu liegen. Innerhalb der Wüste liegt der → Petrified Forest National Park.

Palm Beach

Von Standard-Oil-Gründer und Eisenbahn-Millionär Henry Flagler konzipierter Badeort nach französischem Vorbild und seit hundert Jahren die beste Adresse an der goldenen Küste Floridas. Von Palmen gesäumte Alleen, ruhige Kanäle, Sandstrände, riesige Golfplätze, exklusive Einkaufsstraßen und herrschaftliche Villen bestimmen das Stadtbild. An der Worth Avenue locken exklusive Boutiquen.

Palm Springs

Seit Bob Hope, Frank Sinatra und viele andere Prominente in dem kalifornischen Wüstenparadies ihre Traumhäuser bezogen haben, gilt Palm Springs als Heimat der Stars und der Reichen. Nirgendwo sonst haben so viele reiche Menschen so viele tolle Häuser. Aber Palm Springs wartet noch mit anderen Superlativen auf. Sage und schreibe siebentausend Swimmingpools gibt es in dieser Stadt mit knapp vierzigtausend Einwohnern – und immerhin sechzig Golfplätze, denn Golf ist der angesagte Sport in Palm Springs. Viele Besucher kommen nur aus diesen Gründen und nicht wegen der heißen Quellen und der für eine Wüstenstadt

Prachtstraße in Palm Springs

Palo Alto

erstaunlich üppigen Vegetation. Oder sie kommen zum Skifahren, denn auch das kann man in Palm Springs, allerdings nur in luftiger Höhe und nach einer dreizehnminütigen Fahrt mit der → Seilbahn. Oder zum Einkaufen, wenn das nötige Kleingeld da ist, denn die Geschäfte am Palm Canyon Drive sind ausgesprochen teuer. Das gilt auch für Hotels und Restaurants, allerdings wirbt die Stadt mit preiswerten Wochenend-Pauschalen, die man z. B. im 170 Kilometer entfernten Los Angeles buchen kann.

Palo Alto
Heimatort der Stanford University mit schönen Gebäuden im romanischen Stil. Im Leland Stanford Junior Museum liegt unter anderem der »Golden Spike«, der berühmte goldene Nagel, der das letzte Teilstück der transamerikanischen Eisenbahn verband.

Panama City
Der im »Pfannenstiel« von Florida gelegene Ort rühmt sich, den schönsten Sandstrand der Welt zu haben. Tatsächlich ist der weiße Sand nirgendwo so fein wie hier. Der Ort selbst aber ist überlaufen und stellt sich eher chaotisch dar. »Redneck Riviera« nennen ihn viele Leute abschätzig, weil die niedrigen Preise vor allem kinderreiche Familien aus Georgia und Alabama anlocken. Für Abwechslung ist gesorgt, und wer sich durch die »italienischen« Verhältnisse nicht stören läßt, ist hier auch im Sommer richtig aufgehoben.

Weitere Informationen: Panama City Resort Council, P.O. Box 9473, Panama City Beach, FL 32407. Tel. (9 04) 2 34-65 75.
Hotels: Miracle Mile Resort, 9450 S. Thomas Drive, Panama City Beach, FL 32407. Tel. (9 04) 2 34-34 84. Abgelegener Hotelkomplex mit weitem Privatstrand.

Pasadena
Einer der erdbebengefährdetsten Vororte von Los Angeles, aber auch einer der schönsten – besonders am North Orange Grove Boulevard mit seinen herrschaftlichen Villen. »Die Straße der Millionäre« wird der Boulevard in Pasadena genannt, weil nirgendwo sonst in der Stadt so viele reiche Leute wohnen. Das Gamble House (4 Westmoreland Place), eines der schönsten Beispiele amerikanischer Architektur der Jahrhundertwende, wurde 1908 für David und Mary Gamble gebaut. Das Turnament House (390 South Orange Grove Boulevard) wurde bis 1958 von Kaugummi-König William Wrigley Jr. bewohnt. Nur kostbare Hölzer und feinster Marmor aus Italien wurden für den Bau dieser Villa verwendet. Heute dient sie als Hauptquartier der Tournament of Roses Association, die den höchsten Feiertag der Stadt am 1. Januar vorbereitet: Rose Bowl. Menschen jubeln am Straßenrand, und ganz Amerika sitzt vor den Fernsehschirmen, wenn der größte Blumenzug der Welt, die Rose Bowl Parade, durch die Straßen zieht, und am Nachmittag, wenn die besten College-Football-Mannschaften um die Rose Bowl kämpfen.

Aber Pasadena hat mehr zu bieten als jede Menge Rosen, vor allem Kultur. Die Huntington Library (1151 Oxfort Road) gehört mit 600 000 Bänden zu den größten Bibliotheken des Landes, wertvolle Kunstwerke sind im Norton Museum of Art (411 West Colorado Boulevard) ausgestellt, und ernste und leichte Musik haben im Pasadena Civic Auditorium eine Heimat gefunden. Die Pasadena Symphony gehört zu den besten der USA.

Paß

Für die Einreise in die USA benötigt man einen Reisepaß, der zum Zeitpunkt der Rückreise noch mindestens ein halbes Jahr gültig ist, und ein gültiges Besuchervisum, das man in jedem amerikanischen Konsulat ohne Schwierigkeiten bekommt. Die Anträge können auch per Post gestellt werden. Lediglich Jugendliche werden oft nach dem Rückflugticket gefragt, weil man Angst hat, sie könnten in den USA untertauchen. Die Gültigkeitsdauer des Visums ist entweder begrenzt (»Valid until« und Datum) oder unbegrenzt (»indefinitely«). Wird der Paß ungültig, bleibt das Visum weiterhin gültig, man reist dann mit dem gültigen Visum und dem ungültigen Paß in die USA ein.

Von jedem Reisenden, auch von Kindern, ist eine Immigration Card auszufüllen, die dem Beamten der Einwanderungsbehörde zusammen mit dem Paß ausgehändigt werden muß. Der Beamte fragt Sie nach dem Grund Ihrer Reise und der Reisedauer. Mit einem Besuchervisum können Sie ein halbes und bei Verlängerung maximal ein Jahr in den USA bleiben.

Pecos National Monument

Die Ruinen von zwei Indianerdörfern und einer spanischen Handelsmission liegen zweiunddreißig Kilometer südöstlich von Santa Fe.

Weitere Informationen: Pecos National Monument, P.O. Box Drawer 11, Pecos, NM 87552.

Pensacola

Die Stadt mit dem sagenhaften weißen Sandstrand liegt im äußersten Westen des Florida Panhandle und kann auf eine lange Geschichte zurückblicken. Unter fünf Flaggen lebten die Einwohner Pensacolas seit der Stadtgründung im Jahre 1559. Sie behaupten, daß ihr Ort älter sei als → St. Augustine. In der Altstadt stehen noch zahlreiche, wunderschön restaurierte Häuser aus vergangenen Jahrhunderten, in denen auch stimmungsvolle Restaurants untergebracht sind. Auf dem Seville Square finden farbenprächtige Fiestas statt. In Fort Pickens, einer Festung außerhalb der Stadt, war der Apachenhäuptling Geronimo gefangen.

Weitere Informationen: Pensacola Visitor Information Center, 1401 East Gregory Street, Pensacola, FL 32501.
Tel. (9 04) 4 34-12 34.

Petaluma

Die nördlich von San Francisco gelegene Stadt ist Austragungsort der Weltmeisterschaft im Armdrük-

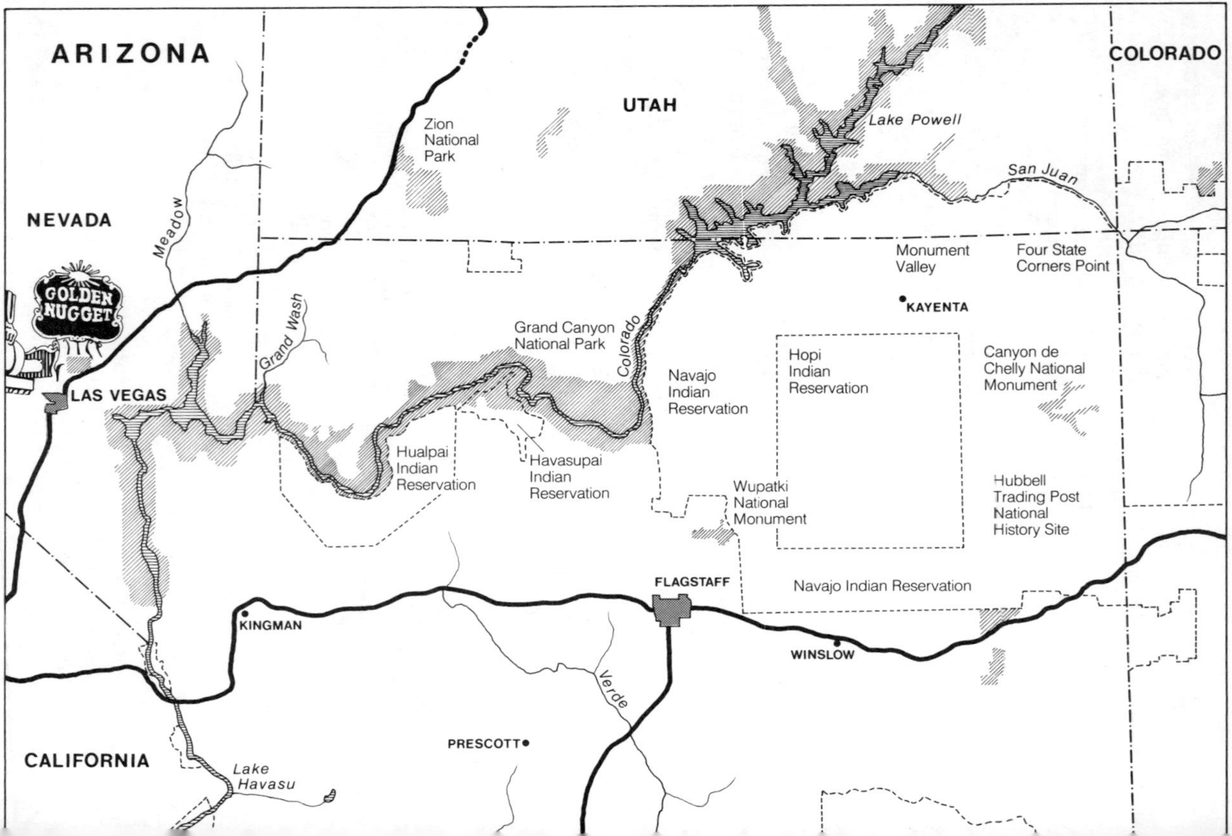
ARIZONA
NEVADA
UTAH
COLORADO
CALIFORNIA
Zion National Park
Lake Powell
San Juan
Meadow
GOLDEN NUGGET
LAS VEGAS
Grand Wash
Grand Canyon National Park
Colorado
Monument Valley
Four State Corners Point
KAYENTA
Navajo Indian Reservation
Hopi Indian Reservation
Canyon de Chelly National Monument
Hualpai Indian Reservation
Havasupai Indian Reservation
Wupatki National Monument
Hubbell Trading Post National History Site
FLAGSTAFF
Navajo Indian Reservation
KINGMAN
WINSLOW
Verde
PRESCOTT
Lake Havasu

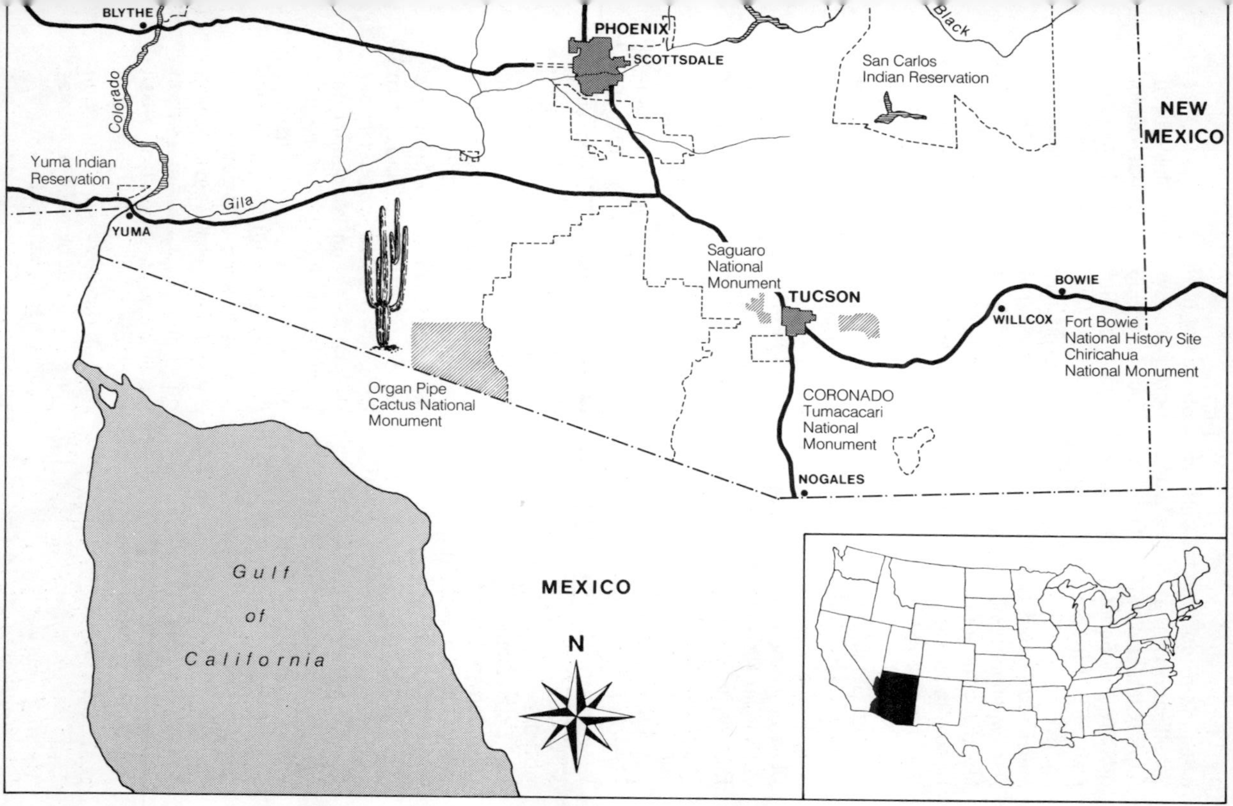
BLYTHE
PHOENIX
SCOTTSDALE
Black
San Carlos
Indian Reservation
NEW
MEXICO
Colorado
Yuma Indian
Reservation
Gila
YUMA
Saguaro
National
Monument
TUCSON
BOWIE
WILLCOX
Fort Bowie
National History Site
Chiricahua
National Monument
Organ Pipe
Cactus National
Monument
CORONADO
Tumacacari
National
Monument
NOGALES
Gulf
of
California
MEXICO
N

ken und ein bedeutendes landwirtschaftliches Zentrum. Im Petaluma Adobe State Historic Park steht das größte Adobegebäude von Kalifornien. Es wurde 1846 errichtet.

Petrified Forest National Park
Der »versteinerte Wald« liegt inmitten der farbenprächtigen Painted Desert im Nordosten von Arizona. Vor rund zweihundert Millionen Jahren breitete sich hier ein weitläufiges Sumpfgebiet aus, in dem Bäume, Farne und Moose gediehen. Heute fallen in der Painted Desert nur noch ungefähr zwanzig Zentimeter Niederschlag pro Jahr. Beim Austrocknen der Sümpfe wurden die umgefallenen Stämme der zum Teil riesigen Nadelbäume vom Schlamm begraben und durch einen chemischen Prozeß in Quarz verwandelt. Sie behielten ihre leuchtenden Farben und enthalten Abdrücke von Fischen, Muscheln und Schnecken.

Die spanischen Entdecker hatten nichts für den versteinerten Wald übrig, vor allem deshalb, weil es dort keine wertvollen Mineralien gab. Erst 1906 wurde das Gebiet unter den Schutz der Regierung gestellt, nachdem die Eisenbahn das Land für den Tourismus erschlossen hatte und verantwortungslose Souvenirjäger den Petrified Forest geplündert hatten. Seitdem ist das Mitnehmen auch noch so kleiner Stücke bei hoher Strafe verboten, und die Park Ranger haben das Recht, jeden Besucher bei der Ausfahrt zu überprüfen.

Die vierzig Kilometer lange Rundfahrt führt an besonders schönen Baumstämmen und an Ruinen von Indianerdörfern vorbei, im Visitor Center kann man sich in einem kleinen Museum über die Geschichte des »versteinerten Waldes« informieren.

Weitere Informationen: Petrified Forest National Park, Arizona 86028.

Philadelphia
Die Stadt an der amerikanischen Ostküste lockt besonders historisch interessierte Besucher an, die die Independence Hall und andere Bauten bequem zu Fuß oder mit der U-Bahn erreichen können. In der Independence Hall (Chestnut Street) wurden die Unabhängigkeitserklärung und die amerikanische Verfassung unterzeichnet. In der Congress Hall etablierte sich der Kongreß. In einem Pavillon nördlich der Independence Hall hängt die Liberty Bell (Freiheitsglocke). Interessante Führungen vermitteln ein farbiges Bild der amerikanischen Geschichte.

Versteinerter Baumstamm

Navaho-Indianerin im Monument Valley

River Rafting in den Stromschnellen

Goldwaschen wie anno dazumal   *Reiten wie ein Cowboy*

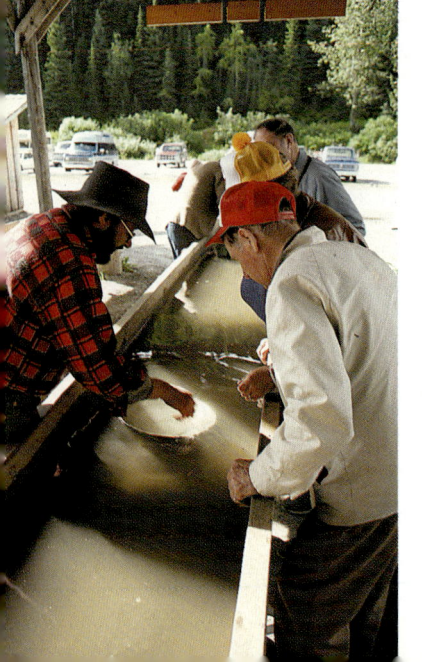

Mit der Dampfeisenbahn von Durango nach Silverton

Angeln in New Mexico

Goldsucher in Kalifornien

Die Horton Plaza in San Diego gehört zu den schönsten Einkaufszentren der USA

In der »Old City«, der Altstadt, findet man restaurierte Häuser und das ehemalige Wohnhaus von Benjamin Franklin. Sehenswert auch das Betsy Ross House (239 Arch Street), wo die gleichnamige Lady die erste Flagge der USA nähte. Auf dem Society Hill mit seinen alten Häusern, dem Kopfsteinpflaster und den Gaslaternen fühlt man sich ins 18. Jahrhundert zurückversetzt. Abendlicher Trubel herrscht auf der South Street bei Penn's Landing.

Weitere Informationen: Philadelphia Convention and Visitors Bureau, 3 Penn Plaza, Philadelphia, PA 19102.

Phoenix

Die neuntgrößte Stadt der USA liegt inmitten des Salt River Valley in der glühendheißen Sonora Desert. Im Sommer steigen die Temperaturen bis knapp unter fünfzig Grad, und man hält es dann nur in vollklimatisierten Räumen aus. Die Staudämme der näheren Umgebung versorgen die Stadt mit Wasser und Energie, ohne die das stetige Wachstum von Phoenix gar nicht möglich wäre. Schon im letzten Jahrhundert wagten sich Cowboys und Bergleute in die Siedlung. Den Indianern vergangener Jahrhunderte machte die Hitze der Sonora Desert ohnehin nichts aus.

Phoenix ist eine eher häßliche Stadt, die hauptsächlich von der Industrie lebt und mit einem Durchmesser von über hundert Kilometern fast schon an Los Angeles erinnert. Lediglich das Heard Museum (22 East Monte Vista) mit seinen indianischen Ausstellungsstücken

Survival-Training in der Wüste

und das State Capitol sind für den Touristen interessant. Sehr attraktiv jedoch die Umgebung mit → Scottsdale, dem → Apache Trail, zahlreichen Seen, der Kakteenwüste und dem → Oak Creek Canyon.

Weitere Informationen: Phoenix & Valley of the Sun Convention & Visitors Bureau, 4455 Camelback Road, Building D, Phoenix, AZ 85018, Tel. (6 02) 9 52-86 87.

Picknick

Zumindest ein Picknick gehört zu jeder USA-Reise. Es bietet Abwechslung und spart außerdem Geld. Ice Boxes aus Styropor bekommt man für wenig Geld in jedem Supermarkt, Plastikbeutel mit Eiswürfeln gibt es an jeder Tankstelle. Überall an den Touristenstraßen und in den Parks warten Picknicktische mit Grillrosten auf die Besucher.

Pinellas Suncoast

Die Goldküste zwischen → Tarpon Springs und → St. Petersburg in Flo-

Pinellas Suncoast

Fischen in Florida

rida lockt mit zahlreichen Inseln, weißen Sandstränden und reichen Fischgründen. Viel Action ist am → Clearwater Beach angesagt, dort trifft sich die Jugend zu Rock'n Roll und karibischer Musik auf den Hotelterrassen. Die Tampa Bay gilt als Paradies für Segler und Surfer. Ruhiger geht es im benachbarten und vornehmen St. Petersburg und auf den vorgelagerten Inseln zu. Caladesi Island, eine abgelegene Insel mit einsamen Stränden, kann man von der Dunedin Municipal Marina aus mit dem Schiff erreichen. Über den Dunedin Beach Causeway fährt man ins abgelegene Ferienparadies Honeymoon Island. Dunedin wurde von Schotten besiedelt und erinnert mit dem Highland Games Festival im März an seine Vergangenheit. Griechisch präsentiert sich das im Norden gelegene → Tarpon Springs. Unter dem Namen Holiday Isles firmieren die südlichen von Clearwater gele-

Vornehmes Inselstädtchen an der Küste von Florida

Makaber: hier wurde vor hundert Jahren gelyncht

genen Inseln Indian Shores, Indian Rocks Beach, Belleair Beach, North Redington Beach, Redington Shores und Redington Beach. Die belebte Straße führt an zahlreichen Hotels, Motels, Restaurants und Miethäusern vorbei. Ein Teil der Strände ist öffentlich. In Madeira Beach warten Austernbars und Restaurants auf Besucher.

Weitere Informationen: Pinellas Country Tourist Development Council, Suite 228, St. Petersburg/Clearwater Airport, Clearwater, FL 33520, Tel. (813) 448-2452.
Hotels: Holiday Inn Surfside, 400 Mandaley Avenue, Clearwater Beach, FL 33515. Tel. (813) 461-3222. Riesiges Strandhotel, während der Ferienzeit viel Action am Strand.

Pipe Spring National Monument

Die an einer schattigen Quelle gelegenen Ruinen eines von Mormonen erbauten Forts liegen zwanzig Kilometer südwestlich von Fredonia in Arizona.

Weitere Informationen: Pipe Spring National Monument, Moccasin, AZ 86022.

Placerville

Im Januar 1848 entdeckte James Marshall im American Fork einen Goldklumpen. Wenige Wochen später wimmelte das Land von goldhungrigen Menschen, die in Kalifornien ihr Glück machen wollten. Der kalifornische Goldrausch hatte begonnen.

Zu einem der Zentren wurde Placerville, das den makabren Beinamen »Hangtown« bekam, weil dort viele Schurken eines unnatürlichen Todes starben.

Eine am Hangman's Tree aufgehängte Puppe erinnert heute noch an diese wilde Zeit.

Point Lobos
Die zerklüftete Küste südlich von Carmel gehört zu den schönsten Abschnitten des Pacific Coast Highway. Auf den von Tang umwogten Klippen kann man Meeresotter beobachten. Auch die seltenen braunen Pelikane und Kormorane lassen sich dort blicken.

Point Reyes
Die nördlich von → San Francisco gelegene Halbinsel fasziniert mit einer wilden und ursprünglichen Landschaft. Farmhäuser unter vom Wind gebeugten Bäumen, schwarz-weiß gefleckte Kühe auf saftigen Wiesen, die rauhe und romantische Felsküste mit menschenleeren Stränden. Vom Leuchtturm aus kann man von Dezember bis April sogar Wale beobachten. Über die Insel erstrecken sich zahlreiche Wanderwege, die besonders von Vogelbeobachtern begangen werden – es gibt 350 verschiedene Vogelarten auf Point Reyes. Auf der Halbinsel erfährt man einiges über → Erdbeben. Das Städchen → Inverness bietet sich als Basiscamp an.

Pompano Beach
Auf der → Golden Coast von Florida gelegener Ort mit einem besonders schönen Strand und zahlreichen Tauchschulen. Neben Hotels und Motels gibt es hier auch Boatels, also Hotels, vor denen man sein Boot parken kann.

Post
Postämter gibt es in jedem größeren Ort, sie sind meist von 8 bis 17 Uhr geöffnet. Briefmarken kann man auch aus Automaten ziehen und in Souvenirläden kaufen, dort sind sie allerdings teurer. Da die Telefongesellschaften und auch Western Union privat organisiert sind, kann man auf der Post weder → telefonieren noch ein → Telegramm aufgeben.

Prescott
Inmitten dichter Fichtenwälder liegt Prescott, Arizona. Die ehemalige Hauptstadt des Territoriums ist heute vor allem wegen ihrer gesunden Luft und ihres → Rodeos bekannt, das während der Frontier Days am Unabhängigkeitstag (4. Juli) stattfindet.

Pueblos
Sammelname für zahlreiche Indianerstämme im Rio Grande Valley, die nach den Anasazi in dieses Gebiet zogen und Ackerbau betrieben. Die spanischen Eroberer gaben ihnen der Einfachheit halber diesen Namen, denn die Dörfer der Indianer mit den klobigen Bauten aus Adobelehm erinnerten sie an spanische Orte. Nach einem erbitterten Krieg gegen die Spanier flohen die Pueblos in ihre heutige Heimat, wo sie vielerortens noch genauso leben wie vor dreihundert Jahren. Sie stellen Töpferwaren, Körbe und Schmuck her und verkaufen die Waren an Touristen. Pueblos nennt man auch die Dörfer der Indianer. Alle Pueblos sind für Besucher geöffnet, in manchen werden Gebühren für das Fotografieren erhoben. Verantwortungs-

Der Leuchtturm von Point Reyes

Indianisches Pueblo

volle Touristen sind sich immer darüber im klaren, daß sie in die Privatsphäre anderer Menschen eindringen.
Alle Pueblos liegen in der Nähe von Albuquerque, Santa Fe und Taos. Die wichtigsten Dörfer kann man innerhalb eines Tages besichtigen.

Weitere Informationen: New Mexico Travel Division, Room 167, Bataan Building, Santa Fe, NM 87503. Tel. (5 05) 8 27-62 30.
Acoma liegt auf einem über 100 Meter hohen Sandsteinfelsen und ist über den Highway 23 zu erreichen. Der Pueblo gehört zu den ältesten Indianerdörfern überhaupt. Im Sommer findet täglich ein Maistanz statt.
Cochiti ist über die Highways 22 und 16 zu erreichen. Am 14. Juli findet dort ein großes Fest mit zahlreichen Tänzen und Zeremonien statt. In Cochiti leben viele Künstler, die besonders für ihre Tonfiguren bekannt sind.

Laguna liegt direkt am Interstate 40. Die Häuser sind modern, aber in der »kiva« werden immer noch Zeremonien abgehalten. In der Nähe des Dorfes wurde Uran gefunden. Am 19. September jedes Jahres findet ein großes Fest statt, auf dem auch Navahos erscheinen.
Santo Domingo ist über den Highway 22 zu erreichen. Es ist besonders Besuchern zu empfehlen, die sich ernsthaft für die Geschichte und Kultur der Pueblos interessieren. Die Bewohner sind den alten Sitten und Gebräuchen mehr als alle anderen Pueblos verbunden und leben nicht viel anders als vor 400 Jahren. Jedes Jahr am 4. August findet dort ein riesiges Fest mit zahlreichen Tänzen und Zeremonien statt.
San Felipe erreicht man über den Highway 85. Der Maistanz am 1. Mai gehört zu den farbenprächtigsten Zeremonien des nördlichen Mexiko.
Santa Ana liegt nördlich von Bernalilloam Highway 44. Das Dorf ist bis auf ein paar Bewohner verlassen und erwacht nur am feiertäglichen 26. Juli zum Leben.

Pueblos

Indianerin beim Brotbacken

Sandia liegt am Highway 85. Der Pueblo gehört zu den Dörfern, die von Coronado in den Jahren 1540/41 besucht wurden. Am 13. Juni wird ein Maistanz abgehalten.

Picuris ist über die Highway 3, 75 und 76 zu erreichen und gilt als besonders freundlicher Pueblo. In einem kleinen Museum können Kunstgegenstände bewundert und gekauft werden. Im August werden zahlreiche Tänze und Zeremonien abgehalten.

Taos (→ Taos Pueblo)

Zia liegt am nördlichen Ufer des Jemez River und ist über den Highway 44 zu erreichen. Der Pueblo ist besonders für seine Töpferwaren bekannt. Das von den Bewohnern des Dorfes entworfene Sonnensymbol findet man auch auf der Staatsflagge von New Mexico. Der Feiertag des Dorfes ist am 15. August. Er wird mit Tänzen begangen.

Isleta liegt 13 Meilen nördlich von Albuquerque am Highway 85 und gehört zu den größten Indianerdörfern. Hier ist kaum noch etwas ursprünglich geblieben, und die Töpferwaren werden lediglich für Touristen angefertigt. Der Feiertag des Dorfes wird am 4. September begangen.

San Juan erreicht man über die Highways 84 und 285. Das jährliche Fest am 24. Juni gehört zu den farbenprächtigsten und schönsten des Südwestens. Im Dorf wohnen viele Künstler, und die rotbraunen Töpferwaren werden hoch gehandelt.

Santa Clara ist über den Highway 30 zu erreichen. Die Bewohner behaupten, die Nachfahren der Indianer von Bandelier zu sein. Kunstkenner schätzen die schwarzen Töpferwaren des Pueblos. Der Feiertag wird am 12. August begangen.

Nambe ist über den Highway 4 zu erreichen. Der Feiertag des Dorfes wird am 4. Oktober mit farbenprächtigen Tänzen abgehalten, die Bewohner zelebrieren aber auch den amerikanischen Unabhängigkeitstag (4. Juli).

Pojoaque liegt am Highway 84 und gehört zu den kleinsten Pueblos. Der

Pueblos

Stamm wurde durch eine Pockenepidemie im Jahre 1890 fast ganz ausgerottet. Der Feiertag Pojoaques wird am 12. Dezember mit einer kleinen Feier begangen.

San Ildefonso liegt am Highway 4. Der Pueblo war die Heimat der berühmten Töpferin Maria Martinez, aber auch heute wohnen noch zahlreiche Künstler im Dorf. Der Feiertag des Dorfes ist am 23. Januar und wird mit zahlreichen Zeremonien und Tiertänzen begangen.

Tesuque liegt nördlich von Santa Fe am Highway 285-64. Die Männer arbeiten als Farmer und halten am 12. November einen Erntetanz ab. Der Pueblo war bereits im Jahre 1250 besiedelt.

Jemez ist über den Highway 44 zu erreichen. Die Bewohner des Dorfes gelten als exzellente Tänzer und Sänger. Ihre Feste finden im August und am 12. November statt. Am alten Pecos Bull Dance können auch Besucher teilnehmen.

Zuni liegt 40 Meilen südlich von Gallup am Highway 53. Die Bewohner dieses größten Pueblos sind hervorragende Kunsthandwerker und Silberschmiede, ihr Türkis- und Silberschmuck gehört zum Schönsten, was die Pueblos zu bieten haben.

Rainbow Bridge National Monument

Mit 92 Metern die höchste natürliche Brücke der Welt und eines der Wahrzeichen am → Lake Powell. Nach der Legende der Indianer soll sich jeder Traum, den man im Schatten dieses steinernen Bogens hat, erfüllen. Ein Besuch der Brücke ist mit einem mehrstündigen Bootsausflug verbunden, der an der Wahweap Marina des Lake Powell in Arizona beginnt.

Ranchurlaub

Einmal wie ein Cowboy leben und frei und ungebunden über die weite Prärie reiten – das wünschen sich viele Urlauber, die zu Hause im englischen Sattel über markierte Wege reiten. Einmal die Fesseln des zivilisierten Lebens abstreifen, auf einer Ranch wohnen und den Alltag der Cowboys erleben. Das ist immer noch möglich, allerdings sollte man sich im klaren darüber sein, was man außer Reiten von einem solchen Urlaub erwartet.

Will man in den Ferien wirklich arbeiten? Frühmorgens mit den anderen aufstehen, die Pferde striegeln, Zäune ausbessern oder versprengtes Vieh zusammentreiben? Dann ist man auf einer »working ranch« am besten aufgehoben, einer Ranch also, die in Betrieb ist und nicht nur für Touristen gebaut wurde. »Working ranches«, z. B. die Grapevine Canyon Ranch im Land der Apachen, werden von Airtours

Rainbow Bridge National Monument

und anderen Veranstaltern angeboten, oder man versucht es auf eigene Faust und ruft eine Ranch an. Guest oder Dude Ranches sind mit europäischen Sporthotels vergleichbar. Mit Ranches, wie man sie aus Westernfilmen kennt, haben sie nur den Namen und die Pferde gemein. Die großzügigen und meist in bester Lage angesiedelten Freizeitkomplexe wurden für Urlauber gebaut, die auch als »Cowboys« nicht auf den Komfort eines Luxushotels verzichten wollen und vor allem zum Reiten, Tennisspielen, Golfen, Schwimmen und Wandern in den amerikanischen Westen gereist sind. Auf einer Guest Ranch findet der anspruchsvolle Gast großzügige Sportanlagen, bequem und großzügig eingerichtete Zimmer und erstklassige Restaurants. Abendliche Barbecues mit Country Music und Square Dance sorgen für eine stimmungsvolle Western-Atmosphäre. Das ist nicht billig, dafür kann sich der Service aber auch sehen lassen.

Die schönsten Guest Ranches liegen in Arizona und New Mexico. Nachstehend eine Übersicht, die Wochenpreise für eine Person schwanken zwischen 250 und 350 Dollar.

Arizona

Carefree Inn Resort, Mule Train Road, Carefree, AZ 85377. Tel. (6 02) 9 44-26 73. Der großzügige, eine halbe Autostunde nördlich von Phoenix gelegene Freizeitkomplex bietet allen nur erdenklichen Luxus: tägliche Ausritte in die Wüste, fünf Tennisplätze mit Flutlicht, einen der schönsten Golfplätze von Arizona, einen geheizten Pool. Alle Zimmer

Mit echten Cowboys über die Prärie reiten

Working Ranch: mit Cowboys den Alltag erleben

verfügen über Fernseher, Telefon, Kühlschrank und eine kleine Terrasse. Grillabende und Western-Unterhaltung.
Rancho de los Caballeros, P.O. Box 1148, Wickenburg, AZ 85358. Tel. (6 02) 6 84-78 11. Besonders gemütliche Ranch in der Nähe von Wickenburg. Tägliche Ausritte in die Wüste, Tennisplätze, Golfplatz, Grillabende am Lagerfeuer.
Rex Ranch, P.O. Box 87, Amado, AZ 85640. Tel. (6 02) 3 98-23 11. Gemütliche Familienranch, 40 Autominuten südlich von Tucson. Tägliche Ausritte in die Wüste, großer Pool, Grillabende am Lagerfeuer.
Wild Horse Ranch Resort, 7501 West Ina Road, Tucson, AZ 85740. Tel. (6 02) 7 44-40 00. Kleine Ranch mit zivilen Preisen. Tägliche Ausritte in die Wüste, Tennisplätze, Pool.

New Mexico

Bishop's Lodge, P.O. Box 2367, Santa Fe, NM 87501. Tel. (5 05) 9 83-63 77. 3 Meilen nördlich von Santa Fe gelegene Freizeitanlage. Tägliche Ausritte in die Berge, Tennisplätze, großer Pool. Angeln im nahen Fluß.
Gascon Ranch, Rociada, NM 87742. Tel. (5 05) 4 25-70 38. Sehr kleine und gemütliche Ranch, eine halbe Autostunde nördlich von Las Vegas (New Mexico) in den Bergen gelegen. Tägliche Ausritte in die Berge, kein Pool.

Reiseschecks

Lobo Lodge, P.O. Box 565, Chama, NM 87520. Tel. (5 05) 7 56-21 50. 5 Meilen nördlich von Chama in den Bergen gelegen. Tägliche Ausritte und Jagdausflüge. Gemütlich eingerichtete Hütten.

Young's Ranch, P.O. Box 156, Red River, NM 87558. Tel. (5 05) 7 54-22 31. Besonders preiswerte Ranch in der Nähe des Bergortes Red River. Tägliche Ausritte und Angelausflüge.

Reiseschecks

So wertvoll und so unkompliziert zu handhaben wie Bargeld, aber sicherer. Die erste Unterschrift muß bei der Abholung in der Bank, die zweite beim Kauf in den USA geleistet werden. Reiseschecks werden überall angenommen. Seinen Paß sollte man immer dabeihaben, damit man sich jederzeit ausweisen kann und die Verkäufer die Unterschrift vergleichen können. Die Liste mit den Nummern der Schecks unbedingt getrennt aufheben.

Reiseveranstalter

Preiswerte Pauschalreisen bieten zahlreiche Veranstalter in der Bundesrepublik Deutschland, Österreich und in der Schweiz an. Solche Touren empfehlen sich für Erstreisende, die nicht besonders gut englisch sprechen und die USA erst einmal beschnuppern wollen. Besonders die Busreisen sind sehr anstrengend, und man sollte sich darüber im klaren sein, daß viele Ziele nur für kurze Zeit angefahren werden. Interessante Programme bieten das deutsche Reisebüro (DER), ADAC-Reisen und Meier's Weltreisen an. Genaue Informationen entnehmen Sie bitte den Katalogen, die in allen Reisebüros aufliegen.

Marlboro-Abenteuerreisen wurden für abenteuerlustige Urlauber konzipiert, die in den USA viel erleben, auf die Annehmlichkeiten einer Pauschalreise aber nicht verzichten wollen. Bestes Beispiel dafür: die Reise »Pueblos und Canyons«, die 17, bzw. 22 Tage lang durch die schönsten Gebiete des amerikanischen Westens führt. Erfahrene Reiseleiter wie Marianne Behrens vom DER, die seit vielen Jahren in den USA leben und vor jeder Reise auf eigene Faust recherchieren, begleiten die Gruppen auf ihren Busfahrten durch Amerika. Wer die Freiheit und Ungebundenheit auf den Highways kennenlernen will, bucht am besten eine Motorradreise, und wer's noch abenteuerlicher haben will, schließt sich einer Floßfahrt über den Colorado River an. Einen Katalog erhält man in jedem DER- oder ABR-Reisebüro oder bei Marlboro-Abenteuerreisen, Postfach 151420, 8000 München 15.

Auf Wohnmobil-Reisen spezialisiert sind vobis-Reisen in München. Dieser Veranstalter nimmt seinen Kunden viel lästige Arbeit ab und sorgt dafür, daß nur die besten Fahrzeuge zum Einsatz kommen. Den ausführlichen Katalog und ein Info-Heft, aus dem wir unter dem Stichwort → Wohnmobil zitiert haben, erhält man bei vobis-Reisen, Offenbachstraße 1, 8000 München 60. Tel. (0 89) 836004.

Reiseversicherung

Für eine Reise in die USA empfiehlt sich eine private Krankenversicherung, die in den Reisebüros und bei allen Veranstaltern für wenig Geld und auch für kurze Zeit abgeschlossen werden kann. Die Kosten für eine medizinische Behandlung in den USA muß man aber auf jeden Fall vorschießen (→ Kreditkarte!). Man bekommt sie erst nach der Rückkehr in Europa erstattet.

Reiten

Wer das Cowboy-Feeling nur im Sattel erleben und ein paar Stunden oder auch einen Tag reiten will, schließt sich einem Trail Ride an, den er auf den meisten → Guest Ranches und auch anderswo im amerikanischen Westen buchen kann. Auch Anfänger sind auf einem solchen Ausritt willkommen. Sie brauchen keine Angst zu haben – ein Westernsattel ist bequem, und der Wrangler teilt den Anfängern immer die zahmsten Pferde zu.

Erfahrene Reiter können auch auf größere »pack trips« gehen, also auf Touren in die Rocky Mountains und die Wüste.

Informationen bei Professional Guides and Outfitters Association of New Mexico, Dode Hershey, President, P.O. Box 275, Pecos, NM 87552 oder High Sierra Packers Association, P.O. Box 123, Madera, CA 93637.

Redding

Die Metropole des kalifornischen Nordens liegt inmitten einer eindrucksvollen Berglandschaft vulkanischen Ursprungs und am wundervollen → Lake Shasta. Die Industriestadt empfiehlt sich als Ausgangspunkt für interessante

Mit Cowboys den Wilden Westen erleben

Ausflüge zum → Mount Shasta; in die Trinity Alps mit ihren Wäldern und dem kristallklaren Trinity Lake, einem Paradies für Sportfischer; zum → Lassen Volcanic Park und ins Gold Country um → Weaverville.

Weitere Informationen: Redding Convention & Visitors Bureau, 777 Auditorium Drive, Redding, CA 96002. Tel. (916) 244-13 00.

Redwood Highway

Die Küstenstraße 101 führt zwischen Leggett und der Küste an einer ganzen Reihe von Sequoia-Bäumen vorbei und wird deshalb »Redwood Highway« genannt. (→ Redwood National Park).

Redwood National Park

Die mächtigen Redwood-Bäume, die bis zu hundert Meter hoch und bis zu sieben Meter dick werden, waren zur Zeit der Dinosaurier über ganz Amerika verbreitet, kommen aber heute nur noch in den Küstenregionen von Kalifornien und Oregon vor. Geschützt werden sie erst seit Beginn des 20. Jahrhunderts, als Naturschützer die »Save-the-Redwoods-League« gründeten und die Regierung zwangen, mehrere State Parks einzurichten. Drei dieser Parks – Jedediah Smith, Del Norte Coast Redwoods und Prairie Creek Redwoods – bilden den Redwood National Park im nördlichen Kalifornien. Das Besucherzentrum des Parks befindet sich in Crescent City an der Grenze nach Oregon. Dort bekommt man Broschüren und Karten. Der legendäre Highway 101, der im Nationalpark natürlich Redwood Highway heißt, erreicht den Park in Orick, einer kleinen Stadt sechzig Kilometer nördlich von Eureka. Am Lady Bird Johnson Grove Trail und in der Tall Trees Grove stehen einige der höchsten Redwood-Bäume. Der Prairie Creek State Park besteht zu großen Teilen aus Regenwald und zahlreichen Wanderwegen, die einen in die Urzeit zurückführen. Der Klamath River weiter im Norden ist für seine Forellen und Lachse berühmt. Im Del Norte Coast Redwoods State Park nahe der Grenze nach Oregon sollte man vor allem die zerklüftete Küste bewundern.

Im Jedediah Smith State Park stehen die schönsten Redwoods am Mill Creek.

Weitere Informationen: Redwood National Park, Drawer N, 1111 Second Street, Crescent City, CA 95531.

Restaurants

Die Amerikaner sind ein mobiles Volk, und entsprechend groß ist das Angebot an Restaurants. Die meisten Lokale sind Kettenrestaurants und haben sich auf eine bestimmte Art von Essen wie Steaks oder Fisch und Meeresfrüchte (seafood) spezialisiert. Bekannte Restaurantketten sind z.B. die »Bonanza«- und »Sizzlin«-Steakhäuser und die »Red Lobster«-Fischrestaurants. Das Essen dort ist sehr preiswert. Vor allem in den kleinen Orten gibt es Familienrestaurants, in denen man mit anderen Gästen an einem Tisch sitzt und sich »wie bei Muttern« aus den Schüsseln und Töpfen bedient.

In den Großstädten gibt es inzwischen ausgezeichnete Spezialitätenrestaurants, die allerdings auch sehr teuer sind. Nicht versäumen sollte man allerdings einen Besuch beim Chinesen in den Chinatowns von San Francisco oder New York, beim Mexikaner in Tucson, Phoenix, San Antonio oder El Paso, beim Japaner in San Francisco oder Los Angeles, beim Fischrestaurant in Boston, Miami oder Seattle und im Steakhouse von Dallas oder Fort Worth.

Beim Betreten des Restaurants läßt man in Amerika der Dame den Vortritt. An der Kasse wartet man, bis eine freundliche Angestellte auftaucht und einem den Platz zuweist – das soll den Sinn haben, alle Tische und damit alle Bedienungen gleichermaßen auszulasten. In den USA sind Kellnerinnen auf das Trinkgeld angewiesen, es sollte fünfzehn Prozent des Nettopreises betragen. In den meisten Restaurants läßt man das Trinkgeld auf dem Tisch liegen und zahlt an der Kasse.

In größeren Lokalen kommt die (meist) kurzberockte Bedienung zuerst und fragt, ob man etwas aus der Bar haben will. Damit sind alkoholische Getränke, aber auch Cola und Limo gemeint. Kaffee, Tee und Milch bestellt man bei der regulären Bedienung. Kaffee und Eistee werden oft kostenlos nachgeschenkt.

Beim Essen sollte man besondere Aufmerksamkeit dem »Special« schenken, das die Bedienung in meist blumenreichen Worten beschreibt, wenn sie die Speisekarte bringt. Für Kinder stehen in den meisten Restaurants Hochstühle bereit, und es werden besondere Gerichte für sie angeboten. Die USA sind sehr kinderfreundlich, und es regt niemanden auf, wenn Kinder im Lokal ein bißchen lebhaft sind. In vielen Lokalen gibt es Nichtraucherzonen.

Normalerweise wird das Frühstück von 7 bis 10 Uhr, das Mittagessen (Lunch) von 11 bis 14 Uhr und das reichhaltige Abendessen (Dinner) von 17 bis 22 Uhr serviert, viele Lokale schließen sogar schon um 21 Uhr. Es gilt also, sich an den amerikanischen Lebensrhythmus zu gewöhnen. Allerdings haben alle Truck Stops und viele Schnellrestaurants an den Fernstraßen rund um die Uhr geöffnet. Um preiswertes und gutes Essen zu finden, lohnt es sich, den Truckern zu einem Truck Stop zu folgen.

Zum Essen wird selten Bier, manchmal Wein oder Cola, meist aber Eiswasser und Kaffee getrunken. Der Kaffee ist ein Relikt aus der Pionierzeit. Woher die eigentümliche Sitte mit dem Eiswasser kommt, das sogar im kalten Alaska getrunken wird, konnte mir bisher niemand erklären. Auf die Pionierzeit sollen auch die Tischsitten der Amerikaner zurückgehen. Man schneidet sein Fleisch vor, ißt nur mit der Gabel und läßt die linke Hand während des Essens auf dem Schoß liegen – das tat man zu Zeiten des Wilden Westens angeblich, um eine Hand für den Colt freizuhaben.

Amerikaner gehen nach dem Essen meist gleich nach Hause, man bleibt nicht in gemütlicher Runde bei Wein oder Bier sitzen. Das gesellschaftliche Leben findet zu Hause statt. Was nicht heißen soll, daß man sein Essen runterschlingen und so schnell wie möglich verschwinden soll, besonders in besseren Lokalen ist man sehr großzügig, wenn keine Kundschaft wartet.

Ist eine Mahlzeit zu üppig ausgefallen, was in Amerika sehr häufig vorkommt, verlangen Amerikaner eine »doggie bag«, eine »Hundetüte«, in der die Reste nach Hause getragen und nicht vom Hund, sondern von einem selbst verspeist werden.

River Rafting

Abenteuerurlaub per excellence: im Schlauchboot durch die turbulenten Stromschnellen des Colorado River und anderer Flüsse. Nervenkitzel, Vergnügen, Kameradschaft und unverfälschte Natur für zivilisationsmüde Urlauber, die Natur unmittelbar erleben wollen. Auf dem Colorado, dem Snake, dem Green und vielen anderen Flüssen erlebt man die Elemente in ihrer urtümlichen Gewalt. Wilde Fahrten durch die weiße Gischt wechseln mit ruhigen Passagen und Grillabenden am Lagerfeuer.

River Rafting wird als extremes Abenteuer für harte Männer geboten, die selber mitpaddeln wollen, oder auch für Familien mit Kindern, die etwas ruhigere Gewässer bevorzugen, ohne daß der Spaß dabei zu kurz kommt. Die besten Flußfahrten führen durch den Grand Canyon und dauern eine Woche, aber es gibt auch kürzere Touren, die nur einen halben Tag der kostbaren Urlaubszeit in Anspruch nehmen.

Weitere Informationen: Amerika-Kataloge von Marlboro Abenteuer Reisen und anderen Reiseveranstaltern.

Rocky Mountain National Park

Die spektakuläre Bergwildnis in Colorado lockt mit blumenübersäten Gebirgswiesen, die bereits über 2000 Meter hoch liegen, und mit 59 schneebedeckten Berggipfeln von mehr als 3000 Meter Höhe. Ein selten schönes Paradies für Kletterer und Wanderer, die in der von Gletschern geschaffenen Gebirgskette der Schöpfung nahe sind. Sogar mit dem Auto kann man über die allerdings nur im Sommer geöffnete Trail Ridge Road zwischen Estes Park und Grand Lake 3660 Meter hoch fahren. Die Bergriesen spiegeln sich in zahlreichen Seen. Das Besucherzentrum liegt am Fall River Pass.

Weitere Informationen: Rocky Mountain National Park, Estes Park, CO 80517.

Rodeos

Volkssport im amerikanischen Westen, der mehr Zuschauer als so manches Football- oder Baseballspiel anlockt. Mutige Cowboys reiten auf wilden Pferden und wilden Bullen und müssen sich acht Sekunden lang im Sattel halten. Bewertet werden die Haltung des Reiters und seine Aggressivität. Für Kurzweil sorgen die Rodeo Clowns,

Harter Sport für harte Männer

Die bekanntesten Rodeos des Westens sind das »Frontier Days Rodeo« in Prescott, Arizona, das jedes Jahr im Juli stattfindet, und das Annual Indian National Finals Rodeo, das Mitte November in Albuquerque, New Mexico, nur von Indianern veranstaltet wird.

Informationen über das Rodeo in Prescott erhält man über die Rufnummer (6 02) 4 45-20 00, über Albuquerque erhält man Informationen über Tel. (5 05) 8 42-02 20.

Rucksackwandern → Backpacking

Rundfunkstationen

Das Radio ist in den USA nicht so mächtig wie bei uns, weil es dort viele tausend Sender gibt, die oft nur sechzig, siebzig Kilometer weit reichen. Jede Senderstation vertritt ein besonderes Format, eine Musikrichtung, spielt also den ganzen Tag und die ganze Nacht entweder nur Rock, Soul, Country oder klassische Musik. Die Diskjockeys reden nicht soviel wie bei uns, das neue Motto in den USA heißt »Less talk, more music« – weniger Gerede, mehr Musik. FM bedeutet UKW, AM ist die Mittelwelle. Die sogenannten »call letters« einer Station (z.B. KKYX) beginnen westlich des Mississippi mit einem »K«, im Osten mit einem »W«.

die allerdings auch die gefährliche Aufgabe haben, die Bullen abzulenken, wenn der Reiter aus dem Sattel gestiegen oder gefallen ist. Beim Calf Roping müssen zwei Cowboys hinter einem jungen Kalb herreiten, es mit dem Lasso einfangen und an den Beinen fesseln – wer dies am schnellsten fertigbringt, hat gewonnen. Beim Barrel Racing, das nur von Cowgirls veranstaltet wird, kämpfen die Mädchen gegen die Uhr. Sie müssen möglichst schnell um Fässer herumreiten. Zum Rodeo gehören aber auch die Nationalhymne, viel Country Music und eine Parade.

S

Sacramento

»Boomtown on the River« nannte man Sacramento anno 1849, als die Kunde vom kalifornischen Goldrausch wie ein Sturmwind über das Land brauste und das eher unbedeutende Sutterville beim Fort des Schweizers Johann August Sutter über Nacht zu einer brodelnden Metropole wurde. Der Tischler James Marshall hatte bei der Mühle des Schweizers Gold gefunden, und Goldgräber, Abenteurer und Geschäftemacher zogen aus allen Teilen des Landes ins nördliche Kalifornien. Sacramento wuchs zu einer ansehnlichen Stadt heran und wurde sogar zur Hauptstadt von Kalifornien erklärt, als man dort 1851 ein ansehnliches Court House errichtete. Sacramento ist bis heute Hauptstadt geblieben, obwohl San Francisco, Los Angeles und San Diego der mittleren Großstadt im Norden längst den Rang abgelaufen haben.

Die Atmosphäre der guten alten Zeit ist heute nur noch in Old Town lebendig, das mit liebevoll restaurierten Häusern und zahlreichen Lokalen und Läden aufwartet. Ein unbedingtes Muß in Sacramento ist das berühmte California State Railroad Museum (Second & I Street, Tel. (916) 4 45-42 09), in dem prachtvolle historische Dampflokomotiven und Waggons ausgestellt sind und die Bedeutung der Eisenbahn für die Erschließung des nordamerikanischen Kontinents auf anschauliche Weise dargestellt wird. Sehenswert auch das Kapitol, das inmitten der Stadt liegt, umgeben von prachtvollen Parkanlagen. Auch Sutter's Fort besteht noch, allerdings nur als Museum an der Ecke 27th & L Street gelegen.

Weitere Informationen: Sacramento Convention & Visitors Bureau, 1311 I Street, Sacramento, CA 95814.
Tel. (9 16) 4 42-55 42.

Saguaro Lake

Der inmitten einer herrlichen Wüstenlandschaft gelegene Stausee gilt immer noch als Geheimtip und liegt ungefähr hundert Kilometer nordöstlich von → Scottsdale an einer Nebenstraße des Highway 87. Im Hafen können Motorboote gemietet werden.

Saguaro National Monument

Siebzehn Meilen östlich von Tucson liegt ein geschütztes Gebiet mit besonders eindrucksvollen Exemplaren der bis zu fünfzehn Meter hohen Saguaro-Kakteen. Diese Kakteen brauchen fast hundert Jahre, bis sie ausgewachsen sind. Sie tragen gelbe Blüten und rote Früchte, die sehr schmackhaft sind und von den einheimischen Papago-Indianern als Delikatesse geschätzt werden. Zahlreiche Wanderwege führen tief in die Kakteenwildnis hinein, im Visitor Center gibt es ein kleines Museum und jede Menge Literatur über die amerikanische Wüste.

Geheimtip für Boot-Fans: Saguaro Lake

Weitere Informationen: Saguaro National Monument, P.O. Box 17210, Tucson, AZ 85731.

St. Augustine

Um das von Don Juan Ponce de Leon entdeckte »Land der Blumen«

Wie zu Zeiten der Spanier: St. Augustine

St. Augustine

Die Festung vor den Toren von St. Augustine

Das älteste Schulhaus der USA

(»La Florida«) vor den Angriffen der Feinde zu schützen, ließ Don Pedro Menendez de Aviles im Auftrag von König Philip II. an der Ostküste Floridas eine Siedlung erbauen. Das war im September 1565. Die Stadt wurde aber dennoch überfallen, vor allem von Piraten. Die Spanier bauten im Jahre 1672 ein Fort, das Castillo de San Marcos (1 Castillo Drive), das die Angriffe abhielt und heute noch besichtigt werden kann. 1763 verkauften die Spanier die Kolonie an England, um es zwanzig Jahre später wieder zurückzuerobern. Weitere siebenunddreißig Jahre darauf wurde es ein Teil der Vereinigten Staaten von Amerika.

Seinen spanischen Charakter hat das Land aber bis heute behalten, vor allem in St. Augustine, das sich stolz als »älteste Stadt der USA« bezeichnet und heute vor allem Touristen anzieht, die in den engen Gassen auf den Spuren der Vergangenheit wandeln. Verwinkelte Gassen und mit farbenprächtigen Blumen geschmückte Häuser machen den Reiz der Altstadt aus, in der man das älteste Schulhaus der USA und zahlreiche andere Gebäude besichtigen kann. In Werkstätten und Läden kann man Handwerkern bei ihrer traditionellen Arbeit zuschauen. Zahlreiche Restaurants locken mit gutem Essen und der Atmosphäre der spanischen Gründerzeit.

Weitere Informationen: St. Augustine and St. Johns Country Chamber of Commerce, P.O. Drawer O, St. Augustine, FL 32085.
Hotels: Monson Motor Lodge, 32 Avenida Menendez, St. Augustine, FL 32084. Tel. (904) 829-2277. Gemütliches Motel, zivile Preise.
Restaurants: The Monk's Vineyard, 56 St. George Street, St. Augustine, FL 32084. Tel. (904) 824-5888. Stimmungsvolles Restaurant in der Altstadt, in dem man von spanischen »Mönchen« bedient wird.

St. Helena

Der Ort im → Napa Valley beheimatet wunderschöne viktorianische Häuser und einige der bekanntesten kalifornischen Weingüter: Louis Martini, Beringer, Charles Krug. Im Silverado Museum (1490 Library Lane) erfährt man einiges über den Dichter Robert Louis Stevenson. Im nahegelegenen Bale Grist Mill State Historic Park steht eine alte Mühle.

St. Petersburg

Das Zentrum der charmanten Stadt an der → Pinellas Suncoast in Florida liegt am Pier, wo zahlreiche Spezialitäten-Imbisse auf Kundschaft warten. Angler vertreiben sich dort die Zeit, Straßenkünstler unterhalten die Touristen. Die unzähligen Jachten im Wasser der Bucht machen deutlich, warum St. Petersburg als »Sailing Capitel of the World« angepriesen wird. Nirgendwo sonst in Florida gibt es so viele Segelboote und so viele Segelschulen. Unweit des Piers liegt die H.M.S. Bounty aus dem Film »Meuterei auf der Bounty« im Wasser. Zu einem neuen Wahrzeichen der Stadt wurde das Salvador Dali Museum (1000 Third Street South) mit Ölgemälden, Zeichnungen und Grafiken des weltbekannten Künstlers. Das Museum of Fine Arts (225 Beach Drive North) trägt als kulturelles Zentrum ebenfalls viel zum Ruhm der Stadt bei.

Salton Sea

Der riesige Salzsee, im äußersten Süden von Kalifornien gelegen, gehört zu den größten der Welt und liegt 72 Meter unter dem Wasserspiegel. Er entstand zu Beginn des 20. Jahrhunderts, als der Colorado River einen Damm durchbrach und sich ein neues Bett suchte. Das Wasser ist warm und zum Baden sehr gut geeignet, am Ufer wachsen die in den USA seltenen Dattelpalmen.

San Antonio

Die Stadt im südlichen Texas wird auch »Venedig Amerikas« genannt, weil sich das touristische und gesellschaftliche Leben vor allem am San Antonio River abspielt, der sozusagen eine Etage tiefer durch die Innenstadt fließt. Über schmale Treppen erreicht man den »Paseo del Rio«, den Riverwalk, mit Straßencafes, Restaurants und zahlreichen Boutiquen und Shops. Am Ufer, auf einer der zahlreichen Brücken oder auf flachen Booten genießen die Touristen, aber auch Einheimische das bunte Leben am Fluß und vergessen den Alltag.

Mitten in der Stadt erinnert die Ruine des Alamo noch heute an die spanische Vergangenheit der Stadt und an einen der heroischsten Augenblicke der texanischen Geschichte. Im März 1836 versuchten 182 mutige Texaner, sich gegen die Übermacht von über sechstausend mexikanischen Soldaten zu wehren, die keine Gnade walten ließen und jeden der Amerikaner töteten. Die Rache folgte schon anderthalb Monate später. Im April stellte Sam Houston die Mexikaner bei San Jacinto und vertrieb sie mit seiner Armee unter dem Ruf »Remember the Alamo!« aus dem Land. Heute erinnert ein Museum im Alamo an diese bewegten Tage.

Alamo – in Texas ein Nationalheiligtum

Mission San Jose in San Antonio

Wesentlich friedvollere Zeugen der spanischen Vergangenheit auf amerikanischem Boden sind die Missionskirchen am Mission Trail. Wie ein Mahnmal ragt der feste Bau von San Jose y San Miguel de Aguayo aus dem Wüstensand. In dieser schönsten Kirche von San Antonio werden jeden Sonntagmorgen Mariachi-Messen mit mexikanischer Musik abgehalten. Die Mission San Concepcion ist die älteste, nicht restaurierte, aus Stein gebaute katholische Kirche der USA. Südlich von San Concepcion liegen San Jose, San Juan und Espada. Wie alle anderen Missionskirchen erlebten sie ihre Blütezeit um 1740, als spanische Padres versuchten, die Indianer des amerikanischen Südwesten zu missionieren.

Die deutsche Vergangenheit der Stadt ist immer noch im King William District lebendig, einem sehr eleganten Wohnviertel mit herrschaftlichen Villen und viktorianischen Häusern. Die San Antonio Conservation Society (107 King William Street) veranstaltet Führungen durch dieses sehr interessante Viertel.

Western-Atmosphäre herrscht in der Buckhorn Hall of Horns, einem wunderschön restaurierten Saloon auf dem Gelände der Lone Star Brauerei, aber auch im Institute of Texan Culture (P.O. Box 1226, San Antonio, TX 78294. Tel. (512) 226-7651), einem sehr interessanten Museum, in dem die texanische Geschichte aus der Sicht der Indianer und der europäischen Einwanderer dargestellt wird. Das Museum ist täglich außer montags von 9 bis 17 Uhr geöffnet.

Vor allem aber ist San Antonio mexikanisch. Über fünfzig Prozent der Bevölkerung und auch der Bürgermeister kommen aus Mexiko. Fiesta-Stimmung herrscht besonders auf dem Market Square, aber auch in den mexikanischen Restaurants von La Villita, der Altstadt, vor allem natürlich während der großen Fiesta im April. Dann bestimmen Mariachi-Kapellen und Flamenco-Tänzerinnen das Bild, und in San Antonio kommt keiner zu Ruhe. Im Mittelpunkt der zehntägigen Fiesta steht die Battle of Flowers Parade, bei der blumengeschmückte Boote über den Fluß fahren.

Festtagsstimmung auch während des Texas Folklife Festivals im August, wenn die ethnischen Gruppen feiern und Spezialitäten aus ihrer Heimat feilbieten.

Weitere Informationen: San Antonio Convention & Visitors Bureau, P.O. Box 2277, San Antonio, TX 78298. Tel. (5 12) 2 99-81 23.

Hotels: Crockett Hotel, 320 Bonham, San Antonio, TX 78205. Tel. (5 12) 2 25-65 00. Preiswertes Hotel in unmittelbarer Nähe des Alamo, saubere Zimmer, sehr schöne Bar.

Menger Hotel, 204 Alamo Plaza, San Antonio, TX 78205. Tel. (5 12) 2 23-43 61. Gemütliches historisches Hotel, direkt neben dem Alamo gelegen.

Plaza Hotel, 555 South Alamo, San Antonio, TX 78205. Tel. (5 12) 2 29-10 00. First-Class-Hotel.

Restaurants: Fig Tree, 515 Paseo De La Villita, San Antonio, TX 78205. Tel. (5 12) 2 24-19 76. Hervorragende Steaks.

Frenchie's BBQ & Steak House, 1903 Jackson-Keller, San Antonio, TX 78213. Tel. (5 12) 3 41-08 05. Das beste Barbecue westlich des Atlantiks.

Kangaroo Court, 512 River Walk, San Antonio, TX 78205. Tel. (5 12) 2 24-68 21. Gute Sandwiches und »Killer-Margs«, die stärksten Margaritas der Stadt.

La Margarita, 120 Produce Row, San Antonio, TX 78205. Tel. (5 12) 2 27-71 40. Der beste Mexikaner in Texas. Tolle Margaritas. Sehr zu empfehlen: Fajitas.

San Diego

Das Wetter ist ideal in der südkalifornischen Stadt am Meer. Nicht zu warm, aber auch nicht zu kühl und immer genügend Wind zum Surfen und Segeln. Denn Sport wird großgeschrieben in »Sportstown U.S.A.« Überall gibt es Wasser, stille Buchten, Kanäle, Lagunen und das brausende Meer – paradiesische Zustände, von denen jeder

Segelschiff in San Diego

San Diego

San Diego, die Stadt der Wassersportler

europäische Jachtbesitzer träumt. Und wer in San Diego kein Boot hat, spielt Tennis oder Golf. Die letzte Zählung ergab siebzig Golf- und zwölfhundert Tennisplätze, viele davon öffentlich und daher gebührenfrei.

»Sportstown, U.S.A.« – ein amerikanischer Journalist hat der Stadt am Pazifik ihren Beinamen gegeben, aber San Diego hat mehr zu bieten als Sonne, Wind und blaues Meer. Im Jahre 1542 wurde hier Geschichte gemacht, als mit dem por-

San Diego

Coronado-Hotel: hier wohnte die Monroe

tugiesischen Seefahrer Juan Rodriguez Cabrillo der erste Weiße kalifornischen Boden betrat. Da er unter spanischer Flagge segelte, nahm er die Bucht für die spanische Krone in Besitz. Die Spanier zeigten aber vorerst kein Interesse, dort eine Siedlung zu errichten. Erst 1769 bauten Franziskanermönche dort die erste von einundzwanzig Missionen in Kalifornien. Die Mission San Diego de Alcala wurde 1967 für Touristen geöffnet und vermittelt einen guten Einblick in das Leben an der spanischen Besiedlungsgrenze.

Die ersten Häuser der Siedlung wurden 1821 gebaut, als zahlreiche Siedler aus der Nähe des inzwischen errichteten Militärpostens ans Meer zogen und sich an der Bucht niederließen. Einige dieser Gebäude stehen immer noch, zum Beispiel die eindrucksvolle Casa de Estudillo. Old Town ist heute ein Touristenzentrum mit Restaurants und Boutiquen und liegt außerhalb der eigentlichen Stadt, interessierte Besucher werden von älteren Ladies in historischen Kostümen auf sehenswerte Gebäude aufmerksam gemacht.

Das moderne San Diego wurde von dem Finanzier Alonzo Horton als Ferienparadies konzipiert und auf dem Reißbrett geplant.

Der Unternehmer erschien 1867 in Old Town und kaufte alles Land an der Bucht auf. Er erkannte schon damals das Potential für eine riesige Ferienstadt und große Geschäfte. Die Horton Plaza, eines der schönsten Einkaufszentren der USA mit verschachtelten pastellfarbenen Gebäuden, verträumten Gassen und belebten Plazas, wurde nach ihm benannt. Gebaut wurde sie von dem Architekten Jon Jerde, der auch für die Olympischen Spiele in Los Angeles verantwortlich zeichnete. Horton Plaza erinnert an eine spanische oder südfranzösische Kleinstadt und soll auch als Ort der Begegnung und Kommunikation verstanden werden.

Das Einkaufszentrum ist aber nur der Anfang einer umfangreichen Wiederbelebung der Innenstadt, die wieder zu einem lebendigen Zentrum werden soll. Die Gaslamp Quarters, beinahe schon zu einem Rotlichtbezirk für die in San Diego ansässige Marine verkommen, wurden restauriert und locken mit ihren Lokalen, Läden und Pubs vor allem Touristen an; in Hillcrest erwarten den Besucher Buchhandlungen, Antiquitätenläden und Kunstgalerien. Sogar die öffentlichen Verkehrsmittel werden ausgebaut. Die knallrote Straßenbahnlinie (»Tijuana Trolley«) zur mexikanischen Grenze, so die Stadtväter, ist erst der Anfang.

Der Balboa Park ist das kulturelle Zentrum der Stadt. Fast alle Museen, Theater, viele Kunstgalerien und sogar der weltberühmte Zoo sind auf seinem Gelände untergebracht. Das Natural History Museum mit seinen Ausstellungsstücken aus der Frühzeit Kaliforniens, das San Diego Museum of Art, das Aerospace Museum mit historischen Flugzeugen und das Reuben H. Fleet Space Theater & Space Center mit dem riesigen Planetarium. Zahlreiche Restaurants bieten kulinarische Genüsse und die Möglichkeit, sich zu entspannen. Im California Tower, im spanisch-maurischen Stil erbaut, läuten jeden Mittag die Glocken.

Der Silver Strand Boulevard führt zum eindrucksvollen Hotel Del Coronado, in dem der berühmte Film »Manche mögen's heiß« mit Marilyn Monroe gedreht wurde. In der Lobby hängen seltene Fotografien des berühmten Gastes. Auf den Aussichtsterrassen herrscht meist ein reges Treiben, die wahre Action aber herrscht an der Mission Bay mit ihren Surf- und Segelschulen und am Crystal Pier, wo die jungen Leute ihre Feste feiern. Dort geht es auch in den Restaurants und Bars zwangloser zu.

Shamu, der Star von »Seaworld«

San Diego ist eine ideale Stadt für sportbegeisterte Leute und kaufkräftige Yuppies, die sich in dieser vor allem für die Jugend gebaute Stadt rundum wohlfühlen werden.

Weitere Informationen: San Diego Convention & Visitors Bureau, 1200 Third Avenue, Suite 824, San Diego, CA 92101. Tel. (619) 2 32-31 01.
Hotels: Shelter Island Marina Inn, 2051 Shelter Island Drive, San Diego, CA 92106. Tel. (619) 2 22-05 61. Ideale Herberge für Wassersportler, direkt am Jachthafen gelegen. Mittlere Preislage.
Colonial Inn Hotel, 910 Prospect Street, La Jolla, CA 92037. Tel. (619) 4 54-21 81. Im vornehmen Vorort → La Jolla gelegenes Hotel, sehr stimmungsvoll, sehr gemütlich.
Restaurants: Casa de Bandini, 2660 Calhoun Street, San Diego, CA 92101. Tel. (619) 2 97-82 11. Mexikanische Küche, sehr stimmungsvoll.
Terada Ya, 8001 Girard Avenue, La Jolla, CA 92037. Tel. (619) 4 54-45 31. Hervorragende Sushi-Bar.
Old Spaghetti Factory, 275 Fifth Avenue, San Diego, CA 92106. Tel. (619) 2 33-43 23. Preiswerter, origineller Italiener im Gaslamp Quarter.
Papagayo, 861 West Harbor Drive, San Diego, CA 92106. Tel. (619) 2 32-75 81. Gutes Fischlokal.

San Francisco

Die Stadt am Goldenen Tor ist das Traumziel aller Amerika-Urlauber. The City, das Paris des amerikanischen Westens, das Tor zum Orient, Baghdad-by-the-Bay, die Stadt des Goldenen Hügels, die schönste Stadt der USA – die Stadt am Pazifik hat viele Beinamen und wird allen gerecht. Eine Metropole, deren Bilder längst zu Klischees erstarrt sind, obwohl die Wirklichkeit noch schöner ist: → Cable Cars auf der California Street, viktorianische Häuser am Alamo Square, das geschäftige Treiben in Chinatown, Krabbenverkäufer am Fisherman's Wharf, die zeitlose Schönheit und Eleganz der → Golden Gate Bridge, die anmutige Skyline der Stadt.

Den schönsten Blick auf San Francisco hat man von Twin Peaks aus, die von allen Tourbussen angesteuert werden. Wenn sich der Nebel verzogen hat, gelingen dort die besten Aufnahmen. Aber auch die meisten der anderen sieben Hügel gestatten einen traumhaften Blick. Paradefotos gelingen auch am Alamo Square mit seinen bunten viktorianischen Häusern und der Skyline im Hintergrund, und an der Lombard Street, der krümmsten Straße der Welt, die den ganzen Tag nur so zum Spaß befahren wird. Das bunte Leben der Stadt aber pulsiert anderswo, in der hektischen Grant Street in Chinatown, am Union Square, dem Zentrum der Innenstadt mit seinen Palmen, den hupenden Autos und den klimpernden Cable Cars, auf der Market Street, der Hauptverkehrsader der Stadt, und natürlich an der Fish Alley und der Jefferson Street zwischen Hyde und Jones Street.

Fishermen's Wharf wurde nach dem kalifornischen Goldrausch zum Anlegeplatz für die Fischerboote, weil es von dort aus nur ein paar hundert Meter bis zur Innenstadt und nur ein paar Meilen bis zum offenen Meer waren. An die ersten Fischer aus Genua und Sizi-

Lombard Street: die kurvenreichste Straße der Welt

lien erinnert das Fishermen's an Seamen's Memorial. Ihre Nachfahren gehen immer noch auf Fisch- und Krabbenfang und liefern ihre Beute auf dem Markt und in den zahlreichen Restaurants der Stadt ab. Die Shrimps und Krabben werden meist schon an Ort und Stelle für die Touristen gekocht, dazu wird das gute Sauerbrot (ein Rezept aus der Goldgräberzeit) angeboten. Die Restaurants der benachbarten Fish Alley bieten zwar guten Fisch (immer »boiled« verlangen, sonst verschwindet er unter einer dicken Panade), sind aber zu teuer.

Preiswerter ist es da schon, sich die Kunststücke der Straßenkünstler anzusehen, bevor man den Verlockungen der Cannery erliegt, dem roten Backsteingebäude gegenüber vom Hyde Street Pier, das früher eine Konservenfabrik und heute ein Einkaufszentrum mit exklusiven Shops und gemütlichen Restaurants ist. Zweckentfremdet wurde auch eine ehemalige Schokoladenfabrik am Ghirardelli Square. Auf acht Ebenen und vierzehn Gebäude sind die Boutiquen und Restaurants verteilt.

Links liegen lassen kann man das Pier 39, eine ausschließlich für Touristen gebaute Attraktion, welche die Atmosphäre einer kalifornischen Küstenstadt um die Jahrhundertwende vermitteln soll, aber eher einen aufdringlichen Eindruck macht, und in der viel zu hohe Preise verlangt werden. In der Cannery, bei Ghirardelli's und auch am Fishermen's Wharf stimmt wenigstens die Atmosphäre. Empfehlenswert ist dagegen eine Rundfahrt mit dem Aussichtsschiff, das am Pier anlegt und nach → Alcatraz,

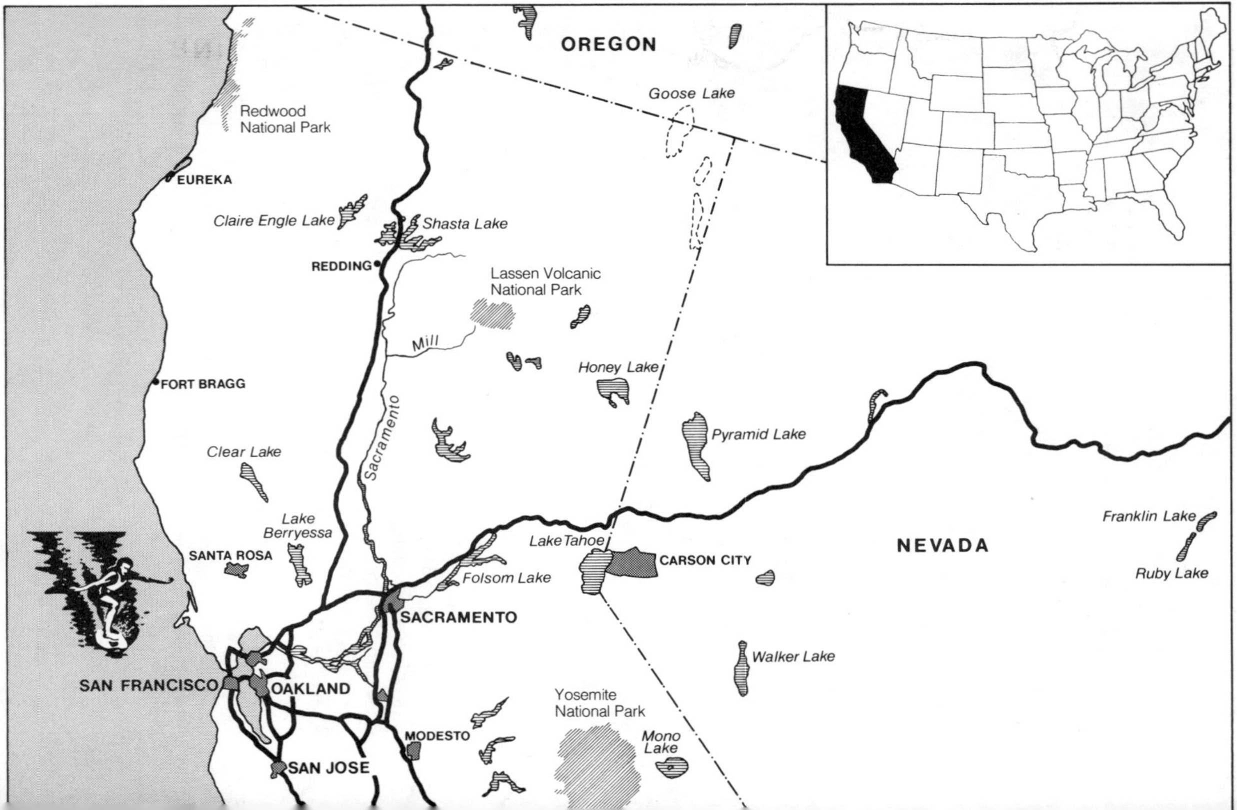
OREGON
Goose Lake
Redwood National Park
EUREKA
Claire Engle Lake
Shasta Lake
REDDING
Lassen Volcanic National Park
Mill
Honey Lake
FORT BRAGG
Sacramento
Pyramid Lake
Clear Lake
Lake Berryessa
Franklin Lake
SANTA ROSA
Lake Tahoe
CARSON CITY
NEVADA
Ruby Lake
Folsom Lake
SACRAMENTO
Walker Lake
SAN FRANCISCO
OAKLAND
Yosemite National Park
MODESTO
Mono Lake
SAN JOSE

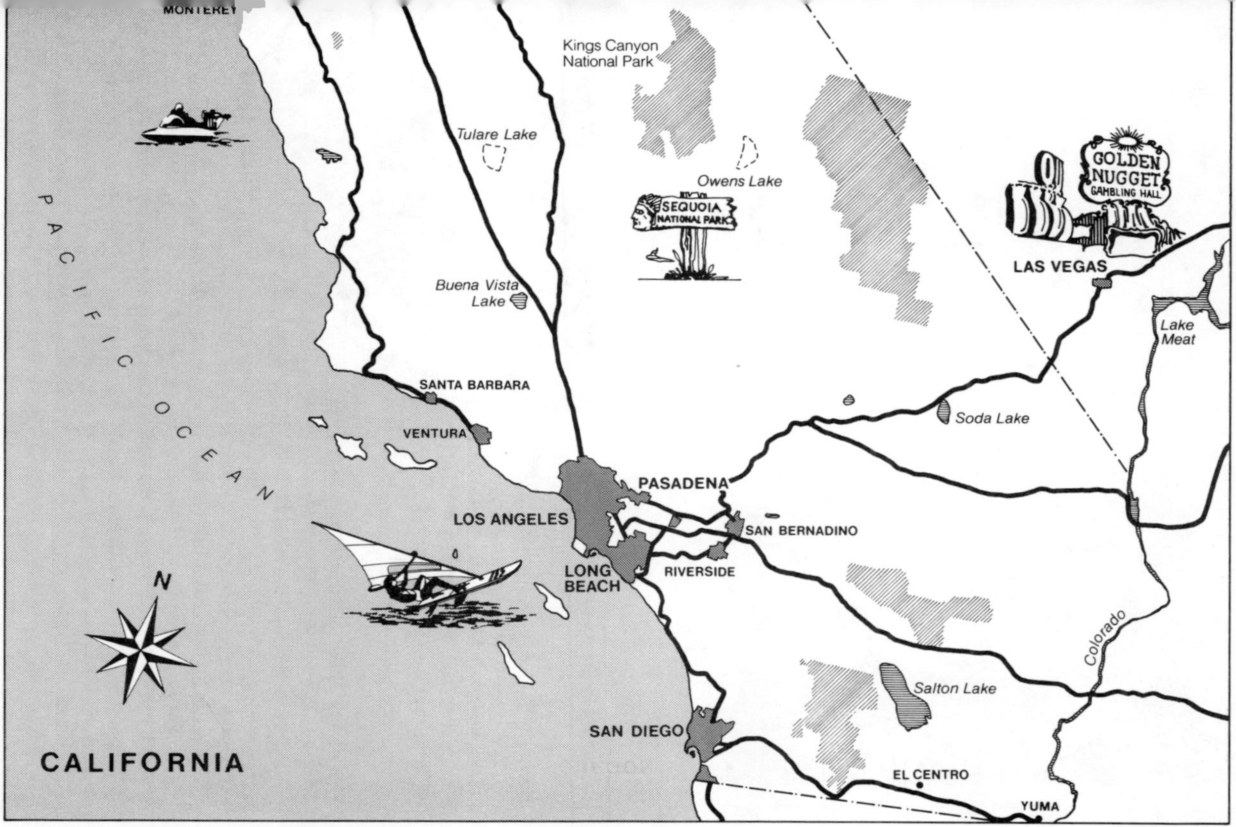

MONTEREY
Kings Canyon
National Park
Tulare Lake
Owens Lake
SEQUOIA
NATIONAL PARK
GOLDEN
NUGGET
GAMBLING HALL
LAS VEGAS
Buena Vista
Lake
Lake
Meat
PACIFIC OCEAN
SANTA BARBARA
VENTURA
Soda Lake
PASADENA
LOS ANGELES
SAN BERNADINO
LONG
BEACH
RIVERSIDE
N
Colorado
Salton Lake
SAN DIEGO
CALIFORNIA
EL CENTRO
YUMA

Telefon in Chinatown

Twelfth Street, eifert dem New Yorker SoHo nach und ist die Heimat angesagter Kneipen, ausgefallener Diskotheken und Clubs und avantgardistischer Galerien. Sogar viele Lederschuppen auf der »Schwulenmeile« Folsom Street zwischen Seventh und Twelfth Street haben auf gemischtes Publikum umgeschaltet, weil sie das große Geschäft wittern. Das kommt mit Sicherheit in ein paar Jahren, aber vorerst bleibt SOMA noch ein Geheimtip. Zu den angesagten Lokalen gehören das Billboard Cafe (299 Ninth Street) und die Diskothek Oasis (278 11th Street at Folsom), die sogar einen Swimming-pool ihr eigen nennt.

Für Kulturfreunde interessant ist das Viertel zwischen Octavia und bis zur Golden Gate Bridge und zur längeren, aber nicht so spektakulären Oakland Bay Bridge (unser Titelbild) fährt.

Das San Francisco der Einheimischen lernt man auf der California Street kennen, die auf der halben Meile zwischen Nob Hill und Market Street besonders steil ist und vor, aber auch nach dem großen → Erdbeben von 1906 die Heimat für die reichen Leuten der Stadt wurde. Die Arbeiter wohnten damals südlich der Market Street, einem damals ziemlich heruntergekommenen Viertel, das aber inzwischen restauriert wird und zu einem Geheimtip für vergnügungssüchtige Urlauber geworden ist.

SOMA (South of Market), die Blocks zwischen Embarcadero und

Chinatown

Alt und neu in San Francisco

San Francisco

Larkin Street jenseits der Market Street. Beherrscht wird es von der Kuppel der City Hall, zur neuen Attraktion wurde jedoch die Louise M. Davies Hall, die neue Heimat der San Francisco Symphony mit einer einmaligen Akustik. Gleich gegenüber wartet das Opernhaus, und keine hundert Meter entfernt liegt das Museum of Modern Art.

San Francisco ist eine sehr tolerante Stadt, mußte es schon im letzten Jahrhundert sein, als ein Schiff mit Auswanderern nach dem anderen im Hafen vor Anker ging. Viele dieser Einwanderergruppen haben sich ihren eigenen Charakter bewahrt und leben in einem selbstgewählten Getto. Die Chinesen in Chinatown, die Japaner in Japantown, die Italiener in Little Italy. Ihre Restaurants zählen zu den besten der Stadt, und kein Tourist sollte San Francisco verlassen, ohne nicht wenigstens in einem chinesischen und italienischen Lokal gewesen zu sein.

Sparen kann er sich dagegen den Besuch von Haight-Ashbury, jener berühmten Kreuzung aus den sechziger Jahren, als die Hippies die Stadt zu ihrer Heimat machten und mit ihrem »Make Love Not War« gegen den Vietnamkrieg protestierten. Von den Hippies ist längst nichts mehr zu sehen, sie sind zu Yuppies geworden, die im riesigen Golden Gate Park joggen und sich auf einer der zahlreichen Wiesen vom Alltagsstreß erholen. Der Park liegt im Westen und beherbergt auch das Museum of Natural History, den Japanese Tea Garden und den Botanischen Garten.

San Francisco läßt kaum einen Wunsch offen und wird zurecht als

Postkartenansicht von San Francisco

Alamo Square

schönste Stadt der USA gepriesen. Diese Schönheit hat natürlich auch ihren Preis. Die Preise in den Hotels und Restaurants sind gesalzen. Während der Urlaubszeit sollte man nie ohne eine Hotelreservierung in San Francisco auftauchen. Die Vertragshotels der deutschen Reiseveranstalter (DER u. a.) sind in der Regel zu empfehlen.

Weitere Informationen: San Francisco Convention & Visitor's Bureau, 201 Third Street, San Francisco, CA 94103. Tel. (4 15) 9 74-69 00.
Hotels: Fairmont Hotel and Tower, 950 Mason Street, San Francisco, CA 94106. Tel. (415) 7 72-50 00. Die Nobelherberge aus der TV-Serie »Hotel«. Eine Nacht kostet um die 200 Dollar.
Fishermen's Wharf Travellodge, 1201 Columbus Avenue, San Francisco, CA 94133. Tel. (4 15) 7 76-70 70. Direkt am Fishermen's Wharf gelegen, gute Mittelklasse.

Restaurants: Bodega Seafood Restaurant, 506-508 Presidio Avenue, San Francisco, CA 94103. Tel. (4 15) 3 46-12 69. Sehr gutes Fischlokal.
Pacific Cafe, Ghirardelli Square, 900 North Point, San Francisco, CA 94133. Tel.: (4 15) 7 75-11 73. Preiswertes Austernessen.
Kan's, 708 Grant Avenue, San Francisco, CA 94108. Tel. (4 15) 9 82-23 88. Einer der besten Chinesen.
Veranstaltungshinweise in deutscher Sprache erhält man über die Telefonnummer (4 15) 3 91-20 04.

San Jose

Die bereits 1777 gegründete Stadt lebt heute von der elektronischen Industrie, die vor allem für die Weltraumbehörden arbeitet. Im westlichen Teil der Stadt steht das Winchester House, das Sarah Winchester gehörte. Die Gewehr-Erbin war von der Idee besessen, ein riesiges Haus zu bauen und hörte erst nach dem 160. Zimmer auf.

San Juan Bautista
Die Mission wurde 1797 gegründet und ist in vielerlei Hinsicht einzigartig. Sie ist die einzige Missionskirche mit drei Kirchenschiffen und enthält seltene Schätze wie alte Musikpartituren. Der Altar ist der einzige in einer Missionskirche, der von einem Amerikaner verziert wurde. Die Mission liegt nördlich von Monterey unweit der Küstenstraße.

Sanibel Island
Die tropische Insel an der → Lee Island Coast in Florida wird nicht umsonst als Traumziel gepriesen. Riesige Palmenstrände und türkisblaues Wasser locken inmitten einer tropischen und entspannten Atmosphäre. Die schmale Inselstraße windet sich durch lichte Pinienwälder und führt an einsamen Sandstränden und mit Muscheln übersäten Küsten vorbei. Als Eldorado für Muschelsammler empfiehlt sich Bowman's Beach. Im J.N. Ding Darling National Wildlife Refuge, einem urwüchsigen Sumpfland, leben seltende Pflanzen und Vögel. Über einen Damm geht es nach → Captiva Island.

San Luis Obispo
Die Missionskirche liegt unterhalb der Santa Lucia Mountains in Kalifornien und ist von einem mexikanischen Dorf umgeben, in dem jedes Jahr im August ein bedeutendes Mozart-Festival stattfindet. In der Altstadt erfährt man einiges über die spanische Vergangenheit des Ortes. Die Mission wurde zwischen 1792 und 1794 erbaut.

San Xavier del Bac
Als schönste Missionskirche des amerikanischen Westens gilt San Xavier del Bac bei → Tucson in Arizona. Die »weiße Taube der Wüste«, wie die Kirche wegen ihres weißen Anstrichs genannt wird, wurde im Jahre 1700 von Pater Kino gegründet und in jahrelanger Arbeit von indianischen Sklaven erbaut. Die Missionskirche besticht durch ihre zeitlose Schönheit, ihre farbenprächtigen Gottesbilder und ihren von der spanischen Renaissance geprägten Baustil. Bis heute wurde nicht geklärt, warum der rechte Turm nicht fertiggestellt wurde. Die

Mission San Xavier

Mission in Santa Barbara

Legende berichtet, daß ein Priester während des Turmbaus zu Tode stürzte und man den Turm ihm zu Ehren unvollendet ließ. Eine andere Legende behauptet, daß die Baumeister die Kirche nicht fertigbauten, um Steuern zu sparen. In der Kirche finden heute noch Gottesdienste statt.

Santa Barbara

Die romantische Küstenstadt am Pacific Coast Highway hat sich ihren spanischen Charakter bewahrt und wurde zu einem Eldorado für Künstler, Fischer, Aussteiger und Lebenskünstler. Auch Ronald Reagan lebt hier, in einer Ranch in den Küstenbergen.

Ihren Namen bekam die Stadt schon 1602 von dem spanischen Seefahrer Sebastian Vizcaino, der am Sankt-Barbara-Tag, dem Tag der Schutzheiligen der Seefahrer, in dieser Gegend sein Lager aufschlug. Im Jahre 1786 wurde die wunderschöne Mission Santa Barbara errichtet, die »Königin der Missionskirchen«, die noch heute über der Stadt thront und zu den beliebtesten Touristenzielen des südlichen Kaliforniens gehört.

Santa Barbara hat eine sehr wechselvolle Geschichte hinter sich, war unter spanischer, mexikanischer und amerikanischer Herrschaft und wurde 1925 fast vollkommen durch ein Erdbeben zerstört. Vor allem die Architekten William Mooser und sein Sohn, der in Spanien siebzehn Jahre lang Architektur studiert hatte, entschlossen sich, die Stadt im traditionellen spanischen Stil wieder aufzubauen. Sie errichteten eines der schönsten Gerichtsgebäude der USA in der Anacapa Street und sind auch für die romantischen Adobehäuser in der State Street mit ihren Innenhöfen, Brunnen, Restaurants und Straßencafes verantwortlich. Dort tummeln sich vor allem Touristen, aber auch Geschäftsleute, die sich im Schatten einiger Eukalyptusbäume von der Arbeit erholen.

Santa Barbara fühlt sich den schönen Künsten verpflichtet und wartet mit drei sehr unterschiedlichen Theatern auf: dem Arlington Theater, in dem meist Broadway-Shows aufgeführt werden, dem Ensemble Theater mit einem eher klassischen Programm und dem Victoria Theater, das früher einmal eine Kirche war, und in dem so ziemlich alles gespielt wird. Im Museum of Art (1130 State Street) sind die bildenden Künste zu Hause, und am Ende der State Street findet jeden Sonntag ein Kunstmarkt statt, zu dem die Leute von weither anreisen.

Am Stears Wharf, einer Verlängerung der State Street, die weit ins Meer hinausreicht, treffen sich die Angler und Müßiggänger, während man im Jachthafen die schönsten Boote Kaliforniens bestaunen kann. Ein »Scenic Drive« führt in den Villenvorort Montecito, das abends vor allem junge Leute anzieht, die sich in den zahlreichen Kneipen und Discos an den Coast Village Road amüsieren wollen.

Weitere Informationen: Santa Barbara Conference & Visitors Bureau, 1330 State Street, P.O. Box 299, Santa Barbara, CA 93102. Tel. (8 05) 9 65-30 21.
Hotels: El Encanto Hotel and Garden Villas, 1900 Lasuen Road, Santa Barbara, CA 93101. Tel. (8 05) 6 87-50 00. Traumhafte Hotelanlage mit einem der besten Restaurants der Stadt. Sehr teuer.
Marina Beach Hotel, 21th Bath Street, Santa Barbara, CA 93101. Tel. (8 05) 9 63-93 11. Preiswertes Hotel am Strand.
Restaurants: Charlotte, 129 State Street. Tel. (8 05) 9 66-12 21. Französisches Restaurant, guter Fisch, vernünftige Preise.
Anfang August erinnert sich die Stadt während der »Old Spanish Fiesta Days« an ihre spanische Vergangenheit. Spanische Musik, Flamenco, Shows, Parade.

Santa Cruz

Die malerische Universitätsstadt liegt in der Bucht von → Monterey und lockt mit einer wunderschönen Küste und einem geschäftigen Handelshafen. Am Natural Bridges State Beach kann man im Winter die farbenprächtigen Monarch-Schmetterlinge beobachten. Der Santa Cruz Beach Boulevard, eine Strandpromenade, erinnert an die mondänen Seebäder um die Jahrhundertwende. Die Mission wurde 1791 durch ein Erdbeben zerstört, aber naturgetreu wieder aufgebaut.

Santa Fe

Die vielbesungene Stadt in New Mexico hat sich ihren spanischen

Charakter bis heute bewahrt und versprüht einen europäisch anmutenden Charme, dem besonders die Amerikaner erliegen. Sie gilt als Heimat der Künstler, die in zahlreichen Galerien und Museen ihre Bilder und Plastiken ausstellen, aber auch nach Münchner Vorbild einen Schicki-Micki-Zirkel gegründet haben, der Santa Fe viel von seiner Attraktivität nimmt. Dafür sorgen auch die Geschäftsleute, die Santa Fe gekonnt vermarkten und während der Férienzeit in ein Bienenhaus verwandeln.

Mittelpunkt der ehemaligen Hauptstadt des spanischen Amerika ist die von Adobehäusern umgebene Plaza mit ihren Restaurants, Boutiquen und Kunstgalerien. Unter den Vorbaudächern haben Pueblo-Indianer ihre Decken ausgebreitet und bieten Silber-und Türkisschmuck an. Die Höflichkeit verbietet es, diese Indianer, die sich ohnehin wie in einem Menschenzoo vorkommen müssen, zu fotografieren. Zumindest sollte man vorher fragen.

Den historischen Atem der traditionsreichen Stadt spürt man im Palast des spanischen Gouverneurs (113 Lincoln Avenue), dem ältesten öffentlichen Gebäude der USA, in dem heute das Museum of New Mexico untergebracht ist. Zu den schönsten und interessantesten Kirchen gehört die Cathedral of St. Francis und die San Miguel Chapel an der Kreuzung Santa Fe Trail und Vargas. Erbaut wurde San Miguel schon zu Zeiten der Spanier, und ein Schild weist sie heute als

Die älteste Kirche der USA

»älteste Kirche der USA« aus. Nur ein paar Meter entfernt steht das »älteste Haus der USA«, allerdings rühmt sich auch → St. Augustine in Florida, ein solches zu haben.

Der Santa Fe Trail, der heute noch so heißt, war zwischen 1821 und 1880 die wichtigste Handelsstraße der USA und führte von Franklin, Missouri, aus tausend Meilen weit durch die Wildnis bis nach Santa Fe. Die Straße ist heute breiter als damals und mit Asphalt überzogen, hat sich aber ihren Charme bewahrt. Sie wird von historischen Bauten wie San Miguel und flachen Adobehäusern flankiert, in denen Boutiquen, Galerien und teure Restaurants untergebracht sind. Die Stadtväter wachen eifersüchtig über den historischen Charakter des Trails und verhindern, daß McDonald's o. ä. einziehen und die Straße geldgierigen Spekulanten zum Ofer fällt.

Weitere Informationen: Santa Fe Convention & Visitors Bureau, P.O. Box 909, Santa Fe, NM 87501. Tel. (5 05) 9 84-67 60.
Hotels: La Fonda, 100 E. San Francisco, P.O. Box 1209, Santa Fe, NM 87504. Tel. (5 05) 9 82-55 11. Wunderschönes und stimmungsvolles Hotel, im Adobestil gebaut.
Restaurants: Pink Adobe, Santa Fe Trail, Santa Fe, NM 87504. Das beste mexikanische Essen außerhalb von Mexiko.

Santa Ysabel

Der kleine Ort bei der → Mission San Luis Rey wurde vor allem wegen Dudley's Bakery bekannt, in der hervorragendes Gebäck nach alten Rezepten hergestellt wird.

Santa Monica

Ehemals sehr vornehmer Vorort von Los Angeles am Pazifischen Ozean. Am fünf Kilometer langen Sandstrand und auf dem Santa Monica Municipal Pier treffen sich noch immer Einheimische und Urlauber, aber die interessante »Szene« ist nach → Venice und → Malibu umgezogen.

Sausalito

Malerische Künstlerkolonie am nördlichen Ende der Bucht von → San Francisco und von dort aus mit dem Fährschiff zu erreichen. Sausalito ist vor allem wegen seiner Hausbootkolonie und der Vielzahl von guten Restaurants, Boutiquen und Shops bekannt.

Schnellrestaurants → Fast Food

Scottsdale

Unterhalb des Camelback Mountain breitet sich Scottsdale aus, der mondäne Vorort der Fast-Millionenstadt → Phoenix. Das »Beverly Hills der Wüste« überrascht mit exklusiven Wohnanlagen, teuren Nobelhotels, Einkaufszentren mit französischen und italienischen Importgeschäften, Feinkostläden, Feinschmeckerrestaurants und den schönsten Golfplätzen und Tennisanlagen des Landes. Ein Paradies für zahlungskräftige Urlauber, die in diesem exklusiven Vorort auf ihre Kosten kommen. Wer sich etwas gönnen will: die schönsten Läden und Boutiquen findet man in der Fifth Avenue, empfehlenswerte Hotels sind das Sheraton Scottsdale Resort (7200 North Scottsdale Road, Scottsdale, AZ 85253 – Tel. (6 02) 9 48-50 00) und das Clarion Inn at McCormick Ranch (7401 North Scottsdale Road, Scottsdale, AZ 85253 – Tel. (6 02) 9 48-50 50). Zu den empfehlenswerten Restaurants gehört Rick's Cafe Americana (8320 North Hayden Road), ein exklusiver Italiener.

Seattle

Die Metropole im äußersten Nordwesten der USA gehört zu den schönsten Städten der Vereinigten Staaten. Überall ist Wasser, sieht man Buchten und das offene Meer, und in der Ferne leuchten die schneebedeckten Riesen der Cascadas. Romantisch die vielen Uferpromenaden und der Pioneer

Square, eindrucksvoll die Space Needle und die vielen Brücken. Mehrfach ausgezeichnet das hervorragende öffentliche Verkehrssystem mit Bussen und Bahnen, die in der City keinen Pfennig kosten.

Mit der Monorail kommt man zum Seattle Center, einem Überbleibsel der Weltausstellung von 1962. Ein großer Jahrmarkt lockt vor allem Kinder an, im Pacific Science Center werden wissenschaftliche Errungenschaften gefeiert, und im Center House sind Restaurants, Imbißstuben und Andenkenläden untergebracht. Überragt werden diese Gebäude von der 200 Meter hohen Space Needle, einem architektonisch sehr gelungenen Aussichtsturm, von dem aus man bei klarem Wetter den Puget Sound und die Cascade Mountains überblicken kann.

Mittelpunkt des Touristentrubels sind die First Street mit dem Pike Place Market (der frische Fisch ist sehenswert) und der Hafen eine Treppe tiefer. Dort findet man interessante Antiquitätengeschäfte und Warenhäuser, vor allem aber Fischrestaurants und Seafood Bars. Im Waterfront Park und am Pier 52 kann man die großen Schiffe und die beiden Feuerlöschboote Alki und Duwamish bestaunen. An den Landungsstegen liegen Frachter aus aller Herren Länder und die Fähren nach Alaska.

Am Pioneer Square erwartet die Vergangenheit den Besucher. Unterirdische Führungen geleiten ihn zu den Bürgersteigen des ehemaligen Seattle, das vor dem großen Feuer von 1889 noch ein paar Meter tiefer lag. Der Pioneer Square ist eine romantische Oase inmitten der Großstadt mit Straßencafes und Shops und besonders vielen Kunstgalerien. Mit einem Bus der Linie 17 kommt man zu den Hiram M. Chittenden Locks, gewaltigen Schleusen, in denen Frachtkräne, aber auch Vergnügungsboote vom Süßwasser der Salmon Bay zum Salzwasser des Puget Sound hinunter befördert werden. Noch interessanter ist die Fischleiter, über die im Sommer Tausende von Lachsen den Höhenunterschied von neun Metern überwinden.

Interessant ist das Museum of History and Industry mit seinen alten Flugzeugen und Schiffen, das University of Washington Arboretum mit seltenen Pflanzen und einem japanischen Garten. Einmalig ist der Freeway Park, eine grüne Oase direkt über dem Interstate 5, eindrucksvoll der Kingdome, eine riesige kuppelförmige Mehrzweckhalle, in der vor allem Football gespielt wird. Östlich davon liegt der International District, das asiatische Viertel mit chinesischen Lokalen, Sushi-Bars und exotischen Shops, die deutlich machen, daß Seattle von allen amerikanischen Städten dem Fernen Osten am nächsten steht.

Seattle ist eine weltoffene Metropole, eine geschäftige Hafenstadt, vor allem aber eine Stadt, in der man sich auch als Fremder wohlfühlt. Überall locken Buchten, lockt das Meer, besonders im Mai, wenn die Wassersportsaison beginnt, und hunderte von Booten und Jachten eine farbenprächtige Parade auf dem Washington Ship Canal bilden. Im Juli findet die Seafair statt, ein riesiges Fest auf dem Wasser, und auch sonst vergeht kaum ein Tag, an dem man auf dem Puget Sound keine Boote sieht – auch wenn es in Seattle öfter mal regnet.

Weitere Informationen: Seattle-King Country Convention & Visitors Bureau, 1815 Seventh Avenue, Seattle, WA 98101. Tel. (2 06) 4 47-72 76.
Hotels: Edgewater Hotel, Alaskan Way of Pier 67, Seattle, WA 98101. Tel. (2 06) 7 28-70 00. In die Elliott-Bucht hineingebautes Pfahlhaus. Tolle Aussicht.
Madison, Sixth Street and Madison, Seattle, WA 987101. Tel. (2 06) 5 83-03 00. Luxushotel, überdachter Swimming-pool. Sehr teuer. Gutes Restaurant, italienische Küche.
Restaurants: Franco's Hidden Harbor, 1500 Westlake N. WA Seattle 98109. Tel. (2 06) 2 82-0 55 55 01.
Hiram's at the Locks, 5300 34th NW, Seattle, WA 98107.
Tel. (2 06) 7 84-17 33.
Ivar's Salmon House, 401 NE Northlake, Seattle, WA 98103.
Tel. (2 06) 6 32-07 67.
Leschi Lake Cafe, 102 Lakeside, Seattle, WA 98144. Tel. (2 06) 3 28-22 33.

Seaworld → Vergnügungsparks

Sedona

Die kleine Hauptstadt des Red Rock Country, wie das Land um den → Oak Creek Canyon wegen seiner roten Felsen genannt wird. Eine Künstlermetropole mit Boutiquen, Restaurants und vor allem Kunstgalerien – in keiner anderen Stadt Arizonas gibt es so viele Kunstgalerien. Sedona ist ein besonders teures Pflaster, was die Touristen aber nicht daran hindert, in ganzen Scharen in den kleinen Ort einzufallen. Am besten fährt man im Winter, wenn auf den roten Felsen Schnee liegt und das Land in eine Märchenlandschaft verwandelt. Reizvoll auch Tlaquepaque, die im mexikanischen Hacienda-Stil erbaute Boutiquensiedlung im Herzen von Sedona. Mit seinen Mosaiken, Brunnen, Boutiquen und Restaurants ist sie ein Paradies für Fotografen und zahlungskräftige Urlauber.

Seilbahnen

Es gibt zahlreiche Seilbahnen in den USA, vor allem natürlich in den Skigebieten der Rocky Mountains. Aber auch zu Aussichtspunkten führen Seilbahnen hinaus, zum Beispiel in Albuquerque und Palm Springs. Die Sandia Peak Tramway in Albuquerque ist mit 4,2 km die längste Seilbahn der USA und führt auf den Sandia Peak. Tel. (5 05) 2 98-85 18. Die Palm Springs Tramway führt von der glühendheißen Wüstenstadt hinauf in die Kühle des knapp dreitausend Meter hohen Mount San Jacinto. Die Temperaturen auf dem Berg können um zwanzig Grad Celsius niedriger liegen als in der Wüste. Auf dem Berg gibt es zahlreiche Wanderwege und Loipen. Tel. (6 19) 3 25-13 91.

Sequoia and Kings Canyon National Parks

Die beiden Nationalparks in der kalifornischen Sierra Nevada ver-

Sequoia-Baum

stehen sich als Einheit und werden durch den Generals Highway verbunden, der einzigen Asphaltstraße in dieser üppigen Natur. Sie führt durch den Giant Forest, wo man besonders schöne Exemplare der gigantischen Sequoia-Bäume und den dreitausend Jahre alten »General Grant« bestaunen kann, der über achtzig Meter hoch ist und einen Durchmesser von elf Metern hat. Ein kleiner Waldweg vermittelt dem eiligen Besucher ein ungefähres Bild davon, wie es vor vielen tausend Jahren in dieser Gegend ausgesehen hat, richtig erfahren kann man die urwüchsige Schönheit dieses Gebiets aber nur auf einer längeren Wanderung. Auch wenn man nur wenig Zeit hat, sollte man über einen drei Kilometer langen Wanderweg zum Moro Rock hinaufsteigen, von dem aus man einen herrlichen Ausblick auf das weite Tal hat. Der Kings Canyon wurde von Gletschern geschaffen. Er überrascht mit einer Vielzahl von zerklüfteten Schluchten und Wasserfällen. Im Osten des Parks ragt der mächtige Mount Whitney (4800 Meter) empor, der höchste Berg der Vereinigten Staaten außerhalb von Alaska. Eine vielseitige Flora und Fauna wartet auf den naturverbundenen Besucher, der sich wochenlang in den beiden Parks aufhalten kann und niemals Langeweile verspüren wird.

Weitere Informationen: Sequoia and Kings National Parks, Three Rivers, CA 93271. Tel. (2 09) 5 65-33 41.

Seven Mile Bridge → Florida Keys

Seventeen Mile Drive
Die schönste Straße der Halbinsel Monterey zu befahren kostet eine Gebühr. Dafür bekommt man die schönsten Steilküsten und Buchten des »Steinbeck Country« zu sehen. Die Fahrt geht vorbei an vornehmen Villen, großzügigen Golfplätzen, durch lichte Wälder hindurch und zu einer einsamen Zypresse, die sich geisterhaft gegen den Himmel abhebt und wohl der meistfotografierte Baum der USA ist. Der Seventeen Mile Drive ist wunderschön, während der Hochsaison kommt es dort allerdings zu kilometerlangen Autoschlangen.

Sierra Nevada
Der gewaltige Gebirgszug erhebt sich im Osten Kaliforniens und war

einst ein beinahe unüberwindliches Hindernis für die Wagentrecks der ersten Siedler. Zu den schönsten Flecken gehören der → Lake Tahoe und der → Yosemite National Park.

Shenandoah National Park

Nur 75 Meilen von Washington D.C. entfernt erstreckt sich eines der landschaftlich schönsten Täler des amerikanischen Ostens: das Shenandoah Valley in den sagenumwobenen Blue Ridge Mountains. Der Skyline Drive führt durch den gesamten Nationalpark und zu den schönsten Aussichtspunkten des Tals. Er mündet am südlichen Ende des Parks in den Blue Ridge Parkway, der in die spektakulären Blue Ridge Mountains führt. Der Shenandoah National Park ist ein Paradies vor allem für Wanderer, die hier noch große Flächen unberührter Natur finden.

Weitere Informationen: Shenandoah National Park, Luray, VA 22835.

Silverton

Silverton macht einen genauso farbenprächtigen Eindruck wie Durango und zieht vor allem im Sommer Tausende von Touristen an, die mit der → Dampfeisenbahn aus Durango kommen. Die ehemalige Gold- und Silberstadt hat sich seit der Zeit des Wilden Westens kaum verändert und besteht lediglich aus ein paar Häuserzeilen und Schotterstraßen. Sogar einige Minen sind noch in Betrieb. Neu sind nur die Andenkenläden und die Hamburger-Lokale, von denen eines den originellen Namen »High Noon Hamburgers« trägt. Silverton bietet sich vor allem als Ausgangsort für zahlreiche Wanderungen und Jeep-Ausflüge in die San Juan Mountains an.

Skifahren

In den Bergen von Arizona, vor allem aber in New Mexico und Kalifornien kann man herrlich skifahren. Experten rühmen den trockenen Pulverschnee, der das Fahren zu einem einzigen Genuß macht. Die schönsten Skizentren sind das Mount-Shasta-Skigebiet bei Redding und das Lake-Tahoe-Skigebiet in Kalifornien, ferner die Arizona Sunbowl Ski Area am Fuß der San Francisco Peaks bei Flagstaff in Arizona. Und in New Mexico: Angel Fire (12 Meilen südlich von Eagle Nest am Highway 38), Cloudcroft (im Süden des Staates am Highway 82), Eagle Creek (bei Ruidoso am Highway 532), Pajarito (bei Los Alamos), Red River (im nördlichen New Mexico), Rio Costilla (44 Meilen nördlich von Red River), Sandia Peak (bei Albuquerque), Santa Fe (nördlich der Stadt am Highway 275), Sierra Blanca (16 Meilen nordwestlich von Ruidose), Sipapu (25 Meilen von Taos am Highway 3), Sugarite (14 Meilen nordöstlich von Raton) und → Taos Ski Valley (19 Meilen nordöstlich von Taos). In Colorado bieten sich die bekannten Skiorte Aspen und Colorado Springs an.

Skunk Train

»Skunk Train« (»Stinktier-Zug«) nannten die Holzfäller im Redwood-

Bezirk um Fort Bragg den Dampfzug, der die Baumstämme zur Küste transportierte – man konnte ihn zehn Meilen gegen den Wind riechen. 1904 beförderte er zum ersten Mal Passagiere. Heute ist die Kohle besser, deshalb stinkt der Zug kaum noch. Allerdings fährt der Dampfzug nur noch im Sommer, ansonsten zieht eine Diesellok die Wagen. Die Fahrt von Fort Bragg nach Willits ist sehr romantisch, dauert allerdings über sieben Stunden. Man kann aber auch ein Ticket nach Northspur lösen, das nur drei Stunden entfernt liegt. Nach einen kurzen Aufenthalt fährt der Zug wieder zurück. Der Sommerfahrplan gilt vom dritten Sonntag im Juni bis zum zweiten Samstag im September.
Reservierungen: California Western Railroad, P.O. Box 907, Fort Bragg, CA 95437. Tel. (7 07) 9 64-63 71.

Sonoma Valley
Im Sonoma Valley (und im benachbarten Napa Valley) wächst der inzwischen auch in Europa geschätzte kalifornische Wein. In Sonoma wurde Geschichte geschrieben, es stand unter spanischer, russischer, englischer, mexikanischer und amerikanischer Herrschaft und war Ausgangspunkt der Bear Glag Revolt, die Kalifornien für kurze Zeit zur selbständigen Republik machte.
Die Mission San Francisco Solano, die im Jahre 1835 gegründete Missionsstation der Franziskaner, kann man im State Historic Park besichtigen.

Sonora-Wüste
Die Sonora Desert bedeckt den südlichen Teil von Arizona und weite Teile der mexikanischen Provinzen Baja California und Sonora. Hier wachsen die gigantischen Saguaro-Kakteen, das wuchernde Meaquite-Gestrüpp, der Ocotillo und die buschigen Palo-Verde-Bäume. Es gibt Schlangen, Füchse, Coyoten und viele andere Kleintiere wie die Känguruhratte, der es am perfektesten gelungen ist, sich in die unbarmherzige Natur einzufügen. Das Tierchen lebt unter der Erde und kommt ohne Wasser aus. Ein Mensch hält es in der Sonora Desert höchstens drei Tage ohne Wasser aus. Bei allen Wüstenwanderungen ist deshalb ausreichend Wasser mitzuführen, das man sich gegen den drohenden Hitzschlag auch über den Kopf gießen sollte. Viel Wissenswertes über Flora und Fauna erfährt man außerhalb von → Tucson im → Arizona-Sonora Desert Museum.

Sport
In den USA werden Breitensport und Leistungssport großgeschrieben. Golf und Tennis, aber auch Segeln, Surfen und Reiten gehören zu den am weitesten verbreiteten Sportarten. Viele Sportplätze sind öffentlich und können von jedermann benutzt werden. In den Ferienzentren werden Kurse abgehalten, die oft billiger sind als in Europa. Als Fan der Nationalsportarten Football und Baseball muß man sich jedoch an die Teams der unteren Ligen halten. Die meisten

Steuern

Footballstadien sind bis zum Ende des Jahrhunderts ausverkauft, und die Karten werden sogar vererbt.

Steuern

Statt einer Mehrwertsteuer gibt es in den USA eine sogenannte »sales tax«. Diese Verbrauchssteuer wird dem Ladenpreis hinzugerechnet und schwankt zwischen drei und neun Prozent, je nach Bundesstaat. Am höchsten ist sie in Kalifornien, gar keine »sales tax« gibt es in Oregon.

Straßenbahn → Öffentliche Verkehrsmittel

Straßensystem

Das Straßensystem in den USA ist einfach zu verstehen. Alle Highways und Ausfahrten sind numeriert. Amerikaner beschreiben eine Strecke immer, indem sie die Nummern der Straße angeben und nicht irgendwelche komplizierten Namen. Die Straßen mit gerader Zahl führen von Westen nach Osten, die mit ungerader Zahl von Süden nach Norden.
Interstates, also kreuzungsfreie Schnellstraßen, haben ein I (für Interstate) vor der zweistelligen Nummer auf blauem Grund, dreistellige Interstates bezeichnen einen Autobahnring oder eine Umgehungsstraße. Ein *Turnpike* ist eine gebührenpflichtige Schnellstraße mit nur wenigen Ausfahrten.

Strom

Die Spannung beträgt in den USA nur zwischen 110 und 125 Volt, dafür ist die Phasenzahl des Wechselstroms höher: 60 statt 50 wie bei uns. Rasierapparat, Föhn und Reisebügeleisen zeigen sich davon unbeeindruckt, sofern sie über einen Schalter verfügen, mit dem man die Spannung umstellen kann. Elektrische Wecker allerdings funktionieren nicht. Auch die Steckergröße ist in den USA anders, vor der Reise sollte man sich deshalb einen Adapter kaufen.

Studieren

Um von einer amerikanischen Universität aufgenommen zu werden, muß man einen Sprachtest (TOEFL) absolvieren, nähere Unterlagen erhält man von TOEFL Application Office, P.O. Box 899, Princeton, NJ 08541. Weitere Informationen, besonders über Austauschprogramme, erhält man vom Institute of International Education, 809 United Nations Plaza, New York, NY 10017, Tel. (212) 8 88-82 00. Ausführlich wird man zu diesem komplexen Thema in dem Buch »Lernen, Studieren, Arbeiten in USA und Kanada« von Mathias Ohm informiert.

Sunrise Highway

Der nördlich von San Diego gelegene Cuyumaca Rancho State Park ist ein ruhiges Naherholungsgebiet mit dichten Wäldern und herrlichen Ausblicken. Der Sunrise Highway gestattet eine besonders schöne Aussicht und beginnt im Pine Valley.

Sunset Crater National Monument

Der Krater eines prähistorischen

Die schroffen Berge der Superstition Mountains

Vulkans liegt in der Nähe von → Flagstaff.

Weitere Informationen: Sunset Crater National Monument, Route 3, P.O. Box 149, Flagstaff, AZ 86001.

Supai

Das Shangri-La des nördlichen Arizona liegt in der Havasupai-Indianerreservation, die nur mit dem Hubschrauber und über einen schmalen Trail zu erreichen ist. Der Pfad beginnt am Hualapai Hilltop und führt acht Meilen weit in eine tiefe Schlucht des Grand Canyon hinein. Ein anstrengender Marsch, der am Cataract Creek entlangführt und an einem blauen Wasserfall endet. Weitere Informationen, auch für Camper: Havasupai Tourist Enterprise, Supai, AZ 86435. Tel. (6 02) 4 48-21 21. Hubschrauberflüge kosten ungefähr 250 Dollar und starten in Tusayan, südlich vom Grand Canyon Village.

Reservierungen: Grand Canyon Helicopters, P.O. Box 455, Grand Canyon, AZ 86023. Tel. (6 02) 6 38-24 19.

Super Shuttle

Die blauen Kleinbusse verkehren in zahlreichen Städten wie Chicago, Los Angeles und San Francisco und verbinden den Flughafen mit jedem gewünschten Ort in der Innenstadt, also auch Privathäusern. Die Telefonnummer ist in den Gelben Seiten gelistet.

Supermarkt → Einkaufen

Superstition Mountains

Die zerklüfteten Berge östlich von Phoenix gehören zu den beliebtesten Ausflugszielen in Arizona. Besonders Geländewagenfahrer, Reiter und Wanderer fühlen sich

Superstition Mountains

von der rauhen Wildnis angezogen. Immer noch ungelöst ist das Rätsel der Lost Dutchman Mine, die 1871 vor Jacob Waltz entdeckt wurde. Der deutsche Goldsucher erzählte niemandem, wo die Mine lag und nahm sein Geheimnis mit ins Grab. Waltz lebte noch, als ein Erdbeben die Superstition Mountains erschütterte, er hätte die Mine danach wahrscheinlich selber nicht mehr gefunden.
Über der Mine liegt angeblich ein Fluch, der jedem den Tod bringt, der intensiv danach sucht – also höchste Vorsicht!

Sutter's Fort → Sacramento

Art-Deco-Burger King in Miami Beach

Miami-Vice-Atmosphäre in Miami Beach

Die Skyline von Miami, Florida

Miami, die Metropole im südlichen Florida

*Atlantis Building an der Brickell Avenue in Miami
Folgende Seite: Sonnenuntergang im südlichen Florida.*

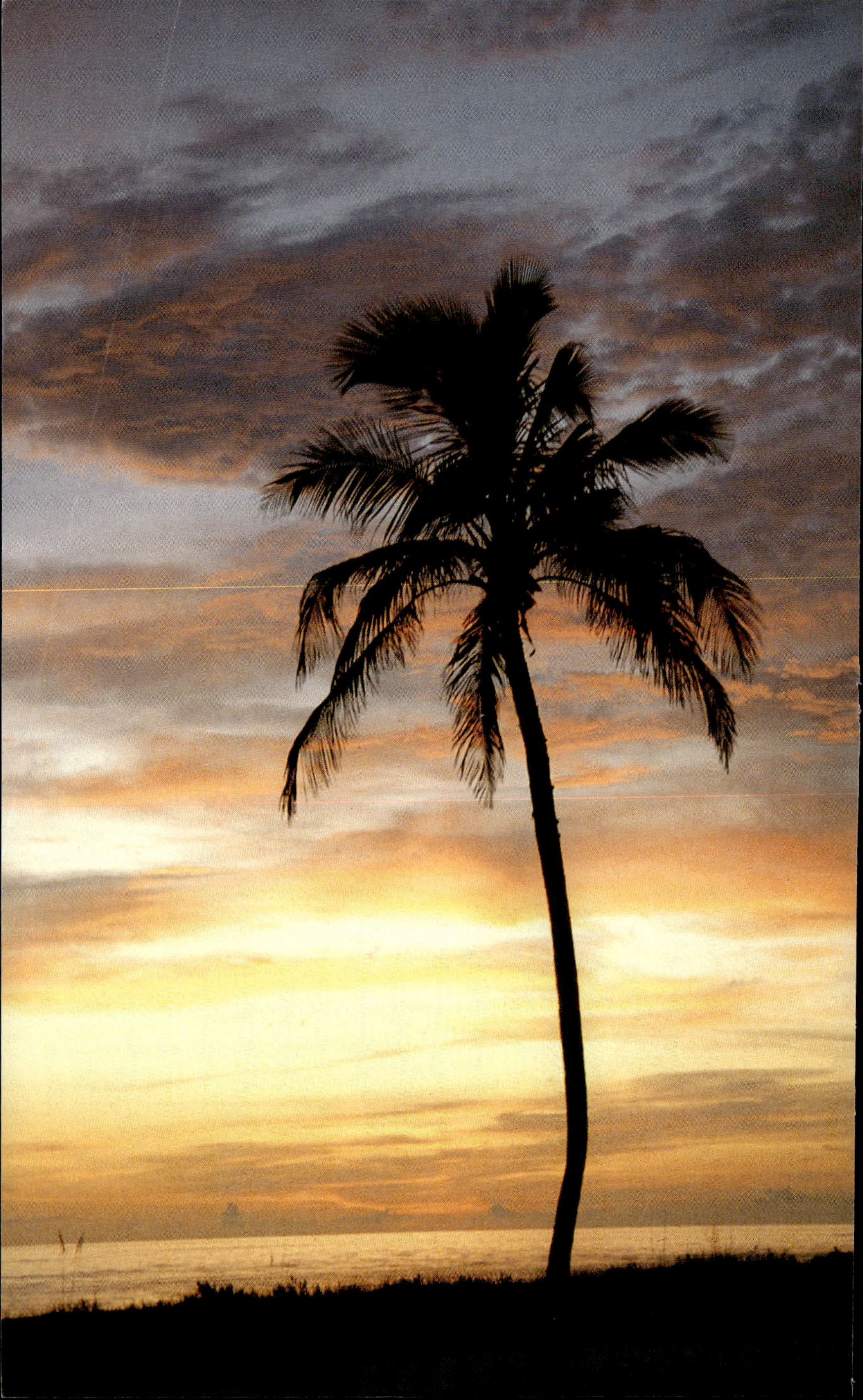

Tallahassee

Die Hauptstadt Floridas liegt im nördlichen »Pfannenstiel« des Bundesstaates und überrascht mit einer ruhigen Südstaaten-Atmosphäre. Romantische Backsteinhäuser und breite Alleen bestimmen das Stadtbild. Supermodern ist der Wolkenkratzer des neuen Kapitols, der direkt hinter dem Kuppelbau des historischen Regierungssitzes liegt und für einen interessanten Kontrast sorgt. Das alte Kapitol (South Monroe Street) dient heute als Museum. Im Museum of Florida History (R.A. Gray Building) erfährt man viel über die Geschichte des Staates. Sehenswert sind auch die Macclay Gardens (US Highway 319) mit ihrer Blumenvielfalt.

Hotels: Governor's Inn, 209 Adams Street, Tallahassee, FL 32301. Tel.: (9 04) 6 81-68 55. Gemütliches Hotel im Kolonialstil.

Tampa

Das wirtschaftliche Zentrum an der → Pinellas Suncoast im nördlichen Florida besteht seit 1822 und war schon damals ein bedeutender Handelsplatz. In den achtziger Jahren kam die Eisenbahn, und mit ihr kam die kubanische Zigarrenindustrie nach Tampa. In Ybor City kann man den Zigarrendrehern noch heute bei der Arbeit zusehen. Dort können auch zahlreiche historische Gebäude aus dieser Zeit besichtigt werden. Heute ist Tampa der achtgrößte Hafen der USA, hier legen Bananendampfer aus Südamerika und die Boote der größten Shrimp-Flotte der Vereinigten Staaten an.

Tankstellen

Der Europäer ist kurze Entfernungen gewöhnt und erwartet an jeder Ecke eine Tankstelle. Der Amerikaner muß oft hundert Kilometer bis zu den nächsten Zapfsäulen fahren, besonders im Südwesten. Der kluge Tourist baut also vor und geht immer mit einem ausreichend gefüllten Tank auf die Reise.
Amerikanische Tankstellen unterscheiden sich kaum von europäi-

Das Capitol in Tallahassee

schen, lediglich im Service bestehen geringfügige Unterschiede. Das Benzin wird (bis auf wenige Ausnahmen) in Gallonen abgefüllt und ist fast um die Hälfte billiger als bei uns. Es gibt Normalbenzin (Regular), bleifreies Normalbenzin (Unleaded), Super-Benzin (Premium, bzw. Premium Unleaded) und Diesel. Die Preise sind deutlich billiger als bei uns und differieren stark. An manchen Tankstellen, besonders vor Supermärkten, wird der Kaufpreis im voraus verlangt, bevor die Zapfsäule freigegeben wird. Kreditkarten werden an vielen Tankstellen akzeptiert, aber Barzahlen ist meist billiger. Trinkgeld ist nicht üblich. Alle Mietwagen verlangen bleifreies Benzin.

Taos

Kleiner, aber sehr stimmungsvoller Urlaubsort im nördlichen New Mexico, der besonders wegen seines ausgezeichneten Ski-Gebietes geschätzt wird. Die Plaza mit ihren Adobe-Gebäuden im spanisch-indianischen Stil bildet das Zentrum des Ortes und ist Treffpunkt für Touristen, Künstler und Händler. Restaurants, Boutiquen und Kunstgalerien warten auf zahlungskräftige Kunden. Im Kit Carson Home and Museum hat der bekannte Wildwestmann gelebt. Zu den schönsten Gebäuden gehört die Mission of St. Francis of Assisi.

Taos Pueblo

Außerhalb der Künstlerkolonie → Taos liegt das alte Taos Pueblo, das zu einer kulturellen Insel im nördlichen New Mexico geworden ist, obwohl die Zivilisation auch an den Pueblo-Indianern nicht spurlos vorübergegangen ist. Aber die mehrstöckigen Häuser aus Adobe-

Indianerwohnungen in Taos Pueblo

Indianer in Taos Pueblo

lehm mit den charakteristischen Leitern an den Wänden sind immer noch dieselben, und das Dorf sieht noch genauso aus wie im Jahre 1540, als die spanischen Eroberer auf ihrer Suche nach den Sieben Goldenen Städten in diese Gegend kamen. Taos Pueblos ist täglich für Touristen geöffnet, allerdings sahnen die Indianer kräftig ab und verlangen viel Geld für den Eintritt und das Fotografieren. Zu den Zeremonien und Tänzen in Taos Pueblos gehören der Turtle Dance (1. Januar), der Buffalo Dance (6. Januar), der Corn Dance am Santa Cruz Day (24. Juni), der Sundown Dance am 29. September und die Tänze am San Geronimo Day (30. September).

Taxis

Taxis, »taxis« oder »cabs« genannt, gibt es in allen größeren Ortschaften. Sie sind meist billiger als in Europa, bieten aber auch weniger Komfort. »Yellow Cab« (mit gelben Wagen) und »Checker Cab« (mit Schachbrettkaros an den Türen) sind die bekanntesten Unternehmen, daneben gibt es zahlreiche lokale und private Unternehmen, die jedoch teurer sind. Vorsicht: in New York und anderen Großstädten nur in die Taxis bekannter Unternehmen steigen, da man sonst leicht übers Ohr gehauen wird. Taxifahrer erwarten ein Trinkgeld von 15 Prozent und berechnen einen Zuschlag für Gepäck und Nachtfahrten.

Tarpon Springs

In dem kleinen Ort an der → Pinellas Suncoast in Florida wird immer noch Griechisch gesprochen. Tarpon Springs wurde um die Jahrhundertwende von griechischen Schwammtauchern gegründet, die heute allerdings kaum noch zu den Schwammgründen auslaufen. Die meisten Bewohner leben vom Fischfang oder vom Tourismus. Am

Künstlerin in Taos Pueblo

Schwammtaucher vor Tarpon Springs

Dodecanese Boulevard locken zahlreiche Restaurants und Läden, vor allem aber Bäckereien mit süßen Leckereien aus Griechenland. Im Spongeorama (510 Dodecanese Boulevard) erfährt man einiges über das Schwammtauchen. Daneben wartet ein Boot mit Schwammtauchern, die interessierten Besuchern demonstrieren, wie nach Schwämmen getaucht wird.

Tauchen

Überall in Florida, aber auch in Kalifornien werden Tauchkurse angeboten, die meist fünf Tage dauern. Geübt werden Theorie und Praxis, den Höhepunkt bilden die ersten Tauchgänge im Meer. Besonders zu empfehlen sind die Tauchkurse auf den → Florida Keys.

Telefonieren

Das Fernsprechnetz wird in den USA von AT&T und anderen privaten Gesellschaften betrieben. Sicherlich ein Grund für den besseren Service, die größere Freundlichkeit und die niedrigeren Rechnungen im Vergleich zu Europa. Ein Überseegespräch von den USA nach Europa kostet ungefähr halb soviel wie umgekehrt. Hilfreich zur Seite steht Ihnen bei allen Fragen und Unklarheiten der »operator«, meist eine freundliche Dame, die kostenlos durch das Wählen einer 0 erreicht werden kann.

Amerikanische Telefonnummern sind in drei Zahlenblocks unterteilt, z. B. (3 05) 5 73-43 00. Die in Klammern stehende Zahl ist die Vorwahl, der sogenannte »area code«, der in diesem Fall für das südliche Florida gilt. Bei Ortsgesprächen ist nur die siebenstellige Nummer zu wählen, bei Ferngesprächen innerhalb einer »area« wählt man eine 1 vor. Die Vorwahl muß nur außerhalb der »area« gewählt werden. Sie können das Gespräch aber auch durch einen Operator handvermitteln las-

Tauchen in Florida

sen, in vielen kleinen Orten geht es gar nicht anders. Über den Operator können Sie auch eine »person-to-person«-Verbindung verlangen – in diesem Fall ruft der Operator die Nummer an, verlangt den von Ihnen gewünschten Partner zu sprechen und berechnet Ihnen keine Gebühr, falls dieser nicht zu Hause ist. Eine normale Verbindung heißt »station-to-station«, ein R-Gespräch heißt »collect call« und wird ebenfalls durch den Operator vermittelt. R-Gespräche nach Deutschland sind nicht möglich. Bei Ferngesprächen von einer Zelle aus nennt Ihnen der Operator den Preis für die ersten drei Minuten, den Sie auf jeden Fall bezahlen müssen.

Vollkommen problemlos gestaltet sich ein Anruf mit der sogenannten »calling card«, der Kreditkarte der privaten Telefongesellschaft AT&T. Mit dieser Zauberkarte kann man von jedem Telefon der USA aus bargeldlos telefonieren – auch nach Übersee. Man wählt eine Null vor der eigentlichen Nummer, dann ertönt entweder ein Summton, und man tippt die Kreditkartennummer in den Apparat, oder ein Operator meldet sich und fragt danach. Die »calling card« erhält man in Deutschland kostenlos (auf Anfrage) mit der Diner's Club- und Visa-Karte. Die Gebühren werden über die Kreditkarten-Gesellschaften abgerechnet.

Mit einer Buchungskarte der Deutschen Bundespost erreicht man die Vermittlung in der Bundesrepublik über die gebührenfreie Nummer 1-800-292-0049. Die Kosten für das vermittelte Gespräch erscheinen auf der nächsten Telefonrechnung.

Besitzen Sie keine Karte, gestaltet sich ein Anruf nach Europa etwas schwieriger, besonders von einer Telefonzelle aus, da die größte Münze nur 25 Cents wert ist und Sie mindestens zehn Dollar einwerfen müssen. Der »overseas operator« meldet sich und sagt Ihnen, was die ersten drei Minuten kosten. Geben Sie ihm Land, Ortsvorwahl und Rufnummer an. Von einem Privatanschluß oder per Kreditkarte können Sie durchwählen: 01 (internationale Durchwahl), 49 (Vorwahl für Deutschland), die Ortsvorwahl ohne die Null und die Rufnummer. Den Anschluß (0 69) 59 15 21 in Frankfurt erreichen Sie also direkt über die Rufnummer 01-49-69-59 15 21. Kommt es einmal zu Problemen, hilft Ihnen der Operator weiter. In Hotels ist das Telefonieren immer teurer, auch für Kreditkarten-Gespräche wird ein geringer Aufpreis erhoben.

Eine Besonderheit sind die sogenannten »toll free numbers« (gebührenfreie Nummern) von Hotels, Fluglinien, usw. Diese Anschlüsse sind auf Visitenkarten und im Fernsprechbuch extra gekennzeichnet.

Telegramme

Der Telegramm- und Telexdienst untersteht nicht der →Post, sondern Western Union, die überall Büros unterhält, aber auch telefonisch erreichbar ist. Telexe und Telefaxe können auch in Hotels aufgegeben werden.

Temperaturtabelle

Centigrade (Celsius) in Grad	Fahrenheit in Grad
40	104,0
38	100,4
36	96,8
34	93,2
32	89,6
30	86,0
28	82,4
26	78,8
24	72,2
22	71,6
20	68,0
18	64,4
16	60,8
14	57,2
12	53,6
10	50,0
8	48,2
6	42,8
4	39,2
2	35,6
0	32,0
− 2	28,4
− 4	24,8
− 6	21,2
− 8	17,6
−10	14,0

Tijuana

Tijuana hat knapp eine Million Einwohner und ist damit die größte Stadt auf der Halbinsel Baja California. Von San Diego aus kann man die Stadt mit einer knallroten Straßenbahn (»Tijuana Trolley«) erreichen, die Endstation liegt direkt am Grenzübergang. Tijuana lockt mit mexikanischer Atmosphäre, einem großen Kulturzentrum, farbenfrohen Stierkämpfen und billigen Preisen für Tequila, Silber und Leder. Ansonsten ist Tijuana eine reine Touristenstadt, in der man vor allem in den Bars und zweifelhaften Spelunken darauf aus ist, die verhaßten Amerikaner auszunehmen. Der Besucher tut also gut daran, seinen europäischen Akzent herauszukehren.

Tombstone

»Alles, was du finden wirst, ist dein Grabstein!« hatten die Soldaten von Fort Huachaca den Schatzsucher Ed Schieffelin gewarnt, als er loszog, um in den Mule Mountains nach Gold zu suchen. Aber Ed blieb am Leben, fand im September 1877 Unmengen von Silber und nannte die sich rasch ausbreitende Stadt ironischerweise Tombstone (engl. = Grabstein). Tombstone wurde zu einer der größten Minenstädte von Arizona und hatte bereits 1881 fünfzehntausend Einwohner. In der Stadt herrschte wegen der reichen Silbervorkommen ein für Westernstädte ungewohnter Luxus – die Theken in den vornehmen Saloons waren aus Mahagoni, und die Kellnerinnen servierten erlesene Speisen und Weine und sogar Austern. Die Damen trugen die neueste Mode aus Paris und flanierten auf den Gehsteigen der Allen und Fremont Street. Die Stadt zog aber auch zwielichtiges Gesindel an, und am 26. Oktober 1881 kam es am OK Corral zwischen der Clanton-Sippe und Wyatt Earp und Doc Holliday zum berühmtesten Revolverkampf des Wilden Westens. Die

Nachgestellt: der Revolverkampf in OK-Coral

genauen Umstände dieser Auseinandersetzung wurden bis heute nicht geklärt und geben immer wieder Stoff für Bücher und Filme ab. Heute stehen Pappkameraden im OK Corral und erinnern an die wilde Zeit. Auch der Crystal Palace, in dem Virgil Earp ein Büro hatte, steht noch, und andere Gebäude wie der Oriental Saloon, das berühmte Bird Cage Theatre und das Zeitungsgebäude des »Tombstone Epitaph«, der heute noch erscheint, wurden naturgetreu nachgebaut. Vor der Stadt erzählen die Grabkreuze auf dem Boot Hill wundersame Geschichten wie die von dem Mann, der aus Versehen gehenkt wurde.

Tonto Basin

Die unendlichen Wälder und Täler unterhalb des Mogollon Rim, die am besten von Zane Grey, dem amerikanischen Karl May, beschrieben wurden. Während einer Fahrt über den → Crook Trail hat man die schönste Aussicht.

Tonto National Monument

Die Felswohnungen der Salado-Indianer in Arizona liegen nur wenige Meilen vom → Apache Trail entfernt und gegen einen guten Einblick in die Kultur dieses Stammes.

Weitere Informationen: Tonto National Monument, P.O. Box 707, Roosevelt, AZ 85545.

Trampen

Das Hitchhiking ist in den USA nicht mehr so verbreitet wie früher, seitdem besonders in Kalifornien einige Verbrechen an Anhaltern publik geworden sind. Empfohlen sei lediglich die Mitfahrt auf einem Truck. Einen freundlichen Trucker findet man auf jedem Truck Stop, besonders wenn man sich als Ausländer zu erkennen gibt.

Trinken

Der Amerikaner trinkt Unmengen von »Soda«. Das ist nicht nur die Bezeichnung für Sodawasser und Sprudel (um Verwechslungen zu vermeiden, bestellt man »Club Soda«), sondern auch der Sammelbegriff für alle Limonaden und Cola-Getränke. In der Umgangssprache wird eine Coke oder Fanta auch als »Pop« bezeichnet. Limonaden werden meist aus der Dose und eiskalt getrunken, in Lokalen werden sie mit viel Eis serviert.

Eisfrei bleibt (meist) nur die Milch, die in den USA mit Vitaminen angereichert ist und nur sehr kalt schmeckt. Milch wird fettarm und als Vollmilch angeboten.

Bei Tee unterscheidet man zwischen »Iced Tea« (Eistee) und »Hot Tea« (Heißer Tee), also niemals nur »Tea« bestellen.

Die meisten Limonaden werden auch ohne Zucker oder Koffein angeboten, als sogenannte »Diet Drinks«. Eine »Coca-Cola Light« heißt in den USA »Diet Coke«.

Sprudelwasser ist in den USA sehr teuer. Bei einem Warentest schnitt »Canada Dry« weit vor »Perrier« als bestes Mineralwasser ab.

Trinkgeld

In den USA gibt es keine Inklusivpreise, das Trinkgeld ist also gesondert zu entrichten. Man gibt etwa 15 Prozent, besonders bei Bedienungen und Taxifahrern. Einen Dollar bekommen Hotelpagen, Parkwächter und andere Personen, die Dienstleistungen entrichten.

Tubac

Der ehemalige Zufluchtsort für Mönche aus → San Xavier und → Tumacacori liegt zwischen → Tucson und der mexikanischen Grenze und gehört zu den ältesten Siedlungen der USA. Der ehemalige Presidio galt als uneinnehmbar. Die Stadt nahm einen vehementen Aufschwung, als in der Nähe Silber entdeckt wurde und die Kunde von einem gigantischen Frauenüberschuß die Runde machte. Tubac hat sich seinen Charme bis heute gewahrt, von dem Frauenüberschuß ist allerdings nichts mehr zu spüren.

Weitere Informationen: Tubac Village Council, P.O. Box 4004, Tubac, AZ 85640.

Tucson

Die zweitgrößte Stadt Arizonas wurde schon zu Zeiten Coronados gegründet und 1552 offiziell vom spanischen König als Siedlung erklärt. Die Siedlung war ursprünglich zum Schutz für Missionare und Händler gebaut worden, die hinter den dicken Mauern des Presidio vor den Apachen Zuflucht suchen konnten. Unter amerikanischer Herrschaft und vor allem, nachdem die Schienen der Southern Pacific die Stadt erreicht hatten, wurde Tucson zu einem bedeutenden Handelszentrum, das heute von der Industrie, aber wegen seiner sehr trockenen und angenehmen Hitze

Mission San Xavier del Bac in Tucson

Trockenes Klima: Tucson, Arizona

auch von Lungen- und Asthmakranken geschätzt wird. Sehenswert sind die gigantischen Saguaro-Kakteen, die vor allem im vor der Stadt gelegenen Mountain Park wachsen, die Universität mit einem interessanten historischen Museum, die Filmstadt → Old Tucson, die Missionskirchen → San Xavier del Bac und das → Arizona-Sonora Desert Museum. In der Umgebung von Tucson liegen zahlreiche Guest Ranches (→ Ranchurlaub) und Resort Hotels.

Restaurants: Li'l Abner's Steakhouse, 8500 North Silverbell Road, Tucson, AZ 85743. Tel. (6 02) 7 44-28 00. Die besten Steaks des amerikanischen Westens, über Mesquiteholz gegrillt.

Tumacacori National Monument

Die Ruine einer spanischen Missionsstation aus dem 17. Jahrhundert. Sie liegt nördlich von Nogales, Arizona und informiert über das Leben an der spanischen Besiedlungsgrenze.

Weitere Informationen: Tumacacori National Monument, P.O. Box 67, Tumacacori, AZ 85640.

Tuzigoot National Monument

Die Ruinen eines kleinen Indianerdorfes liegen zwei Meilen östlich von Clarkdale am Verde River in Arizona.

Weitere Informationen: Tuzigoot National Monument, P.O. Box 68, Clarkdale, AZ 86324.

U

Umweltschutz

Die Amerikaner legen – zumindest in den Nationalparks und auf den Highways – größten Wert auf Sauberkeit. Obwohl oder gerade weil die USA in dieser Beziehung vor allem hinter der Schweiz immer noch hinterherhinken, und alle US-Touristen in Europa von der »herrlich sauberen« Schweiz und dem »herrlich sauberen« Deutschland schwärmen, werden Missetäter, die in den USA eine leere Bierdose oder anderen Abfall auf die Straße werfen, empfindlich bestraft. Die Strafen können bis zu 50 Dollar betragen. Noch strenger sind die Rangers in den Nationalparks, dort ist es vor allem untersagt, in die Natur einzugreifen und Blumen oder Steine mitzunehmen.

Wohnmobil-Reisende sollten es unterlassen, ihre vollen Abwassertanks in die Landschaft zu entleeren, dafür gibt es auf fast allen Campgrounds und an vielen Tankstellen sogenannte »dump(ing) stations«, in die man das Abwasser entleeren kann.

Universal Studios

Die Universal Studios in Los Angeles werden kaum noch genützt, und die versprochene Begegnung mit einem Superstar fällt meistens ins Wasser, aber den Eintritt wert ist die Attraktion allemal. In einem Bähnchen fährt man durch das Rote Meer und eine Westernstadt, man erlebt den Kampfstern Galactica und den Weißen Hai live und lernt viel über das Schaffen der Trick-

Filmkulisse: das Spukhaus aus »Psycho«

Universal Studios

spezialisten und Leinwandzauberer. Ein Blick hinter die Kulissen, vor allem aber ein Vergnügungspark, in dem man ein bißchen Hollywood-Luft schnuppern kann.

Weitere Informationen: Universal Studios Tour, 100 Universal City Plaza, Universal City, CA 91608.
Tel. (818) 5 08-37 84.

Untergrundbahn → Öffentliche Verkehrsmittel

Unterkunft → Hotels, Motels

Valet Parking

Erspart einem die Parkplatzsuche vor guten Hotels und Restaurants. Der Parkwächter nimmt den Wagen gegen Quittung in Empfang, parkt ihn auf einem oft weiter entfernten Parkplatz und verstaut die Schlüssel an einem sicheren Platz. Später holt er den Wagen wieder, und Sie bezahlen die verlangte Gebühr oder geben ein Trinkgeld. Valet Parking ist besonders praktisch, wenn es regnet, und man in Abendgarderobe zu einem Empfang oder ins Konzert muß. Hotels berechnen die Gebühr bei der Abreise.

Venice

Der interessanteste Strand im Stadtgebiet von Los Angeles und die Bühne der Skater, Rapper und Ausgeflippten. Hier wurden die meisten der verrückten kalifornischen Moden erfunden. Wer »Crazy California« erleben oder fotografieren will, ist hier richtig.

Vergnügungsparks

Mickey Mouse & Co. feiern Hochkonjunktur in den USA. Ihr → Walt Disney World bei Orlando in Florida und → Disneyland in Anaheim bei Los Angeles sind die bestbesuchten Vergnügungsparks der USA. Von Walt Disney als Familienvergnügen geplant, bieten sie vor allem Attraktionen, die Erwachsene und Kinder gleichermaßen ansprechen. Das Epcot Center, ebenfalls ein Teil von Walt Disney World, ver-

Achterbahn für Fortgeschrittene

Looping-Achterbahn in »Opryland«

mittelt Wissen über die Zukunft in unterhaltsamer Form. Beide Parks bieten auch Hotels, Campingplätze und Freizeit- und Sportanlagen.

Durch die Stromschnellen von »Opryland«

Knott's Berry Farm, ebenfalls in Anaheim gelegen, ist ein sogenannter »theme park«, also ein Vergnügungspark, der vor allem einem Thema gewidmet ist: dem Wilden Westen. Es gibt eine Western-Eisenbahn, einen Western-Saloon, eine Westernstadt, in der regelmäßig von Stuntmen veranstaltete »Revolverkämpfe« und »Schlägereien« stattfinden, Country-Music-Shows und zahlreiche Andenkenläden. In den letzten Jahren ist Knott's Berry Farm aber auch wegen seiner wilden Achterbahnen bekanntgeworden.

Um die wildesten »rides« wetteifern auch Vergnügungsparks wie Magic Mountain in der Nähe von Los Angeles und Six Flags Over Texas zwischen Dallas und Fort Worth. Außer diesen beiden Riesenparks gibt es noch einige andere »Six

Busch Gardens: Vergnügungspark und Zoo

Flags« und zahlreiche »theme parks« wie »Opryland« bei Nashville, in dem es vor allem um Country Music geht, oder »Silver Dollar City«, das die Geschichte der amerikanischen Besiedlung erzählt.

In Seaworld, das es in Orlando, San Diego und seit neuestem auch in San Antonio, Texas, gibt, erfreuen sich die Besucher an dressierten Delphinen und Seelöwen und bestaunen Shamu, den Killerwal. Außerdem erfährt man Wissenswertes über die sieben Weltmeere.

Verkehrsregeln → Autofahren

Versicherungen
Für USA-Reisende empfiehlt sich vor allem eine Auslandskrankenversicherung, da die Krankenkasse sonst keine Kosten übernimmt. Auch eine Reisegepäckversicherung, die man preiswert in jedem Reisebüro abschließen kann, ist sinnvoll. Bei vielen Kreditkartenfirmen (→ Kreditkarten) ist eine Versicherung im Preis eingeschlossen.

Virginia City
Die ehemalige Silberstadt in Nevada liegt zwei Autostunden vom → Lake Tahoe entfernt. Im Jahre 1860 hatte der Ort, der heute nur noch vom Tourismus lebt, über zehntausend Einwohner, und auf den Straßen war buchstäblich die Hölle los. Es gab neun Restaurants, zehn Mietställe und achtunddreißig Saloons, manche Schätzungen sprechen sogar von über hundert. Das Geld kam aus den siebenunddreißig Großbergwerken vor der Stadt. Die berühmte Silberader des Comstock Lode fand man in über hundert Metern Tiefe. Sie war an

manchen Stellen hundert Meter dick und brachte einen Profit von über dreißig Millionen Dollar. 1878 war die Ader ausgebeutet, zwei Jahre später war Virginia City eine Geisterstadt.

Die Stadt, heute ein Touristenzentrum, war Schauplatz der TV-Serie »Bonanza«, die »Ponderosa«-Ranch wurde ganz in der Nähe aufgebaut und ist ein Paradies für Kinder.

Visit USA

In Europa gekaufte Visit USA Tickets sind bis zu 40% billiger als in den USA gekaufte Tickets für dieselben Flüge. Sie sind nur in Verbindung mit einem Überseeticket gültig.

Visum → Paß

Walnut Canyon National Monument

Ungefähr vierhundert indianische Ruinen aus dem 11. Jahrhundert, fünfzehn Kilometer südöstlich von Flagstaff gelegen.

Weitere Informationen: Walnut Canyon National Monument, Route 1, Box 25, Flagstaff, AZ 86001.

Walt Disney World

Walt Disney World ist ein Oberbegriff für den Vergnügungspark → Magic Kingdom, das Erholungsgebiet Fort Wilderness, Walt Disney Village, ein Sportparadies mit Golf- und Tennisplätzen und die ständige Weltausstellung → Epcot Center. Das Vergnügungszentrum öffnete am 1. Oktober 1971 seine Pforten und wurde zur größten Touristenattraktion von Florida. Es liegt zwischen Orlando und Kissimmee.

Weitere Informationen: Walt Disney World, P.O. Box 40, Lake Buena Vista, FL 32830. Tel. (3 05) 8 24-43 21.
Hotels: Das »Contemporary Resort« liegt beim Magic Kingdom, die Monorail (Einschienenbahn) hält in der Lobby. Das Polynesian Village Resort vermittelt Südsee-Atmosphäre an einer Lagune. Das Golf Resort Hotel liegt bei den Golfplätzen. Das Walt Disney Village bietet Apartements für Familien. In Fort Wilderness liegt ein großer Campingplatz. Alle Hotels sind sehr teuer und sollten ein Jahr im voraus gebucht werden.
Reservierungen: Walt Disney World, Reservations, P.O. Box 40, Lake Buena Vista, FL 32830. Tel. (3 05) 8 24-80 00. Preiswerte Unterkünfte in Kissimmee.

Waschsalons

Hotelwäschereien sind teuer, deshalb empfiehlt es sich, die schmutzige Wäsche in Waschsalons zu waschen, die es auf allen Campingplätzen, bei manchen Motels und in fast jedem Ort gibt. Ein Waschgang kostet ca. einen Dollar, man sollte aber daran denken, daß in den USA mit maximal 60 Grad gewaschen wird, und besonders auf Baumwollsachen immer ein Grauschleier zurückbleibt. Für viele Sachen bleibt also nur die Handwäsche.

Washington, D.C.

Die Hauptstadt der USA wurde von George Washington auf dem Reißbrett geplant, aber erst nach dem Krieg gegen die Engländer zu Beginn des 19. Jahrhunderts fertiggestellt. Der erste Präsident hatte sich eine großzügige Stadt mit breiten Straßen und Grünanlagen vorgestellt, und so präsentiert sich Washington noch heute, besonders auf der Mall.
Die Mall ist eine breite Grünanlage zwischen Kapitol und Lincoln Memorial, die von der Constitution und der Independence Avenue begrenzt wird. Das Kapitol, der wohl eindrucksvollste Regierungsbau an der Mall, wurde aus hellem Sandstein, die beiden Flügel aus kostbarem Marmor erbaut. Auf einer halbstündigen Führung lernt man die Rotunda mit kostbaren Gemälden, die Statue Hall mit zwei Statuen aus jedem amerikanischem

Das Kapitol in Washington, D.C.

Bundesstaat, das Repräsentantenhaus, und den Senat kennen.

Das Washington Monument ragt aus dem breiten Grünstreifen der Mall empor. Der 166 Meter hohe Obelisk aus Granit und weißem Maryland-Marmor erinnert an den ersten Präsidenten der USA. Ein Gesetz verbietet es, höhere Gebäude als diesen Obelisk in Washington zu bauen. Im Sommer bilden sich lange Warteschlangen vor dem Washington Monument, fast jeder Besucher möchte im Aufzug nach oben fahren und über die Stadt blicken.

Lange Warteschlangen sieht man auch vor dem Weißen Haus, dessen Besichtigung man sich allerdings sparen kann, da man die wichtigsten Räume nicht zu sehen bekommt. Weiß ist der Regierungssitz des amerikanischen Präsidenten seit dem Krieg von 1814, als die Engländer das Haus niederbrannten. Nachdem man es wieder aufgebaut hatte, übertünchte man die Brandflecken mit weißer Farbe, und so erstrahlt das Weiße Haus heute noch.

Am interessantesten von allen Gebäuden an der Mall sind die Prachtbauten der Smithsonian Institution, einer gemeinnützigen Stiftung, die zur Erforschung von Wissenschaft, Kunst und Geschichte gegründet wurde. Das interessanteste der dreizehn Museen ist das National Air and Space Museum, in dem die Geschichte der Luftfahrt von den Wright Brothers bis zur Raumfahrt dargestellt ist. Im Museum of Natural History wird die Erdgeschichte lebendig, und im Museum of American History werden die wissenschaftlichen, kulturellen, politischen und technologischen Entwicklungen der USA gefeiert. Das Prachtstück der Sammlung ist das »Star-Spangled Banner«, die riesige Flagge, zu der die Nationalhymne komponiert wurde.

Abseits der Mall liegt das wahre Washington, eine sympathische und sehr ruhige Großstadt ohne falsche Hektik, eine Beamtenstadt eben, denn ein Fünftel der Bevölkerung arbeitet für die Regierung. Vom Kapitol bis zum Weißen Haus erstreckt sich die breite Pennsylvania Avenue, die »Avenue of the Presidents«, die inzwischen wieder im alten Glanz erstrahlt, nachdem die meisten Gebäude renoviert wurden – zum Beispiel das alte Postgebäu-

de, in dem ein modernes Einkaufszentrum untergebracht ist.
Die eigentliche Innenstadt liegt an den F und K Streets mit ihren Bürogebäuden und Kaufhäusern. Dort ist Washington eine Großstadt wie jede andere auch. In Foggy Bottom, einem ehemaligen Sumpfgelände, findet man die George Washington University und den Watergate-Komplex, eine riesige Wohnanlage und Schauplatz des größten politischen Skandals der USA. Am Dupont Circle liegen zahlreiche Antiquitätenläden und kunstgewerbliche Shops, und an der Embassy Row wehen die Fahnen vieler Länder vor den Botschaften. Auch die anderen Vororte machen einen ruhigen und beinahe verschlafenen Eindruck.
Das Nachtleben spielt sich vor allem in Georgetown ab, dem romantischen Vergnügungsviertel an der westlichen M Street. Stimmungsvolle Kneipen, kleine Theater und zahlreiche Boutiquen und Läden ziehen vor allem das junge Publikum an. Man kann dort vor allem hervorragend italienisch oder französisch essen, nach Herzenslust einkaufen, sich ein avantgardistisches Theaterstück anschauen und Musik hören. Nicht nur in der legendären Blues Alley wird hervorragender Jazz, Folk und Bluegrass gespielt. Rock und Pop hört man kaum.
Washington, D.C. ist vor allem für geschichtlich und kulturell interessierte Besucher eine Reise wert. Einen Mietwagen braucht man nicht, die U-Bahn gehört zu den modernsten der Welt und ist sehr sauber, schnell und preiswert.

Weitere Informationen: Washington Convention and Visitors Association, 1212 New York, Avenue NW, Washington, D.C. 20005. Tel. (2 02) 7 89-70 00.
Hotels: Vista International Hotel, 1400 M Street NW, Washington, D.C. 20005. Tel. (2 02) 4 29-17 00. Luxuriöses Hotel in der Innenstadt mit sehr geräumigen Zimmern.
Holiday Inn – Georgetown, 2101 Wisconsin Avenue NW, Washington, D.C. 20007. Tel. (2 02) 3 38-46 00. Gutes Mittelklassehotel.
Restaurants: Black Rooster Pub, 1919 L Street NW, Washington, D.C. 20036. Tel. (2 02) 6 59-44 31. Gute Hamburger.
Blues Alley, 1073 Wisconsin Avenue NW, Washington, D.C. 20007. Tel. (2 02) 3 37-41 41. Essen und Jazz aus New Orleans.
The Foundry, 1050 30Th Street NW, Washington, D.C. 20007. Tel. (2 02) 3 37-15 00. In Georgetown gelegenes Restaurant. Gute Steaks und guter Fisch.
New York, New York, 2020 K Street NW, Washington, D.C. 20006. Tel. (2 02) 2 93-23 22. Hervorragende Steaks, Salate und üppig belegte Sandwiches.
Kramebooks & Afterwords, 1517 Connecticut Avenue NW, Washington, D.C. 20037. Tel. (2 02) 3 87-14 62. Gute Suppen und Sandwiches.
Charley's Crab, 1101 Connecticut Avenue NW, Washington, D.C. 20036. Tel. (2 02) 7 84-45 05. Über einem Holzkohlefeuer gegrillter Fisch. Hervorragend.
Lisa's, 3116 M Street NW, Washington, D.C. 20007. Tel. (2 02) 3 42-1 18 54. Hervorragender Nachtisch, z. B. Amaretto-Käsekuchen, Chocolate Mousse.
Hamburger Hamlet, 3125 M Street NW, Washington, D.C. 20007. Tel. (2 02) 9 65-69 70. Die besten Hamburger der Stadt.

White Sands: kein Schnee, sondern weißer Sand

Weaverville

Der verträumte Ort am Highway 299 zwischen Eureka und Redding liegt inmitten einer herrlichen Berglandschaft mit unberührten Wäldern und klaren Seen, Bächen und Flüssen. Während des Goldrausches kam es in Weaverville zu einem »Krieg« zwischen zwei aufgebrachten Chinesen-Gruppen, die sich wegen Gold in die Haare gerieten. Vor den johlenden Weißen, die als Zuschauer gekommen waren, starben zwanzig Chinesen. Der chinesische Friedhof »See Yup« erinnert heute noch an diese Zeit.

Werbung

Werbung wird in den USA großgeschrieben, besonders in → Fernsehen und Rundfunk, die dort privat betrieben werden und durch die »commercials« finanziert werden. Anders als in Europa ist in den USA auch vergleichende Werbung erlaubt. An den Highways werben große Tafeln, die sogenannten »billboards«, für Hotels, Restaurants und andere Unternehmen. Diese Werbetafeln verschandeln viele Straßen, sind in den Nationalparks jedoch verboten.

White Sands National Monument

Die weiße Dünenlandschaft aus gipshaltigem Sand liegt im Tularoas-Becken des südlichen New Mexico, unweit der Stadt → Alamogordo. Eine schmale Asphaltstraße führt durch die weiße Zauberlandschaft, die aus der Ferne wie Schnee aussieht und vom Wind ständig verändert wird. Der Gipssand kommt aus den Andreas und Sacramento Mountains und wird vom Wind in dieser einsamen Gegend abgelagert. Die geologischen Zusammenhänge werden im Visitor Center veranschaulicht. Die Ranger machen auch nachts Führungen, da es am Tag heiß wird.

Weitere Informationen: White Sands National Monument, Box 458, Alamogordo, NM 88310.

Wickenburg

Die Minenstadt liegt am Highway 89, ungefähr siebzig Kilometer von Phoenix entfernt. Sie wurde nach dem deutschen Goldsucher Henry Wickenburg benannt, der die legendäre Vulture Mine entdeckte, für einige Zeit reich wurde, aber als unglücklicher Mann starb. Über der Mine soll ein Fluch gelegen haben, der jedem Besitzer großes Unglück bringen sollte.

Williamsburg

Die ehemalige Hauptstadt Virginias wurde 1926 im Auftrag des mehrfachen Dollarmillionärs John D. Rockefeller originalgetreu wieder

Governor's Palace in Williamsburg

aufgebaut und gehört heute zu den größten Attraktionen des amerikanischen Ostens. Fünfzig Jahre anstrengender Arbeit waren notwendig, um die bedeutsame Kolonie der Engländer wie zu ihrer Blütezeit im 18. Jahrhundert aussehen zu lassen. Das Besondere an dieser historischen Stadt: sie ist kein totes Freilichtmuseum, sondern eine lebendige Stadt, in der über dreitausend als Kolonisten verkleidete Angestellte leben und den Besuchern zeigen, wie zur Zeit der amerikanischen Revolution gelebt und gearbeitet wurde.

Colonial Williamsburg besteht aus 88 Originalgebäuden und 50 originalgetreu nachgebauten Häusern, die man fast alle besichtigen kann. Autos sind in Williamsburg verboten und müssen auf dem großen Parkplatz am Haupteingang abgestellt werden. Im Ort fahren nur Kutschen wie zu Zeiten eines Thomas Jefferson, aber die meisten Besucher erkunden den Ort zu Fuß. Sie kehren in den alten Tavernen ein und lassen sich vom historisch gekleideten Personal bedienen, oder sie lassen sich beim Hufschmied, Schuster oder Bäcker das alte Handwerk zeigen. In den Tavernen wird abends gesungen, gespielt und gelacht, das Angebot an Theaterstücken, Konzerten und Paraden ist überwältigend. Sehenswert ist auch der Governor's Palace, der völlig restauriert wurde, und die ganz in der Nähe liegenden Siedlungen Jamestown und Yorktown, die an die ersten Siedler in Nordamerika erinnern.

Williamsburg ist das ganze Jahr hindurch geöffnet, die Läden und Werkstätten von 9 bis 17 Uhr.

Weitere Informationen: The Colonial Williamsburg Foundation, P.O. Box, Williamsburg, VA 23187.

Wohnmobil

Die USA sind ein Paradies für unternehmungslustige Urlauber, die das Land im Wohnmobil, im Camper, im Van oder mit Mietwagen und Zelt erkunden wollen. In keinem anderen Ferienland gibt es so viele und so großzügige Campgrounds (Campingplätze), und nirgendwo sonst wird ein solcher Service geboten. Camping in den USA hat nichts mit dem spießbürgerlichen Zigeunerleben vieler deutscher Urlauber zu tun, die mit einem kleinen Wohnanhänger nach Bulgarien fahren, ihr Gefährt auf einem schmutzigen Campingplatz ohne Stromanschluß zwischen zwei andere Wohnwagen zwängen und die Wäscheleine von Fenster zu Fenster spannen. Das Leben »on the road« gehört in den USA zum Lebensstil, und viele Rentner verkaufen nach der Pensionierung ihr Haus und tauschen es gegen ein Wohnmobil ein, um der Sonne nachzufahren.

Entsprechend komfortabel sind die angebotenen Wohnmobile, Wohnwagen, Vans und Camper, die man unter dem Sammelbegriff »Recreational Vehicles« (RV's) zusammenfaßt. Im Urlaub kommt es vor allem darauf an, das richtige Gefährt zu mieten, da es ein großer Unterschied ist, ob man mit oder ohne

Wohnmobil

Wohnmobil-Fahren – die Freiheit auf Rädern

Kinder, eine oder vier Wochen und hundert oder viertausend Meilen unterwegs ist. Nachstehend eine Übersicht über die bekanntesten RV's:

1. *Folding Camping Trailer* – ein einachsiger Mini-Anhänger, der auf dem Campground zu einem Zelt aufgeklappt werden kann. Vorteile: der Trailer läßt sich auf dem Campground leicht abstellen und der Benzinverbrauch des Zugwagens bleibt gering. Nachteile: Keine Klimaanlage, sehr eng, und man ist auf die sanitären Anlagen der Campgrounds angewiesen. Etwas für sparsame Naturliebhaber.

2. *Travel Trailer* – ein Wohnwagen traditioneller Prägung, der nur bei wenigen Firmen gemietet werden kann. Vorteile: geräumig, gut eingerichtet und leicht abzukuppeln, wenn man zum Sightseeing oder zum Einkaufen fahren will. Nachteile: hoher Spritverbrauch des Zugwagens, mühsam zu rangieren, abzukuppeln und aufzustellen. Etwas für Urlauber, die länger auf einem Campground bleiben und den Trailer als Basis benutzen wollen.

2. *Van* – oft luxuriös eingerichteter Lieferwagen, nicht mit einem VW-Bus zu vergleichen. Vorteile: preiswert, wendig, man kann während der Fahrt die Wohneinheit erreichen. Nachteile: nicht sehr geräumig, man ist an die sanitären Einrichtungen der Campgrounds gebunden. Etwas für junge Leute, die sparen und sehr beweglich sein wollen.

3. *Camper* – Pick-up-Truck mit Wohnaufbau. Vorteile: etwas geräumiger als ein Van und etwas besser eingerichtet, also mit Eßecke, Kühlschrank und Mini-

Wohnmobil 248

Im Supermarkt mit Vorräten eindecken

Dusche. Nachteile: wenig Platz, während der Fahrt kann man die Wohneinheit nicht erreichen. Etwas für Ehepaare mit maximal einem Kind, die aufs Geld schauen müssen und dennoch viel sehen wollen.
5. *Motorhomes* – die klassischen Wohnmobile aller Größen. (Nicht verwechseln: Motorhomes sind Wohnmobile, Mobile Homes sind Häuser, die per Truck von einer Siedlung zur anderen gebracht werden können.) Vorteile: viel Komfort und viel Platz, auch für Familien mit zwei bis drei Kindern oder zwei Ehepaare. Schlafraum, Küchenzeile mit Herd und Kühlschrank, Bad mit Dusche und WC, Eßecke – alles während der Fahrt erreichbar. Ideal für Kinder, die während der Fahrt spielen wollen. Nachteile: Klappergeräusche während der Fahrt, man ist überall an das große Gefährt gebunden und muß alle Anschlüsse abkuppeln, wenn man nur zum Einkaufen fährt – ein Grund dafür, warum viele Amerikaner kleine Personenwagen zusätzlich mitnehmen. Etwas für komfortgewohnte Familien.

Alle Wohnmobile haben Servolenkung und sind auch von Sonntagsfahrern leicht über die Highways zu steuern. Zum Fahren eines Wohnmobils genügt ein Führerschein der Klasse III, das Mindestalter beträgt 21 Jahre. Als deutscher Urlauber fäht man am besten, wenn man sein Wohnmobil bei einem deutschen Veranstalter wie z. B. → Vobis-Reisen bucht, weil dieser einem viel Arbeit abnimmt, und man so viel Zeit spart. Die meisten deutschen Veranstalter arbeiten nur mit zuverlässigen amerikanischen Wohnmobil-Vermietern zusammen und haben die angemieteten Fahrzeuge auf Herz und Nieren geprüft. Außerdem sind in den deutschen Mietpreisen viele Nebenleistungen enthalten, die bei einer amerikanischen Mietstation gesondert entrichtet werden müßten. Auf keinen Fall sollte man sich durch scheinbar preiswerte Angebote aus USA blenden lassen. Am wichtigsten ist aber, daß man bei einer Buchung in Deutschland dem deutschen Reisegesetz unterliegt, man kann also den deutschen Veranstalter haftbar machen, wenn irgend etwas nicht in Ordnung ist, während man bei einem amerikanischen Vermieter in den USA prozessieren müßte.

Alle Fahrzeuge deutscher Reiseveranstalter sind haftpflichtversichert und bei einer Selbstbeteiligung von ungefähr $ 5000,- vollkaskoversichert. Für einen Aufpreis von sechs bis acht Dollar pro Tag kann man diese Selbstbeteiligung ausschließen. Nicht versichert sind jedoch die Klimaanlage und Staukästen unter dem Fahrgestell, also Teile, die oberhalb des Daches und unterhalb der Kotflügel liegen.

Es lohnt sich, die Prospekte der deutschen Veranstalter genau zu prüfen, da unterschiedliche Leistungen angeboten werden. Das gilt vor allem für das Kilometergeld. »Unbegrenzte freie Kilometer« bedeutet: der Mietpreis ist endgültig, und man kann ohne Aufpreis so viel fahren, wie man will. »Ohne freie Kilometer« oder »ohne Freimeilen« bedeutet: man muß nach Ablieferung des Fahrzeuges einen bestimmten Betrag für die abgefahrenen Meilen oder Kilometer entrichten. Oft werden auch sieben-

Leider nicht zu mieten: Super-Wohnmobil

Wohnmobil

KOA-Campground: ideal für Wohnmobil-Reisende

hundert bis tausend Freimeilen angeboten.

Bitte achten Sie bei der Übernahme des Wohnmobils darauf, daß eventuelle Schäden an der Karosserie aktenkundig sind und Ihnen später nicht angelastet werden können. Während der Fahrt immer an einen möglichen Ölwechsel denken, öfter mal den Motor überprüfen. Nicht zu viele Meilen pro Tag fahren – als Faustregel gilt: den Campground immer bei Tageslicht erreichen. Bei einer Panne die in den Unterlagen vermerkte Notrufnummer anrufen. Die Einweisung des Vermieters genau befolgen und eventuell auch selbst nachprüfen, ob alle aufgeführten Teile auch vorhanden sind. Bettwäsche und Geschirr können gemietet werden. Die nachfolgenden Ausführungen zur Wohnmobil-Technik und das Fahren mit dem Wohnmobil entnehmen wir der Info-Broschüre von → Vobis-Reisen, die auf Wohnmobilreisen spezialisiert sind. Natürlich ersetzt dieser Text nicht das Handbuch (»manual«), das in jedem Wohnmobil vorhanden ist, aber es schadet nichts, schon vorher über die Besonderheiten des Wohnmobil-Reisens zumindest in groben Zügen Bescheid zu wissen.

Wasserversorgung: Alle Campingfahrzeuge haben einen Wassertank, der an Tankstellen oder auf Campingplätzen mit dem bordeigenen Wasserschlauch aufgefüllt werden kann. Achten Sie bei Übernahme des Fahrzeugs darauf, daß der Wasserschlauch (»water hose«) nicht vergessen wird. Er sollte mindestens fünf Meter lang sein. Lassen Sie den Wassertank nie völlig leer werden, weil in einem solchen

Fall nach dem Füllen die Pumpen ausfallen könnten. Der Heißwassertank bei den größeren Modellen wird automatisch mitgefüllt.

Bei einigen Fahrzeugen baut sich beim Füllen ein Staudruck auf, mit dessen Hilfe das Wasser transportiert wird. Diese Fahrzeuge haben am Einfüllstutzen oder im Wageninneren eine Druckanzeige. Bitte lassen Sie sich die Handhabung dieses Systems genau erklären und fragen Sie nach, wenn Sie nicht alles verstanden haben.

Die elektrische Wasserpumpe hat einen zentralen Schalter, der bei Anschluß an die Wasserversorgung auf dem Campingplatz auf »off« stehen sollte, dasselbe gilt für den Fall, daß Sie das Fahrzeug für einige Zeit verlassen (damit ein tropfender Wasserhahn nicht auch noch die Batterie entleert).

Beleuchtung: Die Fahrzeuge haben, manchmal in der gleichen Lampe, sowohl 12-V- als auch 110-V-Glühbirnen oder Leuchtstoffröhren. Wenn ein Transformator im Wagen vorhanden ist, können auch die 12-V-Lampen benutzt werden, wenn der 110-V-Anschluß hergestellt ist; die Autobatterie wird in diesem Fall nicht in Anspruch genommen.

Sollte Ihr Camper nur eine Batterie haben, müssen Sie bei längerer Stromentnahme die Batterie gelegentlich nachladen, indem Sie den Motor mindestens eine Viertelstunde laufen lassen. Bitte prüfen Sie beim Tanken gelegentlich den Säurestand in den Batterien.

110-Volt-System: Ein Anschlußkabel für den elektrischen »Hook-up« (Anschlußdose) ist, von außen zugänglich, im Fahrzeug untergebracht. Es braucht nur herausgezogen und an die Steckdose angeschlossen zu werden. Die Sicherungsautomaten im Inneren des Wagens müssen eingeschaltet sein (»on«).

In jedem Fahrzeug sollte ein dreipoliger Adapter vorhanden sein, den man auf den Flachstecker aufsetzen kann. Die Campgrounds haben nämlich zwei unterschiedliche Steckersysteme.

Betrieb des Kühlschranks: Der Kühlschrank arbeitet in den meisten Fällen mit drei verschiedenen Energiequellen: Während der Fahrt mit 12-V-Strom aus der Autobatterie, auf dem Campingplatz über den elektrischen Außenanschluß mit 110 V, in allen anderen Fällen mit Propan. Zur Schonung der Batterie sollte das 12-V-System nur während der Fahrt benutzt werden, auch wenn die Batterie unabhängig von der Starterbatterie ist.

Voraussetzung für einwandfreien Betrieb des Kühlschranks, solange er auf Propan läuft, ist die möglichst horizontale Ausrichtung des Wagens. Der Grund: Die Kühlflüssigkeit beim Absorber-Kühlschrank kann nur bei horizontalem Stand richtig zirkulieren. Erfahrene Camper halten deshalb immer ein paar dicke Bretter zum Nivellieren bereit. Vor Bergfahrten brauchen Sie jedoch keine Angst zu haben: Beim bewegten Fahrzeug kühlt das Aggregat auch, wenn es nicht horizontal ist.

Achten Sie darauf, daß Sie den Kühlschrank nach der Wagenübernahme einige Zeit mit Propan betreiben, weil er nur so die richtige Kühltemperatur erreicht. Bei Betrieb auf Autobatterie (12 V) wird die Kühlung zwar aufrechterhalten, aber das System reicht oft nicht aus, um die Anfangs-Kühlung herzustellen.

Bitte erkundigen Sie sich beim Vermieter, ob Sie den Kühlschrank auf Dauer mit Propan betreiben dürfen. Wenn nichts dagegen spricht, (gesetzliche Regelungen der Staaten), ist die Propan-Flamme auf jeden Fall beim Tanken zu löschen. Der Kühlschrank kann erst nach dem Tanken wieder eingeschaltet werden.

Propan-Geräte: Die kleineren Fahrzeuge haben meist zwei Propan-Flaschen. Sie sollten stets dieselbe Flasche benutzen, bis sie leer ist, und sie dann füllen lassen.

Wenn nur ein großer Propan-Tank vorhanden ist, verfügt dieser über eine Inhalts-Anzeige (entweder außen am Tank oder innen am Kontroll-Panel = Monitor).

Der Gasherd hat manchmal eine zentrale Zündflamme (Pilot), die nach dem Öffnen der Propan-Flasche angezündet werden muß. Die einzelnen Kochstellen zünden ohne weiteres beim Aufdrehen des jeweiligen Gashahns. Die Zündflamme muß selbstverständlich abgeschaltet werden, wenn der Wagen fährt oder über Nacht steht.

Der Backofen hat eine eigene Zündflamme. Nach dem Anzünden (Zündstein-Mechanismus oder Streichholz) muß der farbige Drehknopf, der gleichzeitig Temperaturwähler ist, kurze Zeit bei der Stellung »Pilot« eingedrückt werden. Dann wird er, wenn die Zündflamme nicht mehr erlischt, weitergedreht auf die gewünschte Temperatur, die sich mittels Thermostat regelt.

Bei Motorhomes gibt es meistens einen Raumthermostat mit elektrisch betriebenem Ein-/Ausschalter. Die Heizung springt nicht sofort an.

Nach dem gleichen Prinzip arbeitet die Warmwasserbereitung, die in den größeren Fahrzeugen vorhanden ist (Zugang von außen).

Zum Umwälzen der erwärmten Luft sind gelegentlich auch Gebläse im Heizungssystem vorhanden, die ebenfalls thermostatgeregelt sind. Sie sollten darauf achten, daß die Luftauslässe nicht zugestellt sind. Grundsätzlich ist darauf zu achten, daß die Frischluft-Zufuhr gewährleistet ist, wenn die Heizung läuft (Seitenfenster oder Dachluke öffnen).

Warmwasserbereitung: Ein Teil des Wasservorrats kann mittels Propan-Heizung erwärmt werden (Küche, Dusche). Die Zündung erfolgt mittels Streichholz von außen, wenn der Knopf »Pilot« gedrückt wird. Nach etwa einer Minute kann auf »On« gedreht werden. Das Gerät schaltet sich ab, wenn das Wasser heiß ist. Nicht vergessen: Nach Gebrauch »Pilot« auf »Off« zurückschalten!

Generator: Größere Motorhomes der meisten Vermieter verfügen über einen benzinbetriebenen Generator, der 110-Volt-Strom erzeugt. Mit diesem Strom kann auf Campingplätzen ohne Netzanschluß oder auch während der Fahrt die Klimaanlage betrieben werden. Für den Generator ist gelegentlich eine Benutzungsgebühr pro Stunde oder pro Tag zu zahlen. Bei Dauer-Betrieb ist der Ölstand alle 5–6 Stunden zu überprüfen. Bitte bedenken Sie: Der Generator macht Lärm und ist auf einem Campground für die Nachbarn eine Belästigung. Außerdem entnimmt er das Benzin aus dem normalen Benzintank; Generatorbetrieb erhöht also den Benzinverbrauch und mithin den Durchschnittsverbrauch (1/100 km).

Bei Hitze und längerem Betrieb der Klimaanlage können Sie Kondenswasser beobachten, das vom Dach des Wohnmobils herunterläuft, es entsteht am Wärmetauscher in gleicher Weise wie das Eis im Kühlschrank.

Batterie(n): Motorhomes mit zwei Batterien haben oft einen Schalter neben dem Fahrersitz, mit dem die Ladung der Batterien ebenso geregelt wird wie die Stromentnahme. Bei schwacher Starter-Batterie können mit diesem Schalter beide Batterien zum Anlassen zusammengeschaltet werden. Bei laufendem Motor steht der Schalter auf »DUAL«, bei abgestelltem Motor auf »NEUTRAL«, für den Not-Start wird auf »MOM« geschaltet.

Reifendruck: Bitte lassen Sie sich vom Vermieter den vorgeschriebenen Reifendruck sagen, der nicht in »atü«, sondern in »psi« (pound per square inch) angegeben wird (1 psi = 0,07 atü, 1 atü = 14,22 psi).

Anders als bei uns gibt es in den USA an den meisten Tankstellen keine Druckmesser an den Preßluft-Schläuchen. Sie müssen sich vom Tankwart, wenn er die Prüfung des Reifendrucks nicht selbst vornimmt, das Meßgerät ausleihen; den Reifendruck lesen Sie an der Säule ab, die aus der Umhüllung beim Druckprüfen herausgepreßt wird.

Werkzeug: Häufig wird von den Kunden bemängelt, daß nur ein Minimum an Werkzeug in den Wagen vorhanden ist. Das hat zumeist einen ganz plausiblen Grund: Die Vermieter wollen nicht, daß sich die Urlauber als Hobby-Monteure betätigen und die Motoreinstellung oder andere wichtige Dinge verändern. Wenn Störungen oder Schäden am Fahrzeug auftreten, die nicht mit wenigen Handgriffen oder mit der Hilfe eines Tankwarts zu beseitigen sind, dann ist es in jedem Fall an der Zeit, die Vermieter – auf dessen Kosten (»collect call«) – anzurufen.

In den USA gibt es für uns unverständliche Haftpflicht-Bestimmungen: Um sich nicht dem Vorwurf auszusetzen, eine Verletzungsgefahr für den Mieter zuzulassen, verzichten einige Vermieter grundsätzlich darauf, die Wohnmobile mit Werkzeug auszurüsten. Das kann in den USA soweit gehen, daß nicht einmal ein Wagenheber »an Bord« ist. Bei einer Panne an einem Vorderrad oder dem inneren der hinteren Zwillingsreifen muß also

Wohnmobil

Fremdhilfe in Anspruch genommen werden.

Reserveschlüssel: Die Vermieter geben in aller Regel keinen zweiten Schlüsselsatz mit auf die Reise. Damit Sie den einzigen Schlüssel nicht im Fahrzeug einsperren, sollten Sie sich ein »Erinnerungssystem« einfallen lassen (Kontrolle durch Mitreisende, lange dünne Kette am Hosenbund etc.). Wer ganz auf Nummer sicher gehen will, kann sich einen Reserveschlüssel bei einem Schlüsseldienst (gelegentlich sogar im Supermarkt) anfertigen lassen.

Abwasser- und WC-Tanks: Während der Fahrt muß die Auslaßöffnung des Abwassersystems mit einer Verschlußkappe geschlossen sein. Bei den Motorhomes sind die Auffangtanks für das Küchen- und Duschwasser getrennt vom WC-Tank. Die Entleerung erfolgt über den Auslaßstutzen. Wenn keine getrennten Verschlüsse vorhanden sind, kann bei Überfüllung der Tanks das Abwasser in die Dusche zurückgedrückt werden. Deshalb empfiehlt es sich, die Tanks je nach Häufigkeit der Benutzung, zumindest aber alle zwei bis drei Tage, zu entleeren. Die Entleerung der Tanks erfolgt an den »Dumping Stations« auf Campingplätzen. Der Abwasserschlauch, der in einem verschließbaren Fach oder in der hinteren Stoßstange verwahrt wird, läßt sich mittels Bajonett-Verschluß leichter an der Auslaßöffnung anbringen.

Bitte, beachten Sie, daß der WC-Tank normalerweise nicht in die Kanalisation der Campingplätze entleert werden darf, sondern nur in den »Dumping Stations«.

Schäden am Fahrzeug: Falls an dem gemieteten Fahrzeug eine Reparatur anfällt, suchen Sie bitte die nächste Werkstatt auf (möglichst eine Vertretung des Fabrikats, das Sie fahren). Bitte legen Sie kleinere Beträge gegen Rechnung aus, sie werden Ihnen bei der Wagenrückgabe erstattet. Übersteigen die voraussichtlichen Reparaturkosten den vom Mieter festgesetzten Betrag, dann soll die Werkstatt per »collect call« die Vermieterfirma anrufen. Der Vermieter vereinbart mit der Werkstatt, was getan werden soll und bittet um Zusendung der Rechnung. Es kann allerdings auch vorkommen, daß die Werkstatt die Zahlung von Ihnen sofort verlangt. Für diesen Fall empfiehlt sich eine Kreditkarte oder ein Reservebetrag in Dollar. Nur in Ausnahmefällen, wenn sich die Reparatur nicht lohnt oder zu viel Zeit erfordert, erhalten Sie so schnell wie möglich einen Ersatzwagen.

Falls Sie einen neuen Reifen kaufen müssen, gehen Sie möglichst zu einem Reifenhändler, Tankstellen verlangen oft höhere Preise. Da ein Reifen meist mehr kostet als der Betrag, den der Vermieter ohne vorherige Genehmigung für Reparaturen erstattet, ist in jedem Fall ein Anruf beim Vermieter zu empfehlen, wenn ein Reifen ersetzt werden muß. Zum Schutz vor Betrügereien verlangen die meisten Vermieter, daß der ersetzte Reifen zurückgebracht werden muß.

Der Vermieter kann sich weigern, Ihre Auslagen zu erstatten, wenn Sie ihn über Reparaturen nicht vorher informieren. Gemäß seinen Vertragsbedingungen ist er in einem solchen Fall im Recht.

Den kostenlosen Service des »collect call« sollte man jedoch nur in Anspruch nehmen, wenn eine Störung am Fahrzeug vorliegt oder Hilfe gebraucht wird. In diesen Fällen trägt der Vermieter gern die Telefonkosten. In allen anderen Fällen ist es eine Zumutung, den Vermieter mit den Telefonkosten zu belasten (Beispiele aus der Vergangenheit, die von den Vermietern zitiert wurden, waren Wünsche nach Flugumbuchungen oder selbstverschuldete Probleme). Wenn Sie den Wagen länger als etwa eine Viertelstunde abstellen, sollten Sie den Kühlschrank auf Propan umschalten, um die Batterie zu schonen.

Beim Tanken muß aus Sicherheitsgründen das Ventil am Propantank geschlossen sein.

Alle Türen (auch die von Kühlschrank und Gefrierfach!), Schranktüren und Klappen müssen sicher verschlossen sein.

Überzeugen Sie sich, daß alle Lüftungsluken, insbesondere die Luke(n) im Dach, geschlossen und – soweit möglich – gesichert sind.

Verwahren Sie alle zerbrechlichen Gegenstände an einem sicheren Platz. Kinder sollten stets unter Aufsicht gehalten werden und einen sicheren Sitz haben. Auch die Sitze in der Eßecke haben Sicherheitsgurte, deren Benutzung sich empfiehlt oder vorgeschrieben ist.

Vergaser-Einstellung: Es ist gelegentlich beobachtet worden, daß Fahrzeuge aus Stationen in Meereshöhe (Vancouver, San Francisco, Los Angeles) im Gebirge nicht korrekt laufen. Daran kann die auf Meereshöhe ausgerichtete Vergasereinstellung schuld sein. Auch in einem solchen Fall ist es ratsam, den Vermieter anzurufen und sich die Genehmigung für eine Neueinstellung des Vergasers geben zu lassen, wenn das Fahrtgebiet überwiegend in großer Höhe liegt (Rocky Mountains).

Sicherheitsabstand: Bei Stadtverkehr sollten Sie die Stoßstange des voranfahrenden Wagens nie aus den Augen verlieren, sonst sind Sie zu dicht dran. Als Faustregel nennt eine Versicherungsgesellschaft folgende Werte: Bei trockener Witterung je eine bis eineinhalb Wohnmobil-Längen bei 10 mph (16 km/h) Fahrtgeschwindigkeit, z. B. mit einem 21 ft-Motorhome (gleich lang wie ein 10 ft-Camper!) bei 50 km/h etwa 20–30 Meter.

Bei Überland-Fahrten können Sie sich auch an die bei uns übliche Faustregel halten: Abstand = Hälfte der Geschwindigkeit (km/h) in Metern, also bei 80 km/h etwa 40 Meter Abstand. Denken Sie daran, daß die Weite des Landes und das Fehlen der Begrenzungspfosten die Abstands-Schätzung erschwert.

Überholen: Benutzen Sie immer den Blinker. Scheren Sie nicht zu früh vor dem überholten Fahrzeug ein. Versuchen Sie, sich an den konvexen Verkleinerungs-Spiegel zu gewöhnen, der manchmal auf dem großen Außenspiegel aufgeklebt ist. Es hilft in vielen Fällen, wenn man den Vorhang des rückwärtigen Fensters oder der Camper-Tür beiseite schiebt, um mit dem ansonsten nicht benutzbaren Innenspiegel direkt nach hinten sehen zu können. Oftmals kann man zumindest Lastwagen auf diese Weise erkennen.

Rückwärts-Fahren: Riskieren Sie nichts, lassen Sie einen Mitfahrer aussteigen, wenn Sie rückwärts fahren müssen. Der tote Winkel hinter dem Wohnmobil ist gefährlich.

»Fahrgemeinschaften«: Wenn Sie zusammen mit einem oder mehreren Wohnmobilen reisen, sollten Sie besser einen oder mehrere Treffpunkte vereinbaren, anstatt Kolonne zu fahren. Wenn Sie dennoch zusammen bleiben wollen, muß der Abstand zwischen den Fahrzeugen groß genug sein, damit andere Fahrzeuge überholen können. Drei mit zu geringem Abstand fahrende Wohnmobile können einen ganzen Straßenzug blockieren, weil der Überholweg unzumutbar lang ist.

Bergfahrten: Schalten Sie bei langen Steigungen von Hand in einen niedrigeren Gang und warten Sie nicht darauf, daß die Automatik schon im rechten Zeitpunkt schalten wird. Sie können so Benzin sparen und die Maschine vor Überhitzung schützen.

Bergab helfen Ihnen die von Hand geschalteten Gänge, das Fahrzeug abzubremsen. Bei dauernder Bremsbelastung kann das gefürchtete »Fading« (Versagen der Bremsen) oder ein Überhitzen der Bremsbeläge und deren vorzeitige Abnutzung eintreten.

Reifenwechsel: Wenn der äußere Zwillingsreifen defekt ist und gewechselt werden muß, brauchen Sie keinen Wagenheber. Fahren Sie einfach auf die zum Waagerechtstellen des Wohnmobils hoffentlich ohnehin schon gesammelten Bretter. Das ist sicherer, als den Wagenheber zu benutzen.

Tanken: Je nach Marke des Fahrzeug-Chassis haben die Wohnmobile einen oder zwei Benzintanks. Wenn zwei Tanks vorhanden sind, sollten Sie schon auf den zweiten Tank umschalten, wenn der erste noch etwa halbvoll ist. So bleibt Ihnen noch eine »Reserve«, wenn der zweite Tank leer ist.

Camper und Motorhomes brauchen in aller Regel verbleites Normalbenzin (»regular«).

Vorsichtsmaßnahme: Zum Schutz des Fensters in der Schlafkoje über dem Fahrerhaus hat sich aufgeklebte Luftpolster-Folie bewährt: Sie ist leicht zu transportieren und anzubringen (Doppelklebeband), verrottet bei Feuchtigkeit nicht und bietet einen guten Schutz gegen Steinschlag.

Wupatki National Monument

Die mehr als achthundert indianischen Ruinen, darunter das ehemals vier Stockwerke hohe Wupatki-Haus, liegen östlich von → Flagstaff.

Weitere Informationen: Wupatki National Monument, Tuba Star Route, Flagstaff, AZ 86001.

Yellow Pages

Die »Gelben Seiten«, also das Branchenbuch, in dem die Telefonnummern nach Berufs- und Sachgruppen gelistet sind.

Yellowstone National Park

Der erste und für viele auch schönste Nationalpark wurde 1872 unter Naturschutz gestellt und am 26. August 1916 zum Nationalpark erklärt. Die Bergwildnis im nordwestlichen Wyoming ist ein Paradies für Naturfreunde, die sich auch nach den Waldbränden des Jahres 1988 an unberührter Natur, an schönen Pflanzen und Tieren in freier Wildbahn erfreuen können. In der Nähe von Norris weiden besonders viele Hirsche, im Hayden Valley findet man Elche, am Mount Washburn oder bei Soda Butte gibt es Bighorn-Schafe zu sehen, nahe des nördlichen Parkeingangs kann man Pronghorn-Antilopen beobachten und im Lamor Valley heulen die Kojoten.

Die größte Sehenswürdigkeit des Parks aber sind die heißen Quellen und die Geysire. Zehntausend der heißen, natürlichen »Springbrunnen« gibt es im vulkanischen Gestein des Parks, allen voran »Old Faithful«, der »Verläßliche«, der so heißt, weil er als einziger Geysir nach einem strengen Fahrplan sprudelt, der in den Hotels ausgehängt ist. Viele der Geysire sieht man auf einer Fahrt über die 145 Meilen lange Rundstraße, die zu

Heiße Quellen im Yellowstone Park

Yellowstone National Park

Wapiti-Hirsch im Hinterland von Yellowstone

den wichtigsten Sehenswürdigkeiten von Yellowstone führt. Im North Geyser Basin kocht der mächtigste Geysir »Steamboat«, der Geyser Hill Natural Trail führt durch eine Ebene mit dampfenden Quellen und sprudelnden Tümpeln.

Im Norden des Parks überraschen die Mammoth Hot Springs, ein zu Stein erstarrter und in allen Farben schillernder Wasserfall, im Süden erstreckt sich der riesige Yellowstone Lake, ein Mekka für Angler und Kanufreunde, die von hier aus ihre Ausflüge ins Hinterland starten. Im Grand Canyon des Yellowstone türmen sich Berge und Plateaus, locken versteckte Pfade und Seen und Wasserfälle. Abseits der Touristenstraße trifft man auch während der Hochsaison kaum einen Menschen. Dort erlebt man den Park wie der Trapper John Colter, der Yellowstone als erster Weißer im Jahre 1806 erblickt hat.

Die Saison im Yellowstone National Park dauert vom 1. Mai bis zum 31. Oktober. Besonders während der Sommermonate sollte man sein Quartier, möglichst aber auch Ausflüge und Touren vorbestellen. Die Hotels im Park heißen Lake Yellowstone, Canyon Village Lodge, Roosevelt Lodge, Old Faithful Inn, Old Faithful Lodge and Cabins und Mammoth Hot Springs Hotel, außerdem gibt es zahlreiche Campingplätze. Boote, auch für geführte Angeltouren, können an der Bridge Bay und im Grant Village gemietet werden. Die Ranger bieten mehrtägige Kanu-, Reit- und Wandertouren ins Hinterland an. Pferde können in der Roosevelt Lodge, bei Mammoth Hot Springs und im Canyon Village gemietet werden.

Weitere Informationen: Yellowstone National Park, Wyoming 82190. Tel. (3 07) 3 44-73 81.

Yosemite National Park

Der Yosemite National Park liegt knappe vier Autostunden von San Francisco entfernt, ein Naturparadies mit grünen Tälern, dichten Wäldern, mächtigen Wasserfällen und riesigen Felsen. Im Park wurden 77 Säugetier-, 25 Reptilien- und 220 Volgelarten beobachtet und 1200 verschiedene Pflanzenarten registriert.

Der Merced River hat sich tief in die urwüchsige Landschaft eingefressen und ein langgestrecktes Tal geformt, in dem auch das Besucherzentrum und die Lodges zu finden sind.

Hier tummeln sich im Sommer unzählige Touristen, so daß man den Park schon einmal zeitweilig wegen Überfüllung schließen mußte. Reservierungen sind während der Ferienzeit unbedingt notwendig.

Im Tal verkehren Pendelbusse zwischen den Hotels und einzelnen Aussichtspunkten. Es empfiehlt sich jedoch, ins Hinterland zu wandern, wo man die Natur auch während der Hochsaison noch ungestört genießen kann.

Vor einer längeren Tour muß man sich bei den Rangern im Visitor Center abmelden, die einen mit erstklassigem Kartenmaterial und guten Tips versorgen.

Wie zwei gewaltige Kolosse bewachen der Half Dome und El Capitan das Yosemite Valley.

Der 2307 Meter hohe El Capitan hat es besonders den Kletterern angetan, die im Tal auch Kurse buchen können. Die glatte Wand des monumentalen Felsens stellt hohe Anforderungen auch an geübte Kletterer. Touisten fahren lieber mit dem Pendelbus oder dem eigenen Wagen zum Glacier Point empor, der einen gigantischen Ausblick auf das Tal bietet und zu den schönsten Aussichtspunkten der USA gehört. Sehenswert auch die Wasserfälle, die Yosemite Falls (740 Meter) und der Bridal Veil (»Brautschleier«, weil er so aussieht).

In der Mariposa Grove wachsen die mächtigen Sequoia-Bäume. So hat zum Beispiel der »Grizzly Giant« einen Umfang von fast dreißig Metern.

Weitere Informationen:
Yosemite National Park, Box 577, California 95389.

Yosemite, ein Paradies mit unvergeßlichen Eindrücken für Naturfreunde

Yosemite National Park

Meilenweit Natur: Yosemite National Park

Yuma

Die Wüstenstadt im südwestlichen Arizona beeindruckt im Sommer mit Temperaturen bis zu fünfzig Grad und wurde von den frühen Siedlern auch mit Recht die »Hölle von Arizona« genannt.

Dieser wenig schmeichelhafte Beiname bezog sich auf das Territorialgefängnis außerhalb der Stadt, das man auch heute noch besichtigen kann.

Das Yuma Territorial Prison wurde 1875 gebaut und galt bis 1909 als eines der sichersten und gefürchtesten Gefängnisse des amerikanischen Westens.

Yuma Territorial Prison

Z

Zeitungen, Zeitschriften

Am schnellsten informiert man sich in der überregionalen Boulevardzeitung »USA Today«, die überall in den USA erhältlich ist. Zu den führenden Tageszeitungen gehören die »New York Times«, die »Chicago Tribune«, die »Los Angeles Times« und der »Miami Herald«. Diese Zeitungen berichten auch ausführlich über Europa und Südamerika, besonders der »Miami Herald«.

Deutsche Zeitungen gibt es nur in Großstädten und auch dort nur in wenigen ausgesuchten Läden. Sie sind sehr teuer. Am Kennedy Airport in New York bekommt man zum Beispiel die »Süddeutsche Zeitung« und die »Frankfurter Allgemeine Zeitung«.

Das Zeitschriftenangebot ist in den USA genauso unübersichtlich wie bei uns. Es gibt allerdings keine überregionalen Illustrierten, die mit unseren Blättern wie »Stern« und »Bunte« vergleichbar wären, dafür jede Menge »Special Interest«-Titel wie »Sports Illustrated«, Nachrichtenmagazine wie »Time« und »Newsweek« und Frauenzeitschriften wie »Good Housekeeping«, »Better Homes and Gardens« und »Cosmopolitan«.

Zeitzonen

In den USA gibt es unterschiedliche Zeitzonen. Die wichtigsten sind Eastern Time, Central Time, Mountain Time und Pacific Time. Im Sommer wird auf Daylight Savings Time

»USA Today« – die Bild-Zeitung der USA

(Sommerzeit) umgestellt, die Uhren werden also eine Stunde vorgestellt. Nur Arizona macht eine Ausnahme. Amerikaner rechnen nur von eins bis zwölf, soweit es die Uhrzeit betrifft, und unterscheiden zwischen »a.m.« (ante meridiem – vormittags) und »p.m.« (post meridiem – nachmittags). 7 a.m. ist also sieben Uhr vormittags, 7 p.m. sieben Uhr abends. In Fahrplänen sind die p.m.-Zeiten oft fettgedruckt.

Zelten

Mit Mietwagen und Zelt – die preiswerte Art, durch die USA zu reisen. Die meisten → Campgrounds, vor allem → KOA, verfügen über saubere Zeltplätze und sanitäre Einrichtungen. Die Gebühren sind gering. In den → Nationalparks braucht man eine Erlaubnis (»permit«) für das Zelten im Hinterland, die man bei den Rangers kostenlos bekommt. Für den Campground sollte man vor allem in den Ferien eine Reservierung haben. Wildes Campen ist nicht überall erlaubt – bitte die entsprechenden Hinweistafeln beachten.

Zion National Park

Der Zion National Park liegt im südlichen Utah und fasziniert mit hohen Plateaus, tiefen Schluchten und klobigen Tafelbergen. Faszinierend sind vor allem die leuchtenden Farben der Felsen, die in allen Schattierungen von Rot bis Weiß leuchten. Der Virgin River hat sich in vielen Jahrhunderten durch den Fels gefressen und bildete atemberaubende Schluchten, deren engste Stelle nur neunzig Meter breit ist. Eine Rundstraße von achtzehn Kilometern Länge führt den Besucher in diese Zauberwelt aus Stein und gestattet ihm einen Ausblick auf den achthundert Meter hohen Great White Throne. Die Straße endet am Temple of Sinawava, einem natürlichen Amphitheater aus Stein. Der Weeping Rock Trail und der Canyon Overlook Trail sind auch für ungeübte Wanderer geeignet und erlauben einen tieferen Einblick in den Park. Aber auch hier gilt: wer den Zion National Park wirklich kennenlernen und erfahren will, sollte sich mindestens drei Tage Zeit nehmen und ins Hinterland wandern.

Weitere Informationen: Zion National Park, Springdale, UT 84767.

Zollbestimmungen

Zollfrei in die USA einführen darf man pro Person augenblicklich: 1 Liter Alkohol, 200 Zigaretten oder 50 Zigarren oder 2 kg Tabak oder entsprechende Teilmengen.
Im Flugzeug muß pro Person oder Familie eine schriftliche Zollerklärung ausgefüllt werden, die bei der Kontrolle am Flughafen abgegeben wird.

BILDNACHWEIS

Thomas Jeier (178), außerdem: Busch Gardens (1), Cumbres & Toltec Railroad (1), Denver Convention & Visitors Bureau (1), Doral Ocean Resort (1), Archiv Janikowsky, Lufling (2), Knott's Berry Farm (1), Las Vegas Convention & Visitors Bureau (2), Los Angeles Convention & Visitors Bureau (1), Lufthansa (2), NASA (1), New York Convention & Visitors Bureau (1), Opryland (1), San Diego Convention & Visitors Bureau (1), Seaworld (1), Tucson Convention & Visitors Bureau (1), Williamsburg (1)

DANKSAGUNG

Es ist mir unmöglich, allen lieben Menschen, die bei der Entstehung dieses Buches mitgeholfen haben, persönlich zu danken. Deshalb sei hiermit ein pauschaler Dank an alle Convention & Visitors Bureaus in den USA ausgesprochen. Ein besonderer Dank geht an Richard Geßner von der Lufthansa und an das Personal der deutschen Fluglinie, das mich immer gut betreut hat.

Hotels

Aladdin
  3667 Las Vegas
  Boulevard South
  Las Vegas NV 89109
  Tel. (702) 7 36-01 11
Best Western Jamaica Bay Inn
  4175 Admiralty Way
  Marina del Rey CA 90 292
  Tel. (213) 8 23-53 33
Best Western Robert
  E. Lee Motor Inn
  6611 North US 41
  Fort Myers FL 33903
  Tel. (813) 9 97-55 11
Caesar's Place
  3570 Las Vegas Boulevard South
  Las Vegas NV 89109
  Tel. (702) 7 31-71 10
Carlyle Hotel
  1250 Ocean Drive
  Miami Beach FL 33139
  Tel. (305) 5 34-21 35
Chateau Marmont Hotel
  8221 Sunset Boulevard
  Hollywood CA 90046
  Tel. (213) 6 56-10 10
Circus Circus
  2880 Las Vegas Boulevard South
  Las Vegas NV 89109
  Tel. (702) 7 23-04 10
Colonial Inn Hotel
  910 Prospect Street
  La Jolla CA 92037
  Tel. (619) 4 54-21 81
The Colonnade
  120 Huntington Avenue
  Boston, MA 02116
  Tel. (617) 54 24-70 00
Crockett Hotel
  320 Bonham
  San Antonio TX 78205
  Tel. (512) 2 25-65 00
Denver Inn
  401 17th Street
  Denver CO 80202
  Tel. (303) 2 96-04 00
Desert Inn
  3145 Las Vegas Boulevard South
  Las Vegas NV 89109
  Tel. (702) 7 33-44 44
Divi Bahamans Beach
  Resort & Country Club
  South Ocean
  New Providence Island
  Tel. 3 26-43 91
Doral Ocean Beach Resort
  4833 Collins Avenue
  Miami Beach FL 33140
  Tel. (305) 5 32-36 00
Dunes
  3650 Las Vegas Boulevard South
  Las Vegas NV 89109
  Tel. (702) 7 37-41 10
Ed Debevic's
  640 North Wells
  Chicago, Il 60616
  Tel. (312) 6 64-17 07
Edgewater Hotel
  Alaskan Way of Pier 67
  Seattle WA 98101
  Tel. (206) 7 28-70 00
El Encanto Hotel and Garden Villas
  1900 Lasuen Road
  Santa Barbara CA 93101
  Tel. (805) 6 87-50 00
Fairmont Hotel and Tower
  950 Mason Street
  San Francisco CA 94106
  Tel. (415) 7 72-50 00
Fishermen's Wharf Travellodge
  1201 Columbus Avenue
  San Francisco CA 94133
  Tel. (415) 7 76-70 70
Flamingo Hilton
  3555 Las Vegas Boulevard South
  Las Vegas NV 89109
  Tel. (702) 7 33-31 11
Frontier
  3120 Las Vegas Boulevard South
  Las Vegas NV 89109
  Tel. (702) 7 34-01 10
Golden Nugget
  129 East Fremont Street
  Las Vegas NV 89109
  Tel. (702) 3 85-71 11
Governor's Inn
  209 Adams Street
  Tallahassee FL 32301
  Tel. (904) 6 81-68 55

Holiday Inn
  Box 708
  Key Largo, FL 33037
  Tel. (305) 4 51-21 21
Holiday Inn – Georgetown
  2101 Wisconsin Avenue NW
  Washington D.C. 20007
  Tel. (202) 3 38-46 00
Holiday Inn Downtown
  750 Garland Avenue
  Los Angeles CA 90017
  Tel. (213) 6 28-52 42
Holiday Inn North Beach
  4116 North Ocean Drive
  Lauderdale-by-the-Sey
  FL 33308
  Tel. (305) 7 76-12 12
Holiday Inn Surfside
  400 Mandaley Avenue
  Clearwater Beach
  FL 33515
  Tel. (813) 4 61-32 22
Holiday Isle Resort
  P.O. Box 588
  Islamorada FL 33036
  Tel. (305) 6 64-23 21
Hotel Place St. Michel
  162 Alcazar Avenue
  Coral Gables FL 33134
  Tel. (305) 4 44-16 66
La Fonda
  100 E. San Francisco
  P.O. Box 1209
  Santa Fee, NM 87504
  Tel. (505) 9 82-55 11
La Quinta Motor Inn
  44 40 North Central Expressway
  Dallas TX 75206
  Tel. (214) 8 21-42 20
Landmark
  364 Convention Center Drive
  Las Vegas NV 89109
  Tel. (702) 7 33-11 10
The Lenox Hotel
  710 Boylston Street
  Boston, MA 02116
  Tel. (617) 5 36-53 00
Madison
  Sixth Street and Madison
  Seattle WA 987101
  Tel. (206) 5 83-03 00
Marina Beach Hotel
  21th Bath Street
  Santa Barbara CA 93101
  Tel. (805) 9 63-93 11
Menger Hotel
  204 Alamo Plaza
  San Antonio TX 78205
  Tel. (512) 2 23-43 61
MGM Grand
  3645 Las Vegas Boulevard South
  Las Vegas NV 89109
  Tel. (702) 7 39-41 11
The Midland Hotel
  172 West Adams
  Chicago, Il 60603
  Tel. (312) 3 32-12 00
Milford Plaza
  270 West 45th Street
  New York NY 10019
  Tel. (212) 3 97-82 00
Miracle Mile Resort
  9450 S. Thomas Drive
  Panama City Beach FL 32407
  Tel. (904) 2 34-34 84
Monson Motor Lodge
  32 Avenida Menendez
  St. Augustine
  FL 32084
  Tel. (904) 8 29-22 77
Pacific Shore Hotel
  1819 Ocean Avenue
  Santa Monica CA 90401
  Tel. (213) 4 51-87 11
Pier House
  1 Duval Street
  Key West
  FL 33040
  Tel. (305) 2 94-95 41
Plaza Hotel
  555 South Alamo
  San Antonio
  TX 78205
  Tel. (512) 2 29-10 00
Radisson Hotel,
  1550 Court Place
  Denver CO 80202
  Tel. (303) 8 93-33 33
Ramada Inn of New York City
  48th Street at Eight Avenue
  New York NY 10019
  Tel. (212) 5 81-70 00

Randall's
  41 East Superior Chicago, Il 60616
  Tel. (312) 280-27 90
Richmont Hotel
  162 East Ontario Street
  Chicago, Il 60611
  Tel. (312) 7 87-35 80
Riviera
  2901 Las Vegas Boulevard South
  Las Vegas NV 89109
  Tel. (702) 7 34-51 10
The Royal Orleans
  621 St. Louis
  New Orleans LA 70116
  Tel. (504) 5 29-53 33
The Royal Orleans Hotel
  300 Bourbon Street
  New Orleans LA 70116
  Tel. (504) 5 86-03 00
Sahara
  2535 Las Vegas Boulevard South
  Las Vegas NV 89109
  Tel. (702) 7 37-21 11
Shelter Island Marina Inn
  2051 Shelter Island Drive
  San Diego CA 92106
  Tel. (619) 2 22-05 61
Sheraton Brickell Point
  495 Brickell Avenue
  Miami FL 33129
  Tel. (305) 3 73-60 00
Sheraton Centre
  Seventh Avenue at 52nd Street
  New York NY 10019
  Tel. (212) 5 81-10 00
Sheraton Old Town Inn
  800 Rio Grande NW
  Albuquerque NM 87102
  Tel.(505) 8 42-02 20
South Seas Plantation
  P.O. Box 194
  Captiva Island FL 33924
  Tel. (813) 4 72-51 11
Stardust
  3000 Las Vegas Boulevard South
  Las Vegas NV 89109
  Tel. (702) 7 32-61 11
Stockyards Hotel
  East Excange Avenue
  Fort Worth TX 76106
  Tel. (817) 6 25-64 27

Vista International Hotel
  1400 M Street NW
  Washington D.C. 20005
  Tel. (202) 4 29-17 00
Waldorf-Astoria
  301 Park Avenue at 50th Street
  New York NY 10022
  Tel. (212) 3 55-30 00
The Westin Bonaventure
  404 South Figueroa Street
  Los Angeles CA 90071
  Tel. (213) 6 24-10 00
Windsor Court Hotel
  300 Gravier Street
  New Orleans LA 70140-1035
  Tel. (504) 5 23-60 00

Restaurants

America
  21 East 9th Street
  New York NY
  Tel. (212) 5 05-21 10
Antares Restaurant
  Reunion Tower
  300 Reunion Blvd.
  Dallas TX 75207
  Tel. (2 14) 6 51-12 34
  App. 7171
Antoines's Restaurant
  725 St. Louis Street
  New Orleans LA 70116
  Tel. (504) 581 -44 22
Bistro at Trump Tower
  725 Fifth Avenue
  New York NY
Black Rooster Pub
  1919 L Street NW
  Washington D.C.20036
  Tel. (202) 6 59-44 31
Blues Alley
  1073 Wisconsin Avenue NW
  Washington D.C. 20007
  Tel. (202) 3 37-41 41
Bodega Seafood Restaurant
  506-508 Presidio Avenue
  San Francisco CA 94103
  Tel. (415) 3 46-12 69

Restaurantverzeichnis

Bogie's Restaurant
  and Bar
  249 West 26th Street
  New York NY
  Tel. (212) 9 24-79 35
Bon Ton Cafe
  401 Magazine Street
  New Orleans LA 70140
  Tel. (504) 5 24-33 86
Bubble Room
  Captiva Road
  Captiva Island FL 33924
  Tel. (813) 4 72-55 58
Buckhorn Exchange
  1000 Osage Street
  Denver CO 80204
  Tel. (303) 5 34-95 05
Cafe Promenade
  1430 Larimer Street
  Denver CO 80202
  Tel. (303) 8 93-26 92
Café du Monde
  813 Decatur Street
  New Orleans LA 70116
  Tel. (504) 5 61-92 35
Cap's Place
  2765 NE 28 Court
  Lighthouse Point FL 33060
  (305) 9 41-04 18
Casa de Bandini
  2660 Calhoun Street
  San Diego CA 92101
  Tel. (619) 2 97-82 11
Cattlemen's Steakhouse
  2458 North Main
  Fort Worth TX 76106
  Tel. (817) 6 24-39 45
Charley's Crab
  1101 Connecticut Avenue NW
  Washington D.C. 20036
  Tel. (202) 7 84-45 05
Charlotte
  129 State Street
  Santa Barbara CA
  Tel. (805) 9 66-12 21
Chez Emile
  423 Front Street
  Key West FL 33040
  Tel. (305) 2 94-62 52
Delmonico Restaurant
  1300 St. Charles Street

  New Orleans LA 70140
  Tel. (504) 5 25-49 37
Fig Tree
  515 Paseo De La Villita
  San Antonio TX 78205
  Tel. (512) 2 24-19 76
The Foundry
  1050 30Tt Street NW
  Washington D.C. 20007
  Tel. (202) 3 37-15 00
Franco's Hidden Harbor
  1500 Westlake N. WA
  Seattle 98109
  Tel. (206) 2 82-0 55 55 01
Frenchie's BBQ & Steak House
  1903 Jackson-Keller
  San Antonio TX 78213
  Tel. (512) 3 41-08 05
Hamburger Hamlet
  3125 M Street NW
  Washington D.C. 20007
  Tel. (202) 9 65-69 70
Hee Seung Fung Tea House
  46 Bowery
  New York NY
  Tel. (212) 3 74-13 19
Hiram's at the Locks
  5300 34th NW
  Seattle WA 98107
  Tel. (206) 7 84-17 33
Inagiku
  111 East 49th Street
  New York NY
  Tel. (212) 3 55-04 40
Ivar's Salmon House
  401 NE Northlake
  Seattle WA 98103
  Tel. (206) 6 32-07 67
Joanna
  18 East 18th Street
  New York NY
  Tel. (212) 6 75-79 00
Kan's
  708 Grant Avenue
  San Francisco
  CA 94108
  Tel. (415) 9 82-23 88
Kangaroo Court
  512 River Walk
  San Antonio TX 78205
  Tel. (512) 2 24-68 21

Katsu
  1972 Hillhurst Avenue
  Los Angeles CA 90027
  Tel. (213) 6 65-18 91
Kramebooks & Afterwords
  1517 Connecticut Avenue NW
  Washington D.C. 20037
  Tel. (202) 3 87-14 62
La Margarita
  120 Produce Row
  San Antonio TX 78205
  Tel. (512) 2 27-71 40
La Plazita
  Albuquerque
  Old Town Plaza
  Tel. (505) 2 47-2204
Legal Sea Foods
  Boston Park Plaza Hotel
  Boston, MA 02117
  Tel. (617) 4 26-44 44
Leon's Vieux Carre Restaurant
  241 Bourbon Street
  New Orleans LA 70116
  Tel. (504) 5 24-01 14
Leschi Lake Cafe
  102 Lakeside
  Seattle WA 98144
  Tel. (206) 3 28-22 33
Li'l Abner's Steakhouse
  8500 North Silverbell Road
  Tuscon AZ 85743
  Tel. (6 02) 7 44-28 00
Lisa's
  3116 M Street NW
  Washington D.C. 20007
  Tel. (202) 3 42-1 18 54
Locke-Ober
  3 & 4 Winter Place
  Boston MA 02108
  Tel. (617) 542-13 40
Lucy's El Adobe
  5536 Melrose Avenue
  Hollywood CA 90046
  Tel. (213) 4 62-94 21
Marlow's
  511 16th Street
  Denver CO 80202
  Tel. (303) 5 95-37 00
The Monk's Vineyard
  56 St. George Street
  St. Augustine
  FL 32084
  Tel. (904) 8 24-58 88
New York, New York
  2020 K Street NW
  Washington D.C.20006
  Tel. (202) 2 93-23 22
Oh Ho So
  395 West Broadway
  New York NY
  Tel. (212) 9 66-61 10
Old Spaghetti Factory
  275 Fifth Avenue
  San Diego CA 92106
  Tel. (619) 2 33-43 23
Pacific Cafe
  Ghirardelli Square 900
  North Point
  San Francisco CA 94133
  Tel. (415) 7 75-11 73
Papagayo
  861 West Harbor Drive
  San Diego CA 92106
  Tel. (619) 2 32-75 81
Pink Adobe
  Santa Fe Trail
  Santa Fe, NM 87504
Raga
  57 West 48th Street
  New York NY
Senor Frog's
  3008 Grand Avenue
  Coconut Grove
  FL 33133
  Tel. (305) 4 48-09 90
Shiroi Hana
  12460 NE 7th Avenue
  North Miami FL 33161
  Tel. (305) 8 91-51 60
Small's Paradise
  2294 Adam Clayton Powell Jr.
  Boulevard
  New York NY
Spago
  8795 Sunset Boulevard
  West Hollywood
  CA 90046
  Tel. (213) 6 52-40 25
The Star Cafe
  West Exchange
  Fort Worth TX 76106
  Tel. (817) 6 24-87 01

Restaurantverzeichnis

Sunday's on the Bay
   4000 Crandon Boulevard
   Key Biscayne
   FL 33149
   Tel. (305) 3 61-67 77
Suttons
   403 West 145th Street
   New York NY
Sylvia's
   328 Lenox Avenue
   New York NY
Terada YA
   8001 Girard Avenue
   La Jolla CA 92037
   Tel. (619) 4 54-45 31

Texas Tubleweed
   9100 North Central
   Dallas TX 73231
   Tel. (214) 3 61-44 35
Trail Dust Steak House
   10841 Composite Drive
   Dallas TX 75220
   Tel. (214) 3 57-38 62
Union Oyster House
   41 Union Street
   Boston MA 02108
   Tel. (617) 2 27-27 50
Windows on the World
   One World Trade Center
   New York NY

HEYNE TASCHEN BÜCHER

Wichtige Sachbücher zu Politik und Zeitgeschichte – informativ, kritisch, lesenswert.

PETER SCHOLL-LATOUR
Der Tod im Reisfeld
01/6876

GERHARD KONZELMANN
Die Araber
19/21

Erwin Wickert
CHINA von innen gesehen
19/4

WALTER HANF
CASTROS REVOLUTION DER WEG CUBAS SEIT 1959
19/12

EUGEN KOGON
DER SS-STAAT
DAS SYSTEM DER DEUTSCHEN KONZENTRATIONSLAGER
19/9

Brian Lapping
Apartheid
Südafrika am Scheideweg: Geschichte und Politik der Rassentrennung
01/7294

Heyne Report...
Richard Manning
»Sie können uns nicht alle umbringen«
Pulverfaß Südafrika
10/45

Wilhelm Heyne Verlag München

HEYNE BÜCHER
A. E. JOHANN

Die bunte Vielfalt unserer Welt im Werk des beliebten Erzählers und Weltreisenden.

A. E. Johann – Die Bergwelt Kanadas
01/7247 - DM 9,80

A. E. Johann – Amerika ist eine Reise wert
01/7253 - DM 10,80

A. E. Johann – Hinter den Bergen das Meer (Roman)
01/6183 - DM 9,80

A. E. Johann – Das Glück des Reisens (Vom Zauber der Ferne)
01/6522 - DM 7,80

A. E. Johann – Vom Yukon zum Rio Grande (Abseits der großen Straßen durch Nordamerika)
01/6835 - DM 9,80

A. E. Johann – Nach Kanada sollte man reisen (Durch das gewaltige Land zwischen Atlantik und Pazifik)
01/6899 - DM 9,80

A. E. Johann – Sohn der Sterne und Ströme (Roman)
01/6978 - DM 9,80

A. E. Johann – Kanadas ferner Osten (Reisen durch ein unberührtes Land)
01/7674 - DM 12,80